企业合规

司法人员手册

—— Corporate Compliance ——

李勇　主编

法律出版社 | LAW PRESS

北京

图书在版编目(CIP)数据

企业合规司法人员手册 / 李勇主编. -- 北京 : 法律出版社, 2023
ISBN 978-7-5197-7069-3

Ⅰ. ①企… Ⅱ. ①李… Ⅲ. ①企业法-中国-手册
Ⅳ. ①D922.291.914

中国版本图书馆CIP数据核字(2022)第162441号

企业合规司法人员手册
QIYE HEGUI SIFA RENYUAN SHOUCE

李　勇　主编

策划编辑 沈小英
责任编辑 刘晓萌　毛镜澄　王美懿
装帧设计 鲍龙卉

出版发行 法律出版社
编辑统筹 法治与经济出版分社
责任校对 晁明慧
责任印制 吕亚莉
经　　销 新华书店

开本 710毫米×1000毫米　1/16
印张 17　　字数 326千
版本 2023年1月第1版
印次 2023年1月第1次印刷
印刷 固安华明印业有限公司

地址:北京市丰台区莲花池西里7号(100073)
网址:www.lawpress.com.cn
投稿邮箱:info@lawpress.com.cn
举报盗版邮箱:jbwq@lawpress.com.cn

销售电话:010-83938349
客服电话:010-83938350
咨询电话:010-63939796

书号:ISBN 978-7-5197-7069-3
定价:83.00元

编 写 人 员

按照姓氏笔画排序

王德明 广东省深圳市宝安区人民检察院第二检察部检察官

邓根保 江苏省苏州市政法委副书记

孙宋龙 上海市金山区人民检察院第六检察部检察官

孙国栋 中国政法大学副教授

李　勇 南京市人民检察院法律政策研究室主任、全国检察业务专家

李　婷 江苏省南京市建邺区人民检察院第四检察部副主任

李倩雯 江苏省南京市建邺区人民检察院第二检察部副主任

杨　浩 江苏省南京市建邺区人民法院刑事审判庭庭长

周绪平 江苏省检察官学院院长

胡　炽 上海市金山区人民检察院第三检察部检察官

侯艳琼 上海市金山区人民检察院第三检察部检察官

钱　丽 江苏省张家港市人民检察院第四检察部副主任

钱小平 东南大学法学院副教授

谈　倩 上海市金山区人民检察院检察长

黄美华 广东省深圳市盐田区人民检察院副检察长

曹琼琼 江苏省南京市建邺区人民法院法官

潘春伟 上海市金山区人民检察院副检察长

目　录 / Contents

导　言 / 001

一、企业合规在我国的产生、发展 / 001

二、企业合规的内涵 / 002

三、企业合规给司法人员带来的挑战与使命 / 005

第一章　司法人员在企业合规中的职能定位 / 007

第一节　检察官在企业合规中的职能定位 / 009

一、涉案企业合规(事后合规)的主导者 / 009

二、非涉案企业合规(事前合规)的引导者 / 011

第二节　法官在企业合规中的职能定位 / 013

一、作为量刑因素的合规有效性审查者 / 013

二、合规量刑从宽的决定者 / 014

三、在特定情况下审判阶段合规整改的主导者 / 015

第二章　检察官如何开展事前企业合规 / 017

第一节　开展事前合规的必要性和意义 / 019

一、开展事前合规的必要性分析 / 019

二、开展事前合规的意义 / 021
第二节 开展事前合规的步骤与方法 / 023
一、前期筹备阶段 / 023
二、组织实施阶段 / 026
三、评估验收阶段 / 027
第三节 开展事前合规的注意事项 / 030
一、厘清事前合规试点各方职责 / 030
二、区分事前合规和事后合规考察标准 / 031
三、保障事前合规激励政策落地生效 / 033
四、事前合规分级评定经费保障问题 / 034
第四节 开展事前合规的类型化探索 / 035
一、推动中小企业事前合规的探索 / 035
二、行业事前合规探索 / 037
三、涉外法律风险领域事前合规探索 / 042

第三章 检察官如何开展涉案企业合规 / 045

第一节 涉案企业启动合规的条件 / 047
一、企业类型 / 047
二、企业规模 / 048
三、案件类型 / 049
四、是否认罪认罚 / 051
五、其他条件 / 052
第二节 开展涉案企业合规的步骤 / 053
一、大中型企业开展合规的步骤 / 053
二、小微企业开展合规的步骤 / 061
三、检察建议式合规的开展步骤 / 062
四、合规异地协作的开展步骤 / 064
第三节 开展涉案企业合规应注意的若干问题 / 067
一、检察机关应强化合规专业化建设 / 067
二、检察机关应将企业合规与羁押必要性审查融合 / 068

三、检察机关开展企业合规与“挂案”清理相结合 / 069
四、行刑衔接问题 / 071

第四章 企业合规中的单位责任与个人责任 / 073

第一节 单位犯罪的归责模式 / 075
一、域外法人犯罪的归责模式 / 075
二、我国单位犯罪的归责模式 / 078
第二节 企业合规在划定企业与个人责任中的作用 / 081
一、企业合规嵌入单位刑事责任体系的理论基础 / 081
二、企业合规划定企业与个人责任的机理探索与实现路径 / 084
第三节 单位与责任人分案处理的“二元化”机制 / 088
一、单位与责任人分案处理“二元化”机制的内涵 / 088
二、单位与责任人分案处理“二元化”机制的必要性 / 089
三、单位与责任人分案处理“二元化”机制的操作 / 091

第五章 企业合规检察建议与检察意见 / 095

第一节 合规检察建议与合规检察意见辨析 / 097
一、合规检察建议与合规检察意见的内在同质性 / 097
二、合规检察建议与合规检察意见的比较分析 / 098
第二节 合规检察建议的撰写方法与要点 / 106
一、撰写要求 / 106
二、文书制作 / 108
第三节 合规检察意见的撰写方法与要点 / 116
一、撰写要求 / 116
二、文书制作 / 117

第六章 企业合规的监管 / 127

第一节 合规监管的模式 / 129
一、合规监管模式介绍 / 129

二、合规监管模式的选择 / 138
第二节 合规监管人的选任与管理 / 143
一、合规监管人的选任 / 143
二、合规监管人的日常管理 / 146
三、合规监管人分类随机抽取 / 149
第三节 合规监管人的职责 / 152
一、了解涉案企业合规现状 / 152
二、审查涉案企业合规计划 / 153
三、监督合规计划的执行 / 155
四、验收评估 / 157
五、出具监督考察报告 / 157
六、发现犯罪事实的报告义务 / 158
第四节 合规监管人履职的保障 / 159
一、组织保障 / 159
二、业务保障 / 160
三、经费保障 / 161

第七章 企业合规的评估验收 / 163

第一节 合规评估验收的主体 / 165
一、检察机关是评估验收的主导方 / 166
二、第三方监管人是评估验收的直接主体 / 167
三、企业是合规评估验收的配合方 / 168
第二节 合规评估验收的标准 / 169
一、有效合规计划的基本属性 / 169
二、ISO 37301 国际标准合规有效性主要指标 / 170
三、“双层次”评估标准 / 173
第三节 合规评估验收的方法 / 180
一、评估验收企业合规计划的思路与原则 / 180
二、评估验收企业合规计划的具体方法 / 181
三、评估验收企业合规计划的等级划分与处理决定 / 183

第八章 企业合规不起诉 / 185
第一节 合规不起诉的内涵 / 187
一、合规不起诉的本土化历程 / 187
二、合规不起诉制度的背景 / 189
三、合规不起诉的法理正当性 / 189
四、合规不起诉的法律性质 / 190
五、合规不起诉与认罪认罚、刑事和解的关系 / 192
第二节 合规不起诉的适用对象与范围 / 194
一、合规不起诉的适用对象 / 194
二、合规不起诉的适用范围 / 195
第三节 合规不起诉的操作程序 / 197
一、办理合规不起诉案件应坚持的原则 / 197
二、企业合规的申请与审批 / 197
三、对第三方机制运行的支持与监督 / 199
四、对合规结论的审查与处理 / 203

第九章 检察官合规从宽量刑建议 / 213
第一节 合规从宽量刑建议的依据 / 216
一、量刑规范化改革的制度衍变 / 217
二、企业合规对量刑规范化的“反哺”效应 / 220
第二节 合规从宽量刑建议的适用范围与条件 / 222
一、合规从宽量刑的适用主体 / 222
二、合规从宽量刑与犯罪类型 / 223
三、合规从宽量刑与法定刑 / 224
四、合规从宽量刑与禁止性条件 / 225
第三节 合规从宽量刑建议的方法 / 228
一、合规从宽量刑的基本步骤 / 228
二、企业合规与罚金刑 / 229

三、企业合规从宽量刑的调整 / 231
四、合规从宽与禁止令等特殊情形 / 232

第十章　法官对企业合规案件的审理与裁判 / 235

第一节　法官审理涉企业合规案件的理念与方法 / 237
一、法官对企业合规应持积极开放的态度 / 237
二、法官看待企业合规案件的基本理念 / 239
三、法官处理企业合规从宽案件的基本方法 / 243
第二节　合规从宽的基础 / 247
一、企业合规是否可能出罪 / 247
二、企业合规属于何种量刑情节 / 249
三、合规从宽如何确定从宽幅度 / 251
第三节　合规从宽量刑中的难点 / 255
一、企业合规是诉讼模式的进一步转变 / 255
二、合规计划的有效性判断 / 256
三、合规从宽量刑建议的采纳 / 259

后　记 / 265

导 言

企业合规,是我国当前司法领域的重要改革试点项目。2020 年 3 月,最高人民检察院在全国 6 个地方开展第一批试点;2021 年 3 月,最高人民检察院在 10 个省级检察院、61 个市级检察院、381 个基层检察院,开展更大规模的第二批试点。最高人民检察院表示,将研究提出完善相关立法建议,推动建立具有中国特色的现代企业规制司法制度。截至 2021 年 12 月底,10 个试点省份共办理涉案企业合规案件 600 余件。[①] 2022 年上半年,全国检察机关全面试点。很多司法人员面对这样一个新生事物,还存在知识短板和技能不足。最高人民检察院先后出台了《关于开展企业合规改革试点工作方案》《关于建立涉案企业合规第三方监督评估机制的指导意见(试行)》等文件,可以说是给了"路线图",但是"施工图"仍要靠实践试点和摸索。如何启动涉案企业合规?流程步骤如何?如何处理"放过企业还是放过责任人"?如何监管和评估合规计划有效性?企业合规检察建议和检察意见如何撰写?合规不起诉如何操作?合规量刑从宽如何把握?法官如何在审判阶段开展企业合规?面对这一系列问题,本书汇集了第一批试点和第二批试点的经验、做法、模板,希望对于司法人员是"雪中送炭"。

一、企业合规在我国的产生、发展

企业合规在我国的产生、发展,大概可以分为这样几个阶段:第一阶段是 2017 ~

① 参见徐日丹、谷芳卿:《涉案企业合规试点深入开展 最高检:第二批涉案企业合规改革试点省份办理相关案件 600 余件》,载最高人民检察院官网 2022 年 2 月 24 日,https://www.spp.gov.cn/spp/zdgz/202202/t20220224_545715.shtml。

2018 年的萌芽阶段。在我国,最先引入企业合规的是金融领域。早在 2017 年中国证券业协会就出台了《证券公司和证券投资基金管理公司合规管理办法》《证券公司合规管理实施指引》。2018 年的"中兴事件"进一步激发了业界对企业合规的关注,这一年被称为"中国企业合规元年"。这一年,国家发展和改革委员会、外交部、商务部、中国人民银行、国资委、外汇局、全国工商联出台了《企业境外经营合规管理指引》,国资委出台了《中央企业合规管理指引(试行)》,原国家质量监督检验检疫总局和国家标准化管理委员会在国际标准 ISO 19600—2014《合规管理体系　指南》的基础上制定发布了 GB/T 35770—2017《合规管理体系　指南》。这一阶段还主要停留在行业倡导层面。第二阶段是 2020 年的制度"试水"阶段。2020 年 3 月,最高人民检察院在全国 6 个地方开展第一批试点。检察机关的介入,使企业合规从行业倡导转入制度引进,面貌为之一新。检察机关的行动表明,企业合规的刑事激励措施呼之欲出,因为"没有刑法担当的合规计划不是真正的合规计划"①。第三阶段是 2021 年至今,迎来了企业合规法律化的曙光。2021 年,最高人民检察院在 10 个省级检察院、61 个市级检察院、381 个基层检察院,开展更大规模的第二批试点。2021 年 5 月 13 日,国资委宣布中央企业已全部成立合规委员会;6 月 3 日,最高人民检察院会同司法部、财政部等部委发布《关于建立涉案企业合规第三方监督评估机制的指导意见(试行)》。这一年还发生了一系列合规事件,如阿里巴巴被罚款 182.28 亿元事件、滴滴公司被罚事件、美团公司被罚事件。这一年,最高人民检察院、各省级人民检察院相继发布了一些涉案企业合规的典型案例。2022 年 1 月 17 日,最高人民检察院召开的全国检察长(扩大)会议提出,2022 年 3 月第二批试点结束后将在全国检察机关全面试点,为推动立法打好基础。② 这意味着中国企业合规即将进入立法阶段,中国企业合规的法律化已经进入"快车道"。

二、企业合规的内涵

企业合规(corporate compliance),又称合规计划(compliance programs)、合规(compliance),这些术语内涵相同。在我国,近来高频率地出现了"刑事合规"和"行

---

① 李勇:《"合规计划"中须有刑法担当》,载《检察日报》2018 年 5 月 24 日,第 3 版。

② 参见孟亚旭:《最高检:涉案企业合规改革将在全国推开》,载北青网,2022 年 1 月 17 日,https://t.ynet.cn/baijia/32070942.html。

政合规”的术语。“刑事合规”是德国学者从刑事激励措施角度研究合规时“独创”的表述,德国学者托马斯·罗什也坦承,“在狭义上刑事合规这一概念最初并不存在”。事实上,合规计划的“规”不仅包括刑事法律,还包括行政法规、行业准则、商业伦理等;合规计划的激励措施既包括刑事处罚的从宽,也包括行政处罚甚至民事责任的减免。由于刑法是其他法的保障法,刑事处罚从宽的激励措施是终极性的,因此,德国学者才从刑事激励措施的角度称之为“刑事合规”。如果单纯从刑事法的角度看待合规,那么“刑事合规”只是合规的一种表现形式而已。

事实上,“刑事合规”是一个容易引起误解和误导的表述。一方面,“刑事合规”会让人误解合规的“规”仅指刑事法规,合规的激励措施只有刑事处罚从宽;另一方面,对于企业来说,建立合规计划绝不单纯是防止刑事犯罪,而是包括预防违法行为甚至不道德的行为,而且给企业戴上一顶“刑事合规”的帽子会产生不好的“标签效应”。近来又出现“行政合规”的表述,甚至有学者认为,与其引入“刑事合规”还不如提倡“行政合规”。这显然也是对企业合规的再次误解,这种误解可能源于“刑事合规”这一表述。事实上,企业合规原本就既包括“行政合规”,也包括“刑事合规”。企业合规的本来含义就是要推动企业治理结构的变革,建立从商业伦理到民事、行政、刑事规范的全面合规。因此,最高人民检察院在《关于开展企业合规改革试点工作方案》等文件中使用“企业合规”,正是为了避免上述误解和误导。

企业合规内涵的核心在于企业文化。一般认为,企业合规是一种企业治理结构,是为预防、发现违法犯罪行为而由企业实施的内部自我管理、约束的措施和机制,国家对实施了有效合规计划的涉案企业予以从宽甚至免除处罚的制度设计,也是一种企业治理结构。但是,我们必须注意到,这样的内涵界定是20世纪90年代企业合规在诞生之初的界定。如今,其内涵已经发生了深刻变化。今天的企业合规更加强调企业文化,将组织文化正式作为企业合规的重要内容。国际标准化组织于2014年制定了ISO 19600—2014《合规管理体系　指南》,后于2018年11月启动修订,形成了2021年ISO 37301:2021《合规管理体系　要求及使用指南》。ISO 37301:2021《合规管理体系　要求及使用指南》最大的特点是融入企业文化,将合规嵌入组织的文化和员工的行为态度中,使其成为企业核心价值和公司治理的一部分。

从上述发展历程来看,企业合规的内涵逐步丰富,从遵守法规到符合道德,从合规管理体系到企业文化。从某种意义上来说,企业合规的历史,就是从管控到形成企业文化的历史。今天的企业合规,是指旨在预防和发现违法犯罪行为以及改善企业文化（“鼓励符合道德的行为和承诺遵守法律”的企业文化）的内控体系。[①]

企业合规重在改变公司治理结构。不能将企业合规简单地理解为“合法经营”和“法律风险防控”。如果仅仅将企业合规理解为“合法经营”“风险防控”就显得肤浅了，因为任何组织和个人都应当遵守法律，作为一个企业，合法经营、遵守法律是常态，也是常规要求；“法律风险防控”是企业法务部门的传统业务，也是常规工作。企业合规的特别之处在于在公司内部成立一个独立的部门，建立一套管理体系来检测和阻止违反法律、政策的行为，国家通过减免处罚的方式奖励和鼓励这样的做法，国家预防违法犯罪行为的职责至少部分转移给企业自身，这是一种新的“风向标”。合规计划职能是使企业行为遵守法律、监管和社会规范，不同于传统的公司治理模式，它不是来自董事会，而是执法机构从外部施加给公司的内部治理结构，这颠覆了传统的公司法和公司治理理论。传统公司治理结构主要体现为业务管理（首席执行官，Chief Executive Officer，CEO）和财务管理（首席财务官，Chief Financial Officer，CFO），现在增加了一个首席合规官（Chief Compliance Officer，CCO）或者首席道德与合规官（Chief Ethic and Compliance Officer，CECO），企业治理结构从“两驾马车”变为“三驾马车”。传统企业治理结构是股东与经理之间的博弈，以股东为中心，将所有权与经营权分立，公司的管理人员、经理、董事长是股东的代理人。但是合规的权力不是来自股东，而是来自政府。企业合规的新颖之处可以归纳为3点：一是公司的治理结构由传统的业务、财务管理的“两驾马车”变为包含合规管理在内的“三驾马车”；二是合规的权力和职责既不是源于董事会，也不是源于股东，而是来自外部执法机构；三是国家通过减免处罚的方式将预防企业违法犯罪行为的职责至少部分转移给企业自身，这是一种协商犯罪治理模式。[②] 从企业的角度来说，合规计划是一种企业治理结构的变革，是“最佳经营方式”，合规计划是改变企业治理结构、治理企业违法犯罪的强大引擎，从某种意义上来说，企业合规使检察官“重塑了涉案公司”。合规计划不仅能改变企业自身的治理结构，还能推动其子公司、关联公司建立完善的合规计划，并引导其客户企业、合作伙伴、投资对象等不得不建立与之相适应的合规计划，同时还会对其他企业具有警示和激励作用，实现“办理一案，治理一片”“治理一企，重塑整个行业”的效果。通过这样的“连锁反应”和“水波效应”，进而推动整个营商

---

① 参见李勇：《涉罪企业合规有效性标准研究——以A公司串通投标案为例》，载《政法论坛》2022年第1期。

② 参见李勇：《企业合规需要重塑治理模式》，载《检察日报》2021年10月14日，第3版。

环境的改变。

三、企业合规给司法人员带来的挑战与使命

就我国而言,企业合规是一个处于改革试点阶段的新事物,对于大多数司法人员来说,企业合规是一个陌生的领域,面临诸多挑战。司法人员面临的第一个挑战就是知识和技能短缺。企业合规不是单纯的法律业务,也不是单纯的法学学科,其涉及管理学、经济学等多重交叉领域。司法人员的擅长领域是法律的理解与适用,对企业管理较陌生。本书的编写,旨在努力弥补这种知识和技能的短缺。司法人员面临的第二个挑战是,既没有法定的办案流程,也没有固定的文书模板或成熟的办案经验,一切都是要司法人员自己"摸着石头过河"。因此,本书在撰写过程中,特别注意吸收了多个试点单位的办案经验、操作流程和文书模板等。司法人员面临的第三个挑战是缺乏多方共识。企业合规改革是一个系统化改革,不仅涉及监察、公、检、法等机关,还涉及工商、税务、环保、市场管理等行政机关。在这样庞大的系统中,形成共识是需要时间的。当前,检察机关主导了这项改革,对检察机关来说,其具有较广泛的共识,但是监察委和公安机关作为刑事案件的调查和侦查机关,对企业合规还比较陌生;法院作为审判机关,对企业合规的关注和热情没有检察机关那么高涨;工商、税务、环保、市场监管等行政机关虽然参与到第三方监管委员会之中,但是其工作人员对企业合规的理解并不深入,实质性参与并不多。

尽管面临诸多挑战,但是司法人员应当以积极态度迎接这样的挑战,承担起使命。企业合规改革是国际普遍趋势,不仅是企业犯罪治理模式和合作型司法模式的重大变革,更重要的是,合规改革对于增强我国企业的竞争力,营造法治化营商环境,提高国家治理体系和治理能力现代化水平具有重要意义。在这项重大改革中,司法人员有望起到"改造企业""重塑公司"的重要"推手"作用。对于司法人员来说,企业合规改革"责任重大,使命光荣"!

第一章

司法人员在企业合规中的职能定位

第一节　检察官在企业合规中的职能定位

一、涉案企业合规(事后合规)的主导者

(一)检察机关主导作用的内在逻辑

企业合规在中国的兴起,与检察机关的主导推动密不可分。如本书在导言中所阐述的,在2018年"中兴事件"之前,我国金融领域企业合规就已经兴起,2018年之后,其他领域也在开展企业合规工作,但是基本上都停留在行业倡导层面。直到2020年,最高人民检察院开展试点,企业合规改革面貌为之一新。截至目前的试点改革,检察机关依然起到主导推进作用。这种现象的产生,并非偶然,而是具有内在的制度逻辑和法理逻辑的。

首先,从制度逻辑层面看,我国检察机关是宪法规定的法律监督机关,具有独特的社会治理使命和责任,这是中国特色社会主义检察制度的重要方面。参与社会治理,是检察职能的应有之义。正因如此,检察机关带有行政和司法的双重色彩,被称为"准司法机关",既不同于法官,也不同于行政机关,而是介于两者之间的独立司法机构。①

其次,从法理逻辑层面看,检察机关主导企业合规是由其诉讼角色配置决定的。与认罪认罚从宽制度一样,企业合规主要是审前程序,检察机关主导审前程序是刑事诉讼角色配置所决定的。通过刑事激励措施促使企业建立合规,离不开检察机关的推动。从涉案企业合规风险排查、企业承诺合规的具结、合规有效性评估,到从宽处罚的量刑建议、不起诉的决定,都离不开检察机关。其根本原因在于合规计划与认罪认罚从宽制度一样,本质上属于控辩协商,即属于审前程序。通过合规计划,检察机

---

① 参见[德]克劳思·罗科信:《刑事诉讼法》,吴丽琪译,法律出版社2003年版,第66页。

关由此深入企业治理结构改变的“深水区”,检察官成为促使公司治理结构改变的推动者。法官作为中立的裁判者角色,既无法深入企业调查是否具备开展合规的条件,也无法对企业合规计划的实施有效性进行监管和评估,更无法像检察机关一样作为控方与被告单位进行定罪量刑协商。刑事诉讼控辩审“三角形”架构决定了法官居中裁判的角色,无法倒向任何一方开展审前的“提前介入”工作。

(二)检察机关主导作用的体现

具体来说,检察机关在办理涉案企业合规时的主导作用体现在以下方面:

一是主导涉案企业合规的启动。涉嫌犯罪的企业,在自愿认罪认罚,配合调查,承诺合规,向检察机关提出申请,检察机关经审查后,符合条件的可以启动企业合规整改。当然,检察机关在办理涉企犯罪案件时,在案件受理后甚至在提前介入侦查阶段,就可以告知涉案企业、人员关于企业合规的意义及其法律后果。因此,涉案企业合规的启动是在检察主导下进行的。

二是主导涉案企业合规计划的审查。涉案企业承诺合规,并着手建立合规计划,检察机关应当对合规计划进行审查,以确定该企业是否具有建立合规计划的条件,其提交的合规计划内容是否符合专业性的要求,是否具有针对性、具体性、适应性和可操作性。

三是主导企业合规计划的监管、评估。企业合规计划建立后就要实施,是否有效实施是检察机关对案件作出最终处理决定的重要依据。检察机关可以采取自行监管、委托监管、第三方监管委员会等模式,但是必须要发挥主导作用。当前,根据《关于建立涉案企业合规第三方监督评估机制的指导意见(试行)》的规定,一般采取第三方监管的模式。检察官自行监管的主导作用不言自明,即便是采取委托监管和第三方监管的模式,检察机关的主导作用依然不能缺位。检察机关的主导职责主要体现在四个方面:(1)严把监管、评估人员的选任关,是否具备合规专业知识,监管评估的能力、素质、水平,有无应当回避的利益关系等。如果发现明显不当的,应当作出调整。(2)严把合规计划有效性的审查关,对涉企业合规计划的执行、监管人员的合规评估报告要进行实质性的审查,防止“虚假监管”。(3)对监管人员履职尽责的监督。检察机关应当对监管人员有无进行有效监管和评估,有无正当履行监管、评估职责,也要进行监督。(4)主导合规有效性监管、评估标准和方法的制定,防止“纸面合规”和“纸面监管”。例如,江苏省南京市建邺区人民检察院主导研究制订了从技术指标到文化指标的“双层次”有效性评估标准,以及“1+1+2”(第一个“1”是常规检查,第二个“1”是飞行检查,“2”是问卷访谈和场景测试)的监管方法。

四是主导涉案企业合规整改后的处置。检察机关对合规计划的实施情况、合规整改效果进行审查后,对案件要作出处理决定。一般来说,有这样几种处理结果:(1)合规整改无效,对案件提起公诉;(2)合规整改有效,对案件作出不起诉决定;(3)合规整改有效,对案件提起公诉并提出从宽量刑建议。这些处理决定的作出,是检察机关的主导职责,特别是不起诉的决定是检察机关独有的法定职能。

二、非涉案企业合规(事前合规)的引导者

非涉案企业合规又称“事前合规”,是相对涉案企业合规(又称“事后合规”)而言的,是指未涉案的企业,自主建立合规计划,以防止未来可能出现的违规、违法乃至犯罪行为。

从企业管理的角度来说,任何一家企业都有必要建立合规管理制度。合规计划是现代企业治理策略、企业战略、核心竞争力之一。企业经营管理面临的传统风险主要有经营风险和财务投融资风险,在合规时代,第三大风险——合规风险悄然来临。这里的合规风险就是企业因违法违规行为而受到监管处罚和刑事处罚的风险。这个风险一旦变成现实,企业就可能被剥夺特许经营资格,甚至被吊销营业执照,从而使企业遭受经济损失乃至声誉损失,由此引发的“雪崩效应”会使企业承受灾难性代价。因此,合规计划与业务管理、财务管理成为现代企业管理的三大支柱。对于企业来说,合规引发的损失与投资经营失策、失败相比,有过之而无不及。合规计划是一种企业治理结构的变革,是“最佳经营方式”和企业经营战略。合规计划成为改变企业治理结构的“引擎”。从这个角度来说,企业最好是在没有涉案时就建立合规计划,扎好“羊圈”的篱笆,而不仅仅是涉案后才“亡羊补牢”。但是,企业以追求利润为目标,没有涉案时,企业建立一项高成本的合规计划的积极性必将大打折扣。

作为独立自主经营的企业,按照市场经济的法则,国家不能强制干预非涉案企业建立合规计划,只能引导和鼓励企业建立合规计划。问题是,谁来引导和鼓励?笔者认为,行政机关、行业协会固然是可以进行引导和鼓励的,正如企业合规改革试点之前相关行业所开展的工作,但是法律的激励作用显然更好。因此,检察机关开展事前合规工作,具有体现法律激励作用的天然优势。检察机关开展事前合规也具有法律

依据和法理基础。按照“谁执法,谁普法”的原则,检察机关开展涉案企业合规的工作,就有责任向非涉案企业宣传企业合规的意义。同时,检察机关具有预防犯罪的职能。检察机关以往开展企业犯罪预防的方式,基本上体现为法治讲座、以案说法、警示教育、检察建议等,难以触及企业内部治理结构,属于典型的“蜻蜓点水”模式。合规计划将会使检察机关预防企业犯罪职能和功效实现“升级换代”,对非涉案企业引导其建立合规计划,推动企业治理结构和企业文化的转型升级,进而从整体上改善营商环境。对于我国来说,合规计划的引入将使检察机关预防企业犯罪工作从“蜻蜓点水”模式转变为“追根溯源”模式,真正实现政治效果、法律效果和社会效果的统一。①

现代社会分工越来越精细化,社会结构越来越复杂化,所面临的风险越来越多元化,国家管理资源越来越捉襟见肘。大型公司、跨国企业内部结构复杂,国家无法监管这些大型复杂企业中专业领域的风险,由于其规模庞大且内部复杂,国家制定的法律并不能完全符合具体企业的复杂情况,国家进行外部直接干预或管制并不能奏效。合规计划将风险管理和风险控制转移到这些自我调节的公司,因为只有这些公司拥有资源和风险。允许公司自我调节对政府来说,在经济上更有效率。② 当然,检察机关开展事前合规是有限度的,应当坚持“引导而不主导”“鼓励而不干预”的原则。

在试点过程中,江苏省南京市建邺区人民检察院和江苏省张家港市人民检察院开展的事前合规具有典型性和特色性。江苏省南京市建邺区人民检察院与私募基金联盟协会等组织合作,针对建邺区金融中心核心集聚区、金鱼嘴私募基金街区基金公司集中的特点,开展私募基金行业事前合规,研究制订私募基金企业合规指引,助力私募基金企业建立合规管理体系。江苏省张家港市人民检察院与密封件行业协会合作,针对该地区密封件企业的特点,开展密封件行业事前合规建设,促进该行业的健康发展。③

---

① 参见李勇:《检察视角下中国刑事合规之构建》,载《国家检察官学院学报》2020 年第 4 期。

② See Carlos Gómez-Jara Díez, *Corporate Culpability as a Limit to the Overcriminalization of Corporate Criminal Liability: The Interplay Between Self-Regulation, Corporate Compliance, and Corporate Citizenship*, New Criminal Law Review: An International and Interdisciplinary Journal, Vol. 14, No. 1, p. 78 – 96(2011).

③ 具体情况参见本书第二章。

第二节　法官在企业合规中的职能定位

如前所述，由于检察官和法官的角色性质不同，加之企业合规诉前程序的特点，决定了检察官在企业合规中起主导作用，但是法官在企业合规中依然发挥了重要作用。

就我国而言，不起诉是法定的检察职权，不存在法官批准的问题。因此，企业合规不起诉，以及未来立法上可能要增设的合规附条件不起诉，均不存在需要法官批准的问题。[①] 但是，法官在企业合规中依然具有十分重要的地位和作用，法官应当积极参与到这项改革之中，应当作为参与者，而非观望者。笔者认为，法官在我国企业合规中的职能定位至少包括以下方面。

一、作为量刑因素的合规有效性审查者

根据最高人民检察院《关于开展企业合规改革试点工作方案》的规定，企业合规改革试点工作，是指检察机关对于办理的涉企刑事案件，在依法作出不批准逮捕、不起诉决定或者根据认罪认罚从宽制度提出轻缓量刑建议等的同时，针对企业涉嫌具体犯罪，结合办案实际，督促涉案企业作出合规承诺并积极整改落实，促进企业合规守法经营，减少和预防企业犯罪，实现司法办案政治效果、法律效果、社会效果的有机统一。合规从宽包括不批准逮捕、不起诉以及轻缓量刑建议，将合规整改作为量刑轻缓的因素。

只有被证明是有效的合规计划才能成为量刑从宽的因素。因此，法官在裁量刑罚时，应当对涉案企业合规有效性进行审查，经审查确认为有效的，应当采纳检察机

---

① 参见李勇：《企业附条件不起诉的立法建议》，载《中国刑事法杂志》2021 年第 2 期。

关的量刑建议;如果经审查确认为无效的,应当通知检察机关调整量刑建议,检察机关不予调整的,不予采纳量刑建议。可见,在合规量刑激励机制中,法官在合规有效性审查中具有重要地位和作用。当然,这不仅需要法官积极履行合规审查职责,更需要法官具备合规审查的能力。如果法官对当前的企业合规改革意识淡漠,那么在合规案件审理中必然会态度消极,久而久之会在企业合规案件中被边缘化。

二、合规量刑从宽的决定者

如前所述,检察机关对涉案企业建立并有效实施合规计划的,可以作出不起诉决定,但是对于一些重罪案件依然要提起公诉,同时提出从宽量刑的建议。检察机关只是根据合规整改情况提出量刑建议,而量刑建议只是求刑权,最终的决定权依然属于法官。法官经审查确认合规计划有效的,且检察机关的量刑建议合法、合理,应当采纳检察机关的量刑建议;如果经审查认为是无效的,就应当通知检察机关调整量刑建议,检察机关不予调整的,法官不予采纳量刑建议,可径行作出判决。我们习惯于在谈及企业合规时想到相对不起诉、附条件不起诉,但是我国刑法中重罪罪名较多,涉企犯罪案件中,有大量的案件并不符合不起诉的条件,合规从宽的案件不在少数,法官在合规量刑中大有可为。

最高人民检察院发布的第二批企业合规典型案例六,就是一个合规量刑从宽的案例。简要案情如下:海南省文昌市S科技开发有限公司(以下简称S公司)系当地高新技术民营企业,翁某某系该公司厂长。2015～2016年,张某某(另案处理)在海南省文昌市翁田镇某处实施非法采矿,经张某某雇请的王某某(另案处理)联系,将采挖的石英砂出售给S公司。S公司厂长翁某某为解决生产原料来源问题,在明知石英砂为非法采挖的情况下,仍予以收购,共计3.69万吨。随后,翁某某安排公司财务部门通过公司员工陈某某及翁某某个人账户,将购砂款转账支付给王某某,王某某再将钱取出交给张某某。经审计,S公司支付石英砂款共计125万余元。2020年2月,文昌市公安局在侦查张某某涉恶犯罪团伙案件时,发现翁某某涉嫌掩饰、隐瞒犯罪所得犯罪线索。2021年1月,翁某某经公安机关传唤到案后,如实供述犯罪事实,自愿认罪认罚。2021年2月,文昌市公安局以翁某某涉嫌掩饰、隐瞒犯罪所得罪移送海南省文昌市人民检察院审查起诉。检察机关经审查,以涉嫌掩饰、隐瞒犯罪所得罪追加S公司为被告单位。2021年9月,文昌市人民检察院根据案情,结合企业合规整改情况，以 S 公司、翁某某涉嫌掩饰、隐瞒犯罪所得罪依法提起公诉，并提出轻缓量刑建议。2021 年 11 月，文昌市人民法院采纳检察机关全部量刑建议，以掩饰、隐瞒犯罪所得罪分别判处被告单位 S 公司罚金 3 万元；被告人翁某某有期徒刑 1 年，缓刑 1 年零 6 个月，并处罚金 1 万元；退缴的赃款 125 万余元予以没收，上缴国库。

三、在特定情况下审判阶段合规整改的主导者

根据最高人民检察院《关于开展企业合规改革试点工作方案》的规定，检察机关开展涉案企业合规的条件之一是企业及其人员自愿认罪认罚、自愿承诺合规。在理论上和未来的实践中均存在这样的可能性，即有些涉案企业在检察机关审查起诉阶段不愿意认罪认罚、不愿意承诺合规，但是案件到了审判阶段又愿意认罪认罚、承诺合规了。在这种情况下，法院可以在审判期间，督促企业建立并实施合规计划，法官主导或委托第三方进行合规监管、评估，经审查认为合规计划有效的，可以作出从宽判决，甚至可以作出免除处罚的判决。这与认罪认罚从宽制度一样，大量的自然人犯罪案件中，犯罪嫌疑人在检察机关审查起诉阶段不愿意认罪认罚，到审判阶段后重新认罪认罚。

值得欣慰的是，浙江省绍兴市上虞区人民法院在探索审判阶段开展涉案企业合规建设方面，迈出了可喜的一步，在一起单位犯罪案件中开展了合规。2016 年下半年至 2020 年 9 月，被告单位 A 公司在明知被告人王某某、姚某某等人无危险废物经营许可证的情况下，将生产过程中装有涂料残液的废包装桶出售给王某某、姚某某等人进行非法处置。废包装桶几经周转，最终被作为废铁运至下游钢厂进行熔冶钢铁等，严重污染大气生态环境。其中，A 公司非法处置危险废物达 500 余吨，违法所得 160 余万元。检察机关对 A 公司提起公诉。2022 年 2 月 15 日下午，上虞区人民法院召开了企业合规整改评审会暨判前社会效果评估会，组建由区人大代表、政协委员、法学界学者、环境保护高级工程师、企业高管、环境执法工作人员等共同参与的专家评审团队。与会专家一致认为，A 公司合规整改措施取得了较好成效。最终法院根据 A 公司、沈某某等人自愿认罪认罚、合规整改情况、专家评审意见等，对 A 公司及涉案人员酌情从宽及从轻处罚。[①]

---

① 参见《以司法之力助推企业合规建设丨上虞法院审结一起污染环境案!》，载微信公众号“上虞法院”2022 年 3 月 15 日，https://mp. weixin. qq. com/s/hCFwrRpwHC4T5g7xymBwug。

第二章

检察官如何开展事前企业合规

第一节　开展事前合规的必要性和意义

“法治是最好的营商环境。”企业合规建设是一个地方法治化营商环境的重要标志。最高人民检察院提出，要营造法治化营商环境，推动构建新发展格局，积极探索中国特色现代企业规制司法制度。[①]“事后合规”是涉案企业合规，就是企业涉嫌刑事犯罪，检察机关针对涉案企业组织协同开展合规监督考察，对通过验收的涉案企业作出从宽处理意见，以刑事激励手段督促企业建立合规管理体系，实现合规经营。这种事后合规是被动的、个别化的，是“治已病”；“事前合规”，是指针对非涉案企业，有关机关、部门牵头引导企业自愿开展合规建设，由相关组织对企业合规建设状况作出全面、系统的客观评估，并将评定结果作为对企业进行政策激励，以及未来涉及行政处罚、刑事处罚时可作为从宽处罚的依据。这种事前合规与事后合规的最大不同之处在于，其具有提前预防违法犯罪的性质，帮助、促进“治未病”，这对于促进我国企业规范经营行为、实现营商环境法治化具有重要意义。

一、开展事前合规的必要性分析

（一）合规窗口前移，弥补事后合规的滞后性

刑事风险对于一家企业、一名企业家来说很多时候是致命的，其后果不仅在于涉案企业遭受经济处罚、责任人因涉罪被判刑，还有随之而来的连锁效应，如丧失企业信誉、个人名誉、市场资格、竞争优势，这些都有可能对企业造成毁灭性打击。这种刑事风险对企业、企业家造成的伤害是不可逆的，代价甚高，特别是中小民营企业根基

① 徐日丹、戴佳：《最高检：积极探索中国特色现代企业规制司法制度》，载正义网 2021 年 4 月 16 日，http://news.jcrb.com/jszx/202104/t20210416_2271346.html。

浅、底子薄，一旦涉嫌刑事犯罪，企业可能就此垮掉，不利于民营经济的健康发展。为服务保障民营经济发展，最高人民检察院提出少捕慎诉慎押的刑事司法政策，同时启动企业合规改革试点，各地检察机关探索涉案企业合规从宽制度，对符合条件的涉案企业依法不捕、不诉、不判处实刑，将刑事案件对企业的影响降到最低。不可避免的是，企业及相关责任人员进入刑事程序，即使最终可以获得合规不起诉从宽处理，也要经历行政机关调查、公安机关立案侦查、检察机关审查的漫长程序，其间需要付出很多的时间、精力，合规成本也比较大。企业在违法犯罪前建立合规管理体系并有效执行，一方面，可以积极预防和发现违法犯罪风险，避免进入事后合规；另一方面，也可以有效防范行政监管，促进企业依法规范经营。

（二）与激励机制挂钩，弥补行政合规的动力缺陷

企业合规不仅是指刑事合规，也应包括行政合规。2006 年原银监会出台了《商业银行合规风险管理指引》，2007 年原保监会出台了《保险公司合规管理指引》，之后国资委、商务部等政府部门相继出台了要求企业合规经营的意见规定，并于 2018 年年底，正式印发了《中央企业合规管理指引（试行）》《企业境外经营合规管理指引》等，引导推动企业建立和健全合规管理体系。① 这些规范性文件的立法位阶较低，仅限于央企等大型国资企业、跨国公司，民营企业涉及较少，还没有达成普遍共识，企业在衡量合规经营与经营成本时往往趋从利益，不愿付出高昂成本建立合规计划。有观点认为，检察机关目前探索的事前合规类似行政合规，即行政机关制定的要求企业经营管理行为符合行政监管的相关规定。甚至有观点认为，事前合规就是行政合规，并由此产生检察机关推进事前合规是否超越职权的质疑，或者认为事前合规是在走行政合规的“老路”。笔者认为，事前合规不等同于行政合规，事前合规外延更广，不仅包括行政合规，还包括刑事合规、行业合规、涉外合规等，与企业合规经营相关的法律法规、监管规定、行业章程、规章制度以及国际条约、规则等要求都属于事前合规的范畴。② 更重要的是，事前合规实际上是一种国家机关开展企业违法犯罪预防的新机制，与事后合规相衔接，均以刑事激励作为最终推动力，可以通过考察评估获得行政、刑事处罚上的正向激励，辅之以行政激励措施，形成一套体系化的激励机制，推动企

① 参见王志乐主编：《企业合规管理操作指南》，中国法制出版社 2017 年版，第 40～41 页。
② 国务院国有资产监督管理委员会《关于印发〈中央企业合规管理指引（试行）〉的通知》。

业自主合规,实现企业违法犯罪预防的目的。预防违法犯罪是检察机关的重要职责,“谁执法,谁普法”,普法宣传也是检察机关的重要职责。因此,笔者认为,检察机关以开展涉案企业合规(事后合规)为主,同时与其他机关协作辅助性地开展事前合规,也是预防违法犯罪、法治宣传的职责所在。

(三)以风险防控为目的,弥补企业治理结构缺陷

中国企业家犯罪预防研究中心发布了《2019—2020 企业家刑事风险分析报告》,以“中国裁判文书网”上传的刑事案件判决书、裁定书为检索对象,确定分析样本,数据显示涉案企业家 3082 人,涉及犯罪 3278 次,其中,国有企业家人数为 187 人,约占总数的 6.07%,民营企业家人数为 2876 人,约占总数的 93.32%。[①] 该数据暴露出企业家合规经营意识淡薄、企业日常管理有漏洞、监督制约机制不完善等问题,特别是中小民营企业,是刑事风险的“高发”群体,犯罪类型集中在税务、安全生产、知识产权、环境保护等方面。这类企业往往采用家族式管理模式,即使建立了股东会、董事会、经理等组织结构,大多执行不严,甚至形同虚设,企业重要决策、资金往来都由老板决定,难以对可能出现的风险隐患及时作出预警并排除。企业合规本质上是一种公司治理方式,事前合规以建立日常性合规管理体系为目标,以风险评估为抓手,激活企业管理运行机制,形成动态、持续、有效的管理,有助于提升企业的治理能力和治理体系,为企业的发展提供了良好基础,有利于企业重视合规管理并提高企业防范风险的能力。

二、开展事前合规的意义

(一)有利于预防企业犯罪

当前,经济下行压力较大,企业发展面临严峻形势,企业犯罪数量上升,面临的合规风险逐步增大。我国现有的企业犯罪追责体系偏重对犯罪主体的打击与威慑,但在犯罪预防与长效治理方面存在一定的不足。事前合规建设的最大优势在于不仅着眼企业治理,更着重犯罪治理,构建起犯罪预防的社会化支持体系,将政府部门、公共机构、市场主体都纳入制度框架,共同搭建一套合规评价体系,形成促进企业合规的合力。在企业面临的行业风险、行政违法风险、刑事犯罪风险等风险中,最严重的是

---

① 蒋安杰:《〈2019—2020 企业家刑事风险分析报告〉发布》,载《法治日报》2021 年 4 月 28 日,第 9 版。

刑事犯罪风险，也是最低标准的风险红线。因此，推进事前合规建设是预防企业犯罪的一种新模式，区别于传统犯罪预防的宣传、引导方式，贯彻“集末端处理与前端治理于一体”的要求，创新犯罪预防手段，力度更强、范围更广、作用更大，有利于形成社会化大预防格局，且具有变革意义。

（二）有利于优化法治化营商环境

法治化营商环境意味着将法治与营商环境有机统一，有效促进和规范社会主义市场经济发展。现代意义的企业合规不仅限于企业内控管理机制，还涉及国家管理、市场监管、企业管理等多个维度、多个主体，考验当地执法、司法能力和水平，对一个地区法治化营商环境的构建具有积极的推动作用。企业合规逐步成为现代企业管理中的“必修课”“规定动作”，如果企业都能做到合规经营，那么合规体系运行下的市场主体在税收、环保、安全等各个环节、各个领域都将是依法依规经营，以“合规”促“法治”，从而提高营商环境法治化水平。企业合规第三方组织主导推进事前合规建设，推动构建合规分级评价体系，对区域内企业合规建设的有效性进行动态、量化测评，明确测评的标准和方法，可以条理化地认清和把握合规管理体系建设取得的成效、存在的问题及原因，将不同规模、不同行业企业合规建设情况进行分析比较、归纳总结，形成企业合规建设的样本。以合规优质企业发挥示范作用，引导其他企业参与合规建设，从而形成合规共识，优化营商环境。

（三）有利于优化企业管理水平

企业合规管理体系虽然短期内无法直接创造商业价值，但从长期来看，有效的合规管理体系可以帮助企业保持良性运行的态势，让企业家安心经营、厚积薄发，从而转化成推动企业持续健康发展的生产力。事前合规建设的“生产力”体现在：一是对合作伙伴形成吸引力。特别是在外贸合作、外商谈判中，企业打造的合规文化、合规管理制度、行为准则、对合作伙伴的合规要求都可能成为达成合作、谈判的“加分项”，合规建设是我国中小企业进入世界经济大潮的法律“护身符”。二是对生产经营形成竞争力。企业建立起合规管理体系解决了企业负责人的后顾之忧，就可以放开手脚投入产品研发、产业升级，扩大产业规模，企业的营业收入、产值必定有所增加。三是对风险防控形成战斗力。企业建立起生产经营、财务管理、合规内控的管理体系，改变原来粗放的管理模式，风险防控能力和水平都将有所提高。

第二节　开展事前合规的步骤与方法

检察机关开展企业合规试点主要集中在事后合规，事前合规探索相对较少。从试点情况看，目前主要两种模式：一是江苏省张家港市人民检察院牵头企业合规第三方组织开展事前合规模式。这里合规监管委员会的作用相当于认证机构，与事后合规的监管机构不同。换言之，事前合规中的监管委员会只认证不监管。二是江苏省南京市建邺区人民检察院与江苏省基金联盟协会等合作开展私募基金领域的行业事前合规模式。本章以张家港模式为例进行介绍。

一、前期筹备阶段

由检察机关牵头成立企业合规第三方组织，并组织召开企业事前合规建设启动仪式，当地企业自愿报名成为首批事前合规建设试点单位。随后，开展合规培训、制订企业合规分级评定办法、行政合规清单、激励政策清单等配套制度，对企业事前合规给予积极的正面评价和激励。

（一）制订事前合规分级评定指标体系

1. 评定原则。推动企业参与合规分级评定，应坚持企业自愿、全面评价、多元处理、分步实施的原则。例如，江苏省张家港市企业合规第三方组织针对张家港市中小民营企业合规需求，确定了以“1 + 4”为核心内容的合规分级评定参考指标体系。“1”是指对企业合规管理的审查，“4”是指安全生产、环境保护、财税管理、知产管理 4 个分类指标体系，合规管理审查嵌入上述 4 个指标体系中。企业自愿意思，是指事前合规建设完全基于企业自愿，企业可以根据自身排查出的风险点，综合考虑组织结构、经营规模、业务和产品线的运营管理模式等特点，确定合规建设的方向和领域，适用对应类别的参考指标体系。全面评价,是指对于企业合规有效性的评价是全面评价,而不是对某个专项合规建设进行评价。具有多个合规风险领域的企业,无论规模大小都需建立完整的合规管理体系,并且嵌入企业各个业务板块的管理机制中,也就是全面合规和专项合规的结合。多元处理,是指要采用多元化的区分方法,确定参考指标的运用规则。大型企业合规审查标准应当接近央企标准,具备参考指标明确的全部要素;对于中小微企业,可以适度放低标准,但应当具备合规管理体系的核心要素。分步实施,是指企业开展合规建设可以专项先做、分布推进,最终完成全面合规建设。

2. 评定依据。企业合规分级评定指标体系应立足于企业潜在风险防控的目标,在评定参考指标的设置上可以从刑事合规出发,以行政合规为落脚点,以行业合规为有益补充,构建起较全面的分级评定指标体系。参考指标体系可以设置审查项目,一级、二级、三级指标以及审查的证明材料、要点等内容。以江苏省张家港市人民检察院事前合规试点为例,在指标项目的设计上,分析了近 3 年来涉企犯罪案件刑事风险点,设置安全生产、环境保护、纳税信用和知产保护 4 个领域的合规指标体系,学习借鉴了陈瑞华教授提出的合规计划的 3 个文件(合规章程、合规政策、员工手册)、3 个流程(合规预防体系、合规识别体系、合规应对体系)[①]以及北京新世纪跨国公司研究所设计的企业合规管理体系评审指标作为合规审查标准,[②]收集各行政机关现行的各项评价指标作为专项合规标准,在缺乏行政评价体系的情况下,辅之以行业合规标准。例如,安全生产专项指标,参考了张家港市应急管理局制订的《张家港市工业企业"创蓝行动"实施方案》;知识产权管理没有专门的行政评价指标,则参考《企业知识产权管理规范》等国标要求。

3. 评定标准。第三方组织不仅要对企业的合规计划落实情况进行监督,还要对照参考指标对合规计划本身是否完整、是否具有可操作性进行初评,此时就可以结合企业的实际情况对参考指标进行调整完善,针对特定企业制订专门的指标体系。第三方评估小组对企业合规管理情况进行打分,财税、环保、安全生产领域的专业人员对各自专业领域的合规指标进行打分,采用 100 分记分制。合规建设优质企业分值 90 ~ 100 分;良好企业分值 70 ~ 90 分;达标企业分值 60 ~ 70 分。需要说明的是,各类别均有合规指标,分值为 52 分,专项指标 48 分,突出合规体系构建的重要性,要求企

---

① 参见陈瑞华:《律师如何开展合规业务(一)——合规计划的打造》,载《中国律师》2020 年第 8 期。

② 参见郭凌晨、丁继华、王志乐主编:《合规:企业合规管理体系有效性评估》,企业管理出版社 2021 年版,第 45 ~ 46 页。

业把合规融入企业经营管理的各个流程。仅有单个领域合规风险的企业,只需对照专项合规参考指标进行打分;存在多个领域合规风险的企业,确定企业需要进行合规建设的领域和各项合规计划的权重,得出企业合规评价综合分数确定等级。需要注意的是,申请多个领域合规分级评定的,必须保证每个单项达到60分以上,总分才有效。

4.结果运用。对于通过合规评估的企业,应当在执法监管、奖励先进、行政审批等方面给予激励政策。例如,张家港市企业合规第三方组织根据企业合规分级评定的等级,颁发奖牌并定期公布,按照各行政主管部门的相关规定,在执法监管、奖励先进、行政审批等方面给予激励政策。比如,对于安全生产合规的企业,应急管理部门在制订日常执法检查计划和随机抽查时,减少对其执法检查的频次,1年不超过1次;在企业申请安全生产政策性资金、评先评优活动中,予以优先考虑。建立联合激励对象名录,作为安全生产典型示范企业加以宣传推广。企业合规的评价周期为1年。企业未被评选为合规达标以上企业的,最短于3个月后可重新评定等级。

组织召开企业合规第三方组织联席会议,与应急管理部门、税务部门、生态环境部门等充分沟通,向各个部门征集激励措施并进行分类罗列,通过联席会议、两法衔接等机制加强行政机关对落实合规激励政策的重视,组织相关合规培训、宣传活动,增强行政机关专业人员对政策落实的主动性、积极性。通过实实在在的案例、事例宣传、结果运用的成效推广,获得广泛的认可和有效传播。在首批试点企业获评后保障激励政策落到实处,发挥激励示范效应,引导其他企业参与合规建设。

（二）制订企业合规管理指引

事前合规的推进落实需要试点企业充分发挥主观能动性,建立完善合规管理组织架构、工作体系、运行机制,并在工作中持续改进完善有关制度,形成符合自身特点的合规管理体系,并取得实效。这对企业的要求很高。现实状况是,企业特别是民营企业合规能力有限。除政府要给予政策上的激励外,政府还要给更多的指引。例如,江苏省张家港市人民检察院参考国资委印发的《中央企业合规管理指引(试行)》、江苏省国资委印发的《省属企业合规管理指引(试行)》,再结合本市中小企业实际,经多方探讨制订企业合规管理指引。该指引明确企业要建立合规组织机构以及各部门合规职责,合规计划的内容、合规流程的建立、合规管理的重点环节等内容,与合规分级评定办法、参考指标体系相衔接,让企业开展合规建设更加具有针对性,减少企业的合规成本。

（三）确定事前合规试点企业

与事后合规不同的是，事前合规的企业并不涉案，必须遵守自愿性原则。可以采取自愿报名与社会团体推荐相结合的方式，选取有代表性的企业，综合考虑企业规模、行业地位、合规工作基础、主要风险领域等因素确定试点企业名单。试点企业范围包括各类市场主体，包括但不限于国企、民企、内资企业、外资企业、大中型企业、小微企业等。具体工作流程如下：

1. 发布公告，征集试点企业。公告需要明确参与事前合规试点企业的选取范围、申报条件，需要提交的材料、审核程序等内容，并附申请表，方便企业提交申请材料。

2. 审核申请企业相关情况。针对企业提交的申请材料，充分听取工商联、行政机关、主管部门的意见，制作审核报告，提出拟试点企业名单。

3. 召开第三方组织联席会议，研究确定拟试点企业并进行公示。

4. 召开事前合规启动仪式，做好宣传动员。通过庄严的形式提高企业对事前合规的认识和重视程度，邀请第三方组织主要成员单位、事前合规试点企业、第三方组织专业人员等参加。会上宣布试点企业名单；宣读试点方案，提出合规建设要求；下发文件，明确工作机制并进行解读。

二、组织实施阶段

（一）确定试点企业合规工作联络员

检察机关以开展涉案企业的事后合规为主，因此事前合规的推进实施一般由行政机关或工商联、行业协会等组织主导实施。张家港的事前合规采取的是工商联主导实施，南京市建邺区采取的是金融业协会主导实施。一般而言，试点企业需要确定一名合规联络员，最好是企业合规部门负责人或者合规专员。一方面，对内专职负责企业合规建设工作；另一方面，对外负责与合规监管委员会沟通联系，进行信息传递、人员联络、反馈情况等工作。以张家港实践为例，合规联络员名单确定后，企业合规第三方组织办公室开设了合规联络员工作联系群，明确工作职责，并在群内开展日常工作。

（二）开展分层分类培训

事前合规试点是一种新兴事物，对各方参与人都提出了较高要求，需要结合各方参与人的职责开展分层分类培训。以张家港实践为例：一是对事前合规各方参与人员进行分层培训。组织合规监督评估专业人员名录库成员学习合规规范性文件，重点解读分级评定办法及参考指标体系，为开展事前合规分级评定工作奠定基础。结合企业合规重点领域、重点环节、重点人员，组织试点企业负责人、合规专员、业务部门代表参加安全生产、环境保护等不同类别的合规培训，助力企业打造专项合规体系。二是开展不同重点、不同类别的专业培训。以合规理论为重点，突出合规的重要性，围绕企业合规内涵、企业合规组织体系建设、事前合规和事后合规的衔接等问题作出专业分析论证，提高全体人员的合规意识。以实务操作为重点，传授合规建设的方法，对企业如何进行合规建设进行系统培训，提高全体人员的合规技能。

（三）定期摸排试点企业合规建设进度

事前合规试点工作的推进主要依靠企业主观能动性，各试点企业情况不同、重点合规领域不同，开展合规建设过程中难免遇到各种困难，推进合规建设的进度不一，这会给验收评估工作带来较大难题。为了保障分级评定工作的有序开展，需要定期摸排试点企业合规建设进度以及申请验收时间安排，拟定验收评估工作方案。例如，张家港市工商联负责定期摸排试点企业合规建设进度，向企业合规监管委员会办公室进行汇报，针对企业合规建设过程中出现的疑难问题组织专题讨论，帮助企业解决问题、消除顾虑，引导企业持续推进合规建设。比如，针对行业合规建设过程中，企业落实合规制度时间久、信息沟通不及时等问题，合规监管委员会经讨论，建议行业协会发挥自治作用，建立合规工作联系网，畅通信息通道。制作调查情况表，市工商联指派专人定期填录企业合规建设进度情况，梳理出合规建设进度快、效果好的和合规建设进度慢、成效不明显的企业名单。按照先合规企业带动未合规企业、更优质企业带动其他企业合规发展的原则，组织合规建设进度慢的企业到合规建设进度快、效果好的企业参观学习，打造不同规模企业合规建设样本并推广适用，从而逐步实现试点企业全部完成合规建设的目标。

三、评估验收阶段

（一）组织企业申报验收评估

考虑到事前合规试点企业合规建设进度不一，各有特点，验收评估本着企业自愿的原则,分批次分步骤开展,组织有意愿参与合规分级评定的企业向企业合规监管委员会提出申请,并提供相关证明材料。企业可以根据自身合规建设的情况,在安全生产、环境保护、知识产权、税务管理 4 个领域选择一个或多个进行申报。例如,张家港市在 2021 年年底组织第一批试点企业进行验收评估,共收到 14 家企业的申请表及相关材料。

(二)组建事前合规验收第三方评估小组

根据企业的规模、地域分布,主要从监督评估小组现场验收节约时间、便于操作的角度,组建第三方评估小组。结合申报企业的数量、规模,以及企业申报的合规分级评定的专项领域,确定每个第三方评估小组专业人员的人数、类别,每个小组可以配备律师、会计师、税务师以及安全生产、环境保护、税务管理、知识产权等行业领域行政机关业务骨干。从第三方评估智能管理平台分类随机抽取,确定第三方小组人员名单并进行公示。

(三)开展分级评估预评估工作

首先,确定分级评定验收工作方案、评分规则及参考指标体系,为具体实施验收评估工作达成共识、奠定基础。根据评估工作需要确定第三方评估小组组长,负责沟通协调小组成员开展工作,出具评估报告。

其次,可以设置预评估程序。事前合规分级评定验收工作,作为一种从无到有的探索创新,实践运行过程中必然会遇到各类问题,企业对自身合规建设的情况缺乏一个明确认识,第三方评估组织对企业合规风险的掌握也需要一个过程,为此,可以设置预评估程序,组织第三方评估小组通过实地走访企业了解企业合规的建设完成情况,针对存在的问题提出完善的意见和建议,企业可以根据预评估情况进行为期 1 周的整改。第三方评估小组可以结合企业的实际情况,对不同企业制订有针对性的验收评估方案,并对该企业的正式验收评估做好组内人员分工。参照企业合规分级评定参考指标体系,制订具体评估企业的评定标准及打分尺度。

最后,第三方评估小组进行现场验收,根据审查评估的需要,可以采用访谈、问卷调查、专题讨论、实地查验、抽样检测、比较分析等方法对企业合规情况进行测评。

(四)开展正式验收评估工作

正式验收评估工作可以设定以下流程:(1)试点企业首席合规官或其他合规负责

人向第三方评估小组汇报申报领域的合规建设情况;(2)第三方评估小组查阅企业合规建设台账资料;(3)第三方评估小组结合企业汇报情况及相关证明资料,向企业首席合规官或其他合规负责人提问,对方进行解答;(4)第三方评估小组结合评估需要,走访企业车间、办公场所,并向企业相关工作人员核实情况,至少随机抽取3~5名员工进行访谈,发放调查问卷;(5)第三方评估小组对照分级评定标准进行打分;(6)第三方评估小组汇总打分结果,在充分讨论、论证的基础上进行独立评议。

(五)企业合规监管委员会审核确定评定结果

第三方评估小组召开分级评定讨论会,就评分标准统一、验收报告制作等问题进行讨论,听取意见建议,由各第三方评估小组组长汇总各领域评分表,并就验收评估结果形成书面报告。企业合规第三方组织结合验收评估结果,综合考量后出具合规优质、良好、合格企业的评定结果并进行公示。

(六)举行试点企业合规建设授牌仪式

为增强事前合规的权威性、公信力,提升企业参与合规建设的积极性和荣誉感,在完成合规分级评定验收工作后举行试点企业合规建设授牌仪式,邀请所有试点企业负责人或合规工作负责人参加,扩大影响力。公布获评合规优质企业、良好企业、达标企业名单,由企业合规第三方组织进行授牌,并对事前合规首批验收工作进行总结发言,推动更多的企业参与合规建设,并主动申请合规分级评定。这些授牌在某种意义上成为企业的一张名片,对于企业的美誉度、开展业务、吸引投资具有重要意义。

(七)落实合规激励政策

企业合规第三方组织为合规企业颁发证书,是一种比较好的精神奖励措施,更重要的是,兑现实实在在的合规激励政策,让事前合规机制永葆生机和活力。企业合规第三方组织可以对照政府承诺的合规激励政策清单,指导各家行政机关点对点对接获评的企业,安排专人为获评企业提供定制式服务,综合考虑企业的意愿、业务需求以及行政机关政策特性,在法律允许的框架内定制专门的合规激励措施,确保合规激励政策不落空。

第三节　开展事前合规的注意事项

一、厘清事前合规试点各方职责

（一）检察机关在推进事前合规中的地位、作用

在推进事前合规建设过程中，有时也会遇到质疑：检察机关履职的正当性依据何在？事前合规类似行政合规，是否已经超出了检察机关的职权范围？除理论上的质疑外，还有实践操作层面的质疑，事前合规基于企业自愿，那么检察机关参与的程度如何把握？

宪法赋予检察机关法律监督的职能。检察机关是国家的法律监督机关，承担惩治和预防犯罪、对诉讼活动进行监督等职责，以保护国家利益和社会公共利益为己任。检察机关开展事前合规建设，是检察机关履行预防犯罪职责、当好公共利益代表的重要途径。以检察履职助力构建有中国特色的企业合规制度，这不仅是建立完善现代企业管理制度的应有之义，也是国家治理体系和治理能力现代化的重要体现。[①]事前合规不应与事后合规完全割裂，应当看到二者之间的联系，事前合规是犯罪预防的一种手段，与事后合规一样都是犯罪治理的一种方式。事前合规建设情况可能成为事后合规启动与否的考量因素，甚至决定事后合规的发展方向、是否适用合规从宽等。因此，从犯罪治理的角度，检察机关推进事前合规建设也是合法合理的。

同时，在企业合规改革试点实践中，检察机关推进事前合规要把握好“度”。一方面，检察机关在扎实推进涉案企业事后合规的基础上，可以发挥职能优势，依托组建的企业合规第三方组织凝聚各方力量，统筹协调各项工作，做好各类保障。推进以提

① 参见邱春艳、李钰之：《最高检召开企业合规试点工作座谈会，张军强调　创新检察履职，助力构建中国特色的企业合规制度》，载《检察日报》2020年12月28日，第1版。

前预防违法犯罪为核心的事前合规,努力实现末端处理和前端治理的协同推进。另一方面,检察机关不宜主办,事前合规是企业自主经营范围内的事项,强调企业自我管理、自我合规。检察机关可以发挥牵头、协调、引导作用,由政府部门、行业协会等社会机构提供有针对性和专业性的合规指导,具体工作可以由作为企业的监管部门的工商联或者行业协议等推进,号召企业开展合规建设,各行政机关加强行政合规指导,共同做好推动、落实工作。

(二)厘清试点参与的四方关系

企业合规第三方组织作为试点工作组织方,负责统筹协调,引导企业开展事前合规建设,委托第三方组织对企业合规建设进行分级评定验收工作。这种认证性质的评定验收与事后合规的第三方监管性质不同。试点企业作为事前合规建设实施方,自愿接受第三方组织的总体安排开展合规建设,可以自行聘请合规建设团队,自愿申请验收后接受第三方组织分级评定验收。第三方组织,作为合规建设验收方,对合规第三方组织负责,对企业合规建设进行评估。第三方组织工作经费由企业会同第三方组织承担。合规顾问团队作为合规建设服务方,对企业负责,提供专业合规服务,配合第三方组织分级评定工作。合规顾问团队的费用由企业自行承担。

需要说明的是,事前合规试点中,企业参与合规建设和申请分级评定两个环节都基于企业自愿申请,第三方组织仅参与分级评定验收,不参与企业合规建设。合规第三方组织在企业合规建设期间只起到引导、指导作用。在涉外法律风险事前合规试点中,主要考虑涉外法律风险领域事前合规难度高、专业性强、企业合规能力不足等,第三方组织需要发挥更大的作用,对企业合规建设的全过程进行指导。第三方组织要加强合规建设关键流程的把控。合规计划制订环节,重点对顾问团队的资质以及合规计划的制订过程、具体内容等进行全面审查,并提出意见和建议。合规计划执行环节采取集体访谈、问卷调查、抽样检测等多种方式,对企业涉外合规建设进行跟踪指导。合规有效性环节,制订涉外合规有效性审查评定标准,邀请专家智库成员参与验收,对评估意见进行论证、点评,对评估结果优秀的企业颁发证书。

二、区分事前合规和事后合规考察标准

陈瑞华教授提出,我国企业合规建设的两种模式:一种是日常性合规管理模式,

未涉罪企业为预防合规风险为出发点建立的常态化合规管理体系，即“事前合规”试点；另一种是合规整改模式，涉罪企业为获得刑事从宽处理，针对涉罪风险进行合规整改，即“事后合规”试点。[①] 两种合规模式的适用对象、基本功能和制度构造不同，决定了这两种合规模式的合规计划类型、合规建设方法、验收评估标准都有所不同。

（一）合规计划类型的不同

事前合规基于企业自愿、未涉罪的性质决定了企业可以有选择地制订合规计划，企业可以针对排查出的某一个或多个风险领域制订一个或多个专项合规计划。比如，企业可能在安全生产、环境保护方面有潜在合规风险，基于时间、精力、条件等各种因素，企业可以针对安全生产制订专项合规计划；或者先制订安全生产领域合规计划，再制订环境保护领域合规计划，逐步建立安全生产、环境保护领域的合规管理体系。但无论企业如何选择，总是要针对存在风险的领域进行合规建设，如果企业本身不存在安全生产领域合规风险，当然不需要制订安全领域的合规计划。事后合规就不一样了，由于事后合规以消除涉罪风险、防止再次发生同类违法犯罪为目的，涉案企业合规计划必须以具体违法犯罪领域为整改对象而制订整改方案，覆盖同类违法犯罪风险以及根据涉案企业实际情况确定的其他可能违法犯罪合规风险。比如，涉案企业因虚开增值税专用发票犯罪而开展合规建设，首先，要识别虚开增值税专用发票犯罪发生的原因，分析存在的问题，制订有针对性的税务合规计划；其次，将企业存在的财税管理风险一并纳入合规计划；最后，若企业尚存在环保领域明显的违法犯罪风险，如曾因污染环境被行政处罚，则应当制订税务、环保两个领域的合规计划，对合规薄弱环节一并进行整改。

（二）合规建设的方法不同

无论是事前合规还是事后合规，都应当以全面合规为目标，专项合规为重点，避免大而全、空洞无物，防止出现“纸面”合规的现象。在实践中，在事前合规试点初期，考虑企业合规能力不足、分级评定体系不完善、试点工作经验不足等因素，按照“典型引路、分批推进、巩固提高”的思路，可以引导企业就某一个领域开展合规建设并申请单个领域的分级评定，但从事前合规长远发展来看，事前合规建设仍以全面合规为最

---

① 参见陈瑞华：《有效合规管理的两种模式》，载《法制与社会发展》2022年第1期。

终目标,这是一个分步实施、逐步深化的过程。对一家企业进行合规评价,可以采取从专项到全面评价的过程,确保这家企业逐步实现各个领域、各个环节、各个岗位都合规运行,最终达到促进企业合规建设保障企业持续健康发展的目标。事后合规以去犯罪化为目标,在企业自我承诺的基础上确定合规考察期限,涉案企业需要在规定的考察期内按照既定的合规计划完成合规整改。涉案企业在考察期内,在针对性弥补漏洞的基础上建立专项合规管理体系,并在此基础上,企业可以选择以全面合规为目标建立合规管理体系。

(三)验收评估的标准不同

事前合规分级评定标准按照国际通行的有效合规管理体系要求的必备要素、标准进行设定,包括合规组织机构、制度体系、运行机制和文化建设等。企业合规第三方监管委员会对企业某一个或多个领域对照分级评定标准进行打分。合规分级评定参考指标体系满分为100分,采用扣分的方法计算每个领域的分值。按照“按领域单独打分,依权重汇总评价”的原则,申请2个以上领域合规建设分级评定的,由第三方监督评估小组依据企业经营业务的特点及该领域合规建设的必要性,提出权重比例分配的建议。合规第三方组织审核确定后计算企业分级评定最终得分,根据最终得分情况确定企业合规等级。在事后合规中,首先,对涉案企业进行合规验收评估应当紧紧围绕涉罪领域整改的针对性和有效性作出评价,这是合规整改通过验收的首要因素。其次,对同一类犯罪建立起的专项合规管理体系进行评估,判断是否实现体系化整改。做到以上两点可以初步判定企业合规整改是合格的。最后,可以设定一个加分项,企业以全面合规为目标,对其他领域可能存在的合规风险进行整改完善,将合规管理体系嵌入企业经营管理的各个重点领域、重点环节、重点岗位,促进企业整体合规运行,这是较高标准的合规整改,可以作为加分项。

三、保障事前合规激励政策落地生效

如果事前合规分级评定结果得不到有效运用,不仅影响评定工作的公信力,还会削弱企业参与事前合规的积极性,从而影响试点的推进深化。虽然事前合规试点中列了一些行政激励措施,但措施是否能够落地以及措施是否能满足企业动力需求都有待检验。对目前企业合规评价结果运用较困难的现状,可以考虑从以下两方面进行改进:一是扩大分级评定结果运用的范围。可以与行政机关信用评价体系挂钩,将合规分级评定的结果纳入行政机关信用评价体系进行体现,区分等级;二是优化激励措施分类清单,根据评定的不同等级设置不同的激励措施,以更好地促进企业创建合规优质企业。

四、事前合规分级评定经费保障问题

事前合规分级评定工作涉及第三方评估小组履职经费保障,包括律师、会计师等中介机构专业人员以及行政机关职能部门专业人员的报酬、车旅费用、现场验收材料费等。这些费用来自何处?目前没有定论,各地可以结合本地实际进行探索。以张家港市为例,在事前合规试点中,为了保证事前合规分级评定工作的公正性和公信力,事前合规经费由财政拨款保障,设定的基本标准是第三方评估小组评定 1 家企业的报酬是 1.1 万元。按照该市首批试点 100 家企业来计算,事前合规第三方评估工作报酬经费共计 110 万元。虽然由财政拨款保障第三方评估小组履职报酬有其优势,但该笔支出对于财政来说也是不小的压力。试点初期可以采用财政支持的方式,后期逐步推广的过程中可以考虑由工商联成立事前合规分级评定专项基金,由自愿参与合规建设的企业支付分级评定费用作为基金来源,第三方评估小组完成分级评定后由工商联统一进行结算支付。这样,一方面,可以减轻财政压力;另一方面,也可以防止利益输送等腐败问题。

第四节 开展事前合规的类型化探索

不同性质、不同规模企业的合规需求是不同的，合规管理体系的类型、内容、标准等也都是不同的。事前合规试点需要结合企业规模、行业特点、主要风险领域以确定不同类型的合规建设模式。中小型民营企业在合规试点企业中占较大体量，但这些企业的合规资源、能力有限，因此，在这些企业中建立起有效合规管理体系要突出针对性，围绕重点业务领域、生产经营范围，建立成本相对较小的专项合规管理体系，并在此基础上查找其他管理薄弱环节和风险隐患，将合规管理体系切入其他业务板块，逐步推进合规体系建设，这样的边际效益会更高。对于行业内具有共性合规风险的同类型企业，可以引导相关行业开展整体合规建设，行业协会可以成立和制订统一的合规组织机构、合规标准，促进成员企业执行行业合规管理体系，有效减少合规成本、扩大合规效益。大型企业合规风险重点领域如果存在涉外法律风险，由于涉外法律风险复杂、合规难度大，可以由企业合规第三方组织牵头，组建由涉外合规领域专业人员组成的专门小组，引导、帮助企业打造涉外合规管理体系。

一、推动中小企业事前合规的探索

中小微企业是我国民营企业的重要力量，在我国国民经济发展、解决就业等方面具有至关重要的地位。同时，中小微企业规模小、家族化、不规范的特点突出，这是开展事前合规需要重点解决的问题。中小企业是事前合规试点的主要群体，下面以一起案件为例进行介绍。

（一）企业基本情况

张家港某模塑有限公司是首批事前合规试点企业，对于中小企业合规建设具有代表性和典型性。该企业成立于2004年,是致力汽车、工业电气、医疗、智能健康产品开发和制造的国家级高新技术产业。通过近20年的努力,其已成为世界500强企业德国博世、博泽优秀的供应商。2017年公司创建的“科堡”智能卫浴,整合德国、日本同行的先进技术,并聘请中国中医学专家指导,成功打造成具有高科技水平又兼有保健功能、拥有50余项专利的一流智能卫浴品牌,先后获得了“沸腾杯”质量金奖和德国“IF工业设计大奖”,被国家相关部门评为全国消费者放心产品。该公司的董事长合规意识强烈,将合规建设作为“一把手”工程推进,充分认识到企业只有全方位地推进合规建设,规范企业行为,做到全员合规、事事合规,才能永葆活力、永续发展。该企业在2021年张家港市事前合规分级评定中获评合规优质企业。

(二)合规管理体系构建

1. 合规文化塑造。该企业以“合规经营、永续发展”为宗旨,秉承利益要“公平”、领导要“公正”、办事要“公认”的“三公”原则。确立了企业四大理念:一是“诚信、务实、进取”的经营理念;二是“人人有事做、事事有落实”的管理理念;三是“团结拼搏、永争第一”的奋斗理念;四是“信誉第一、顾客至上”的服务理念。该企业建立了企业文化展馆,在展馆内向全体人员展示企业合规文化,营造合规文化氛围;接待全国工商联,最高人民检察院法律政策研究室,江苏省工商联,张家港市委常委、市工商联等各级领导考察调研,成为企业合规试点的宣传阵地。

2. 合规组织机构。该企业成立了合规委员会和合规办公室。合规委员会成员包括公司总经理、首席合规官和总法律顾问。公司董事长兼总经理作为“一把手”,亲自抓合规建设,把合规经营理念写入公司章程。公司首席合规官独立于公司业务部门、财务部门,是企业专门聘请的外部人员,熟悉商务工作。公司总法律顾问是外聘的律师事务所律师,在公司治理方面有丰富的工作经验。该企业合规组织机构人员结构较合理,保证了合规责任部门履职的独立性。合规委员会的工作职责包括:(1)确认合规管理战略,明确合规管理目标;(2)建立和完善企业合规管理体系,审批合规管理制度、程序和重大合规风险管理方案;(3)听取合规管理工作汇报,指导、监督、评价合规管理工作。合规办公室由4名人员组成,具体负责开展合规工作。该合规工作包括:(1)构建公司合规管理体系,制订、修订公司的合规手册和其他合规风险管理规章制度;(2)起草年度合规管理计划,起草合规报告;(3)主动识别、评估、监测和报告合规风险;(4)违规事件的调查处理,起草违规处理决定;(5)审查公司内部管理制度、业务流规程,提供合规改进意见等10项工作。

3. 合规管理流程。该企业建立了合规管理工作流程,共6项:一是建立正式的合规风险评估程序,合规委员会成员与业务部门负责人进行谈话,调查部门工作中存在的合规风险点并进行梳理分析;二是培育企业合规文化,在公司各类会议强调合规,在部门会议、全员会议、公司年会上进行宣讲;三是强化领导层的作用,层层签署合规承诺书,形成公司对员工、员工对公司的双向承诺,并与供应商签署中英文两版合规承诺书以应对国内外合作伙伴的合规需要;四是完善人力资源流程;五是建立合规问题上报机制,如设立合规热线和合规建议箱,畅通员工举报的渠道,听取员工的意见和建议;六是建立调查程序,对一些重点项目、发展方向进行调查并排除风险隐患的制度,包括对第三方合作伙伴的资质、关系、声誉进行调查。

4. 建立专项合规管理制度。该企业围绕安全、环境、财税、知产四个方面建立和完善合规管理制度,合规办公室牵头各业务部门梳理合规风险点,研究解决的思路和办法。在安全和环境方面,制订安全、环境检查OPL表,专人定期检查,填录存在的问题、责任人员、整改完成时间;加装废气处理设施,定期委托第三方机构对公司废水、废气、噪声、粉尘进行现场检测,出具检测报告。在危险废物处置方面,对产生的危险废物信息进行公示,设立临时危险废弃物贮存放置点并做好标识,聘请有资质的公司定期上门回收。在财税合规方面,制订财务合规章程和管理制度,建立和完善内部控制制度,定期梳理财务合规风险,有针对性地确认整改方案,建立周期性培训制度,提高涉税员工的职业操守和专业能力。在知识产权方面,制订了知识产权管理制度、知识产权中长期战略规划、保密管理制度和应急预案、知识产权预警及风险防范方案。该企业已获得100余项专利。

5. 建立合规考核奖惩机制。为深入持久推进企业合规建设,该企业建立了合规考核奖惩机制,每年设置一定的资金用于奖励合规的部门、员工。开展"合规示范岗"评比活动,根据车间、行政科室不同工种的特点,制订包括合规建议采纳数、岗位技能、员工稳定性、合规执行情况等评比标准,授予不同等级的星级,为获选的员工颁发"合规示范岗"流动红旗,并给予一定的物质奖励。

二、行业事前合规探索

行业协会是介于政府、企业之间的民间组织,自我管理、自我组织是行业协会的最本质特征。行业协会可以发挥自治作用,引导行业内企业整体合规建设,实现合规成本最小化、合规效果最大化。江苏省南京市建邺区人民检察院与私募基金联盟协会等合作,针对金融中心核心集聚区、金鱼嘴基金街区私募基金企业集中的特点,开展私募基金行业事前合规,研究制订私募基金企业合规指引,助力私募基金企业建立合规管理体系。江苏省张家港市人民检察院与密封件行业协会合作,针对该地区密封件企业的特点开展密封件行业事前合规建设。

以张家港的密封件行业事前合规为例。密封件行业既有竞争又互相联系,多家企业制假售假进入刑事程序,部分犯罪行为存在关联性,对产业集群造成不利影响,暴露出该行业普遍存在知识产权意识淡薄、生产管理环节存在侵权风险等问题。张家港市密封件行业协会也认识到行业内存在的系统性知识产权管理问题,有开展行业合规的意愿,具备搭建统一合规管理体系的基础。为此,检察机关走访了工商联、密封件行业协会、涉案企业以及市场监督管理局等,调研行业合规建设的意愿,并进行可行性分析。通过沟通协商,张家港密封件行业协会同意就全行业开展合规建设,并由该协会牵头落实,首批 7 家会员企业自愿参与事前合规建设。

(一)选择行业合规模式的现实意义

1. 解决小微企业合规难问题。小微企业生产经营往往缺乏规范,易触碰法律红线,产生法律风险。对于企业来说,企业经营的终极目标是利益最大化,而开展合规建设需要耗费大量人力、物力、财力,而小微企业关注更多的是投入产出比,在看不到现实回报的情况下,企业更多考虑的是常规支出、控制生产成本,因此小微企业往往缺乏参与企业合规的意愿。行业合规则通过全行业合规的方式,引导小微企业参与到合规建设中,并指导其完成相应合规建设,提供帮助及支持。在张家港市密封件行业合规的探索中,协会为降低各成员单位的合规成本,提高合规工作的开展效率,由协会统一成立合规组织机构,在协调指导、调查研究、培训交流、咨询服务等方面发挥作用,有效弥补小微企业独立开展合规建设的能力不足等弱点。

2. 解决细分领域合规难问题。不同行业的企业因其生产经营范围不同,其所需要的专项合规类型、内容都不相同。在以往的合规实践中,政府部门出台合规指引一般从安全生产、环境保护、税务、知识产权、商业伙伴、劳动用工等重点环节提出合规建设的建议,这些内容固然囊括了绝大多数企业可能面临的合规风险,但难以抓住不同类型企业、不同行业企业的合规难点、流程内控关键点。小微企业对照大而全的合规指引建立合规计划,极易导致企业合规建设流于表面。以密封件行业为例,这类企业在张家港有 50 余家,其中密封件协会会员企业有 23 家,且都是小微企业,不需要类似央企、国企太复杂的合规管理体系。机械密封是一种旋转机械的油封装置,是一种安装在大型机械设备上的零部件,技术和生产线比较简单,密封件协会会员企业具有行业类型相同、管理模式相似、涉罪风险类同的特点。行业协会作为由同业竞争者为促进共同利益而自愿组成的自治性组织,其成员构成及日常活动均围绕机械密封的生产经营展开,其天然地熟悉所处行业的生产经营风险。因此,密封件行业协会能够准确辨识会员企业存在的共性风险,并制订出针对性强的合规制度、措施。

3. 解决事前合规推进难问题。事前合规往往因缺乏激励政策导致企业合规意愿低而难以推进。行业协会奖惩措施可以作为推进事前合规的补充激励手段。行业协会一般由会员企业缴纳会费,可以制订一套奖励机制,从精神或物质上鼓励会员企业开展合规建设,对事前合规进行正向激励;行业协会对会员企业有指导、监督和协调的职责,对会员企业的违法违规行为可以采取自查、惩戒等措施促进企业遵守,对事前合规形成反向规制。此外,行业协会具有专门知识、信息和资源集中优势,可以为企业合规建设提供切实可行的指导和帮助、激励。在实践中同行业企业竞争时,合规体系完备的企业往往占据优势地位,因合规与否而产生的竞争力差异,往往会吸引原本合规意愿较低的企业参与到合规建设中。

(二)行业合规体系的构建

1. 组建合规组织机构。合规组织机构是企业开展合规工作的重要保障,其包括各具体成员单位内部的负有合规义务的部门、机构、人员。比如,张家港密封件协会内部为了监督、引导、落实各项合规政策,单独设立了“合规委员会”和“合规部”。合规委员会成员包括协会会长、副会长、秘书长以及各会员企业的合规专员。协会会长、副会长担任合规部负责人,合规专员由各会员企业合规专员轮流当值,同时,协会还外聘合规律师团队。签署合规承诺的会员企业推选一名合规专员作为合规部成员,上传下达,紧密配合,按照合规组织机构要求落实合规制度、措施,将合规责任落实到每家企业、每个具体职位,由此,密封件协会形成了较完备的合规组织架构。合规委员会负责合规管理的组织领导和统筹协调工作,主要职责包括:(1)审议通过协会合规章程、合规公约等合规管理规范;(2)接受企业合规监管委员会的指导、监督,对合规建设方面的问题、困难与企业合规监管委员会沟通、协商;(3)对各成员单位在合规整改工作开展过程中所遇到的各项困难、疑虑等问题定期集中进行反馈;(4)讨论、制订密封件协会内部的各项规章制度、工作机制;(5)讨论决定行业合规重大决策事项;(6)其他。

合规部是推进协会合规工作的核心力量,主要工作职责包括:(1)负责企业合规管理体系建设,制订企业合规管理建设规划和实施方案;(2)组织制订、修订企业合规管理基本制度和具体制度,总结梳理合规管理相关工作标准程序;(3)制订年度合规管理工作计划,并推动合规管理工作贯彻落实,组织编报合规管理年度报告;(4)持续关注重大法律法规等变化,组织协调重点领域合规风险评估工作;(5)组织协调开展专项合规工作,参与重大事项决策、重要规章制度、重大合同的法律合规审查;(6)设定合规培训计划指标,组织开展合规培训;(7)组织开展合规检查工作,督促违规整改和持续改进,参与违规事件处置;(8)组织或参与企业合规管理考核、评价工作;(9)指导所属企业开展合规管理工作;(10)参与合规管理工作经费预算审核与统筹;(11)启动重大事项讨论机制;(12)其他。

2. 开展行业共性风险自查。合规风险点排查是企业合规建设的第一步,找准合规风险点是合规建设有针对性、有效性的基础。例如,张家港市密封件行业协会聘请合规律师团队进行行业风险排查,3 名律师利用 1 个多月的时间走访了 23 家企业,通过座谈、走访等方式进行风险排查,发现行业具有共性的安全生产、环境保护、知识产权、财税管理四个方面的隐患,制作了合规风险自查报告。

3. 制订行业合规章程和公约。以构建行业合规管理体系为目标,建立统一的行业合规机制、制度、标准,指导督促会员企业在执行行业统一合规标准的基础上完善单个企业的合规管理规范。例如,张家港市密封件行业协会在合规章程中规定了合规组织机构及职责、合规运行机制,提出作出合规承诺、构建合规文化的要求。密封件行业协会制订了 9 条行业公约,对会员企业的行为作出规定,提出必须把依法合规经营作为企业经营的基本方针,要求坚持质量第一、禁止恶意竞争。该公约还规定了重点事项讨论机制和违反公约的奖惩措施,如该公约第 2 条、第 6 条明确约定,会员单位须坚持开展合规工作,构建单位合规文化的内容,会员单位可以享有行业信息、生产业务、技术质量、经营管理等方面的服务。

4. 制订和完善专项合规制度。事前合规和事后合规共同的地方是都要针对企业面临的合规风险或者是潜在风险制订专项的整改措施或制度,弥补企业管理漏洞。例如,张家港市密封件行业协会通过合规风险排查发现了行业内共性问题,特别是针对知识产权领域合规涉罪风险制订了9条知识产权管理制度、23项员工行为准则。协会聘请的合规团队经过走访和排查，针对行业的高风险项目“来样加工”“来图加工”“上门测绘”“委托代工”4个高风险领域，制订了较完备的风险排查梳理流程，同时在与第三方合作伙伴签署的合同中加入了知识产权风险免责条款，降低了企业主动侵权或被侵权的可能，强化了企业的知识产权管理水平。同时，针对企业重点关注的安全、环保方面的风险点完善了制度规范，将相对规范企业的优秀的管理制度、可行的解决办法运用到存在风险的企业中，帮助企业弥补漏洞、完善管理。

5. 行业合规管理机制的运行。企业合规的执行是合规建设的核心。在建立行业合规的基本运行机制后，能否保障其平稳运行，是行业合规是否真正得以实现的关键。在张家港市行业合规的探索中，密封件协会和企业合规第三方组织分别从内外两方面采取了有针对性的措施，保障合规机制的运行。在行业协会内部，企业在行业协会指导下制订了环境保护、知识产权、税务管理专项制度，并要求参与合规建设的成员单位按照分类合规台账要求，做好日、月、年度检查记录。此外，密封件协会还建立了巡查机制，定期从合规部成员中随机抽取合规专员组成巡查小组，查看企业有无违法违规风险，并要求相关人员进行整改，及时调整合规制度。目前，合规部已对协会企业合规建设完成巡查10次，发现共性问题15个，发出《违规告知单》9份，持续推动协会及会员企业实质化整改。通过巡查发现行业内企业存在的生态环境保护隐患，如研磨液、清洗剂、雨污分流等问题，以及知识产权保护隐患，如商标侵权、相互“挖人”、泄露商业秘密等问题，发出纠正违法通知书，要求企业进行整改，完善了危废处置规定，标明环保警示标志，聘请有资质的公司进行处理。协会还制订了统一的合规举报热线和奖惩制度。密封件行业协会制定的行业公约第8条规定，凡违反协会章程、协会有关决议和本公约的会员，协会可视情况给予警告或者罚款的处罚，促进企业遵守合规制度。企业合规第三方组织发挥外部引导作用，延伸第三方评估机制的适用，组建第三方小组对企业合规建设情况进行考察，对申请合规验收的企业进行分级评定，截至2022年7月6日，首批13家企业通过合规验收。

6. 行业合规文化打造。行业协会便于发挥自身优势在行业领域内倡导合规文化，这种合规文化能够在本行业内达成最低限度的共识。例如，张家港市密封件行业协会，为增强合规运行的内发性，实行合规文化“上墙”，倡导行业的公司“一把手”向全体员工公开作出合规承诺，提出“安全生产、环境保护、知识产权、财税管理”四大领域合规理念，营造合规文化氛围。协会聘请的合规律师团队定期为企业开展各领域的合规培训,邀请检察机关、市场监督管理部门、环保部门开展专项合规培训,讲述合规台账的填录要求、梳理合规巡查工作要点等。

三、涉外法律风险领域事前合规探索

(一)探索的背景

近年来,全球贸易关系愈加复杂,全球产业链进入深度调整与重构时期,涉外企业合规愈发重要。从国际层面看,各国建立了严格的合规监管制度,监管机构加强了立法深度和执法力度,引导和督促企业实施更加主动的合规经营。对合规管理核心问题已经达成国际共识,在相关贸易活动中对不合规行为实施联合惩戒。从国内层面看,我国根据形势需要制订了一些合规指引,对强化我国企业境外合规经营起到了积极的引导作用。但这项工作目前在国内还处在探索阶段,范围局限于央企、国企、部分省属企业,其他企业特别是民营企业涉及得极少,且主要侧重事后合规整改。我国企业走向国际市场的过程中,因为合规被处罚的例子很多。以张家港市为例,其每年对外贸易总量达到350亿美元,2019年以来被境外国家或组织起诉的案件共15件,涉及8家企业,反倾销、反补贴等领域的涉外法律风险越来越大。江苏省张家港市人民检察院在前期积累大量的涉案企业合规从宽试点、事前合规实践经验的基础上,特别是围绕第三方评估等方面建立了比较完善的配套机制后,牵头市企业合规第三方组织启动涉外法律风险领域事前合规试点工作。

(二)探索的过程

1. 组建工作专班,集中力量攻坚。在检察院内部抽调骨干组成攻坚小组,对涉外合规试点工作进行专题研究。在外部,成立了张家港市企业合规第三方组织涉外合规试点工作专班,成员包括市人民检察院、司法局、商务局、工信局、工商联等单位的负责人。确立联席会议制度,定期召开专班会议,强化部门协调联动,统筹推动各项工作,解决实践运行中的难点问题。

2. 多方听取意见,拟制实施方案。主动与商务局、工商联等单位沟通协调后,围绕"特定性、自愿性、自费性、长期性"4个要点,拟制为期3年的实施方案,多次咨询专家学者听取意见,工作专班集中讨论修改完善。最终确定了遴选试点企业、组建第三方组织、审核涉外合规计划、监督合规计划执行、组织验收评估、总结等6个主要环节、20个重点项目,明确详细的内容和标准,并配套制订时间表、流程图等18个方案附件,便于各试点参与方实际操作。

3. 进行专题汇报,解决经费难题。以企业合规第三方组织名义向市委专题报告涉外合规试点工作,分析了涉外合规总体形势和试点工作的重大意义,列举了张家港市企业涉外案件和面临的合规风险,争取"人、财、物"等方面的支持。经请示申报,试点期间第三方评估组织履职、专家咨询、人员培训、日常办公办会等相关费用约200万元,计划分3年从合规专项经费支出。

4. 深入走访调研,摸排合适企业。重点走访市商务局、工信局、工商联等部门,了解张家港市外贸企业总体情况,掌握8家企业涉外法律纠纷详情。根据实施方案,采取自愿报名与社会团体推荐的方式,经公告征集、综合研究、网络公示,确定江苏沙钢集团有限公司、骏马化纤股份有限公司、江苏国泰国华实业有限公司为首批试点企业。目前,3家试点企业根据自身实际,与相关律师事务所签订涉外合规建设协议。

5. 组织公开遴选专业人员。制订涉外合规第三方组织专业人员选任办法,明确入选条件、程序、权利义务等内容。经张家港市企业合规第三方组织综合考虑报名人员的学历、专业背景、工作履历、参与意向及专业能力,并公示确定第三方组织专业人员名单。

6. 组建咨询专家库,提供智力支撑。经过多方联系协商,组成专家咨询库,提升试点工作的专业性和影响力,组织开展合规业务培训。

7. 举行启动仪式,迅速推进落实。召开涉外合规试点启动仪式,为3家试点企业授牌,向第三方组织专业人员颁发聘书,着手排查企业重点领域、重点部门、重点环节的合规风险,开展合规计划的制订。

8. 加强组织保障,督促实质监管。第三方组织指导工作的实效性是涉外法律风险领域事前合规试点成功的关键,张家港市企业合规监管委员会就第三方组织的履职作出明确要求,通过签署第三方组织服务合同,列明工作内容清单,要求第三方组织重点审核涉外合规计划、阶段验收工作要求等。具体如下:

一是审核涉外合规计划。第三方组织通过查阅资料、走访座谈、问卷调查等方式,对企业涉外合规计划制订主体、制订过程、计划内容等进行全面审查,提出审查意见。审查内容包括:(1)企业提交拟聘请的合规建设团队信息后,审查合规建设团队资质、专业能力;(2)审查企业与合规建设团队签订的合同,如相关服务项目的可行性、服务费用的合理性等;(3)审查企业合规建设团队制订合规计划的过程,如团队进驻履职情况、风险评估情况等;(4)审查企业涉外合规计划内容,评估是否足以防控企业重点领域、重点部门、重点环节的风险。相关审查结束后,第三方组织制作提交《试点企业涉外专项合规计划考察报告》,合规第三方组织结合报告,召开专家论证会,论证合规计划的可行性、有效性和全面性。

二是指导合规计划执行。根据张家港市企业合规第三方组织制定的《涉外法律风险领域事前合规试点第三方评估工作办法》,第三方组织重点围绕以下几个方面履行职责:(1)制订《涉外合规有效性审查评定标准》;(2)审查企业定期书面报告,了解合规计划执行阶段性情况及合规建设团队履职情况;(3)采用集体访谈、问卷调查、实地查验、抽样检测、比较分析等方式,不定期跟踪了解;(4)对企业合规建设存在的问题提出专项整改建议;(5)建立工作台账,注明履职情况。

三是组织验收评估。第三方组织制订《企业合规建设阶段验收工作方案》,明确验收评估等工作安排;按照既定方案和标准开展验收,制作考察评估阶段报告、总报告。

第三章

检察官如何开展涉案企业合规

第一节　涉案企业启动合规的条件

一、企业类型

我国企业类型众多，有国有企业、民营企业、混合所有制企业、外资企业等。外资企业的合规计划相对成熟，金融领域的企业开展合规计划较早，国有大型企业近年来也逐步建立了合规计划。2018 年 11 月，国务院国资委发布了《中央企业合规管理指引（试行）》，旨在推动中央企业和国有企业全面加强合规管理，切实防范合规风险。该指引要求，合规管理牵头部门每年都应全面总结合规管理工作，起草年度报告，向国资委报送。相比之下，民营企业特别是中小型民营企业的合规计划相对滞后。

涉案企业合规作为企业犯罪的从宽处罚机制，笔者认为，原则上应当适用于所有类型的企业。ISO 37301:2021《合规管理体系　要求及使用指南》中也并未对企业类型作任何限制，而是适用于所有类型的组织。最高人民检察院检察长张军在江苏省张家港市人民检察院就企业合规改革进行专题调研时指出，给予各类市场主体平等保护，是指无论是民营企业还是国有企业，无论是上市企业还是非上市企业，无论是国内企业还是外国企业，都必须一视同仁平等对待、平等支持、平等保护。[①] 最高人民检察院于 2021 年下发的《关于开展企业合规改革试点工作方案》以及《关于建立涉案企业合规第三方监督评估机制的指导意见（试行）》均规定，不限制企业的类型，将适用的企业范围扩大至各类市场主体，包括涉罪企业以及与涉罪企业相关联企业，国企民企、内资外资、大中小微企业，均可列入试点范围。

---

① 参见邱春艳：《从讲政治的高度共同推进企业合规工作——最高检调研组赴江苏省张家港市调研企业合规改革试点》，载最高人民检察院官网 2021 年 5 月 16 日，https://www.spp.gov.cn/spp/tt/202105/t20210516_518255.shtml。

二、企业规模

涉案企业合规一般适用于50人以上甚至500人以上的企业。我国有学者认为，合规不起诉制度应尽量适用于大型企业，对中小微企业应当慎重适用。因为国外的暂缓起诉协议制度几乎都适用于上市公司或者大型企业集团，这些企业中有股东会、董事会、监事会等完整且有效运行的现代公司治理结构，具备搭建合规治理体系的基础条件，并且能够使其得到有效运行。只有在大型企业中，企业合规才能焕发生命力，发挥出制度优势和整改效果。[①] 甚至有人认为，对于中小微企业来说，与其承受合规所需的时间、精力、金钱成本以及不确定是否能获得从宽处理的风险，还不如另行注册企业重新经营。[②]

中小微企业被形象地比喻为中国经济的“毛细血管”，占各类市场主体的95.68%，在促进经济增长、扩大就业、提升市场活力方面发挥重要作用。同时，由于并不具有完备的公司治理结构和现代化管理经验，与大型企业相比，中小微企业往往也更容易陷入合规风险。因此，中小微企业确实是合规试点改革中最普遍的适用对象，这是市场环境以及现实需要所决定的。事实上，ISO 37301：2021《合规管理体系　要求及使用指南》也并未对企业大小和规模作出限制。针对我国的国情和实际，各地检察机关在试点过程中已陆续探索出针对大中型企业采取“范式合规”、对于小微企业采取“简式合规”的模式，其特点就在于根据涉案企业规模的不同、合规需求的不同，因案而异、量体裁衣。一方面，对于运行复杂的大中型企业，针对企业内部治理结构、规章制度、人员管理等方面存在的问题，制订完善的合规计划，构建有效的合规体系；另一方面，对于小微企业来说，经营规模、人员均有限，日常业务流程以及经营决策程序相对简单，基本由企业主直接决策，乃至犯罪活动都亲自指挥和参与。因此，需要在分析涉罪企业具体犯罪的性质、原因的基础上，提出专项的、整改式的合规建议。[③]

---

① 参见陈瑞华：《企业合规不起诉改革的八大争议问题》，载《中国法律评论》2021年第4期。

② 参见陈卫东：《从实体到程序：刑事合规与企业“非罪化”治理》，载《中国刑事法杂志》2021年第2期。

③ 参见孙国祥：《企业合规改革实践的观察与思考》，载《中国刑事法杂志》2021年第5期。

三、案件类型

（一）刑罚轻重有无限制

笔者认为，涉案企业合规不宜对刑罚轻重进行限定。涉案企业合规，既可能对企业作出不起诉决定，也可能是提起公诉但提出从宽处罚的量刑建议。既可以对可能判处3年以下有期徒刑的案件开展合规整改，也可以对可能判处3年以上有期徒刑的案件开展合规整改。

1. 对于可能判处3年以下有期徒刑案件的合规整改。《中华人民共和国刑法》（以下简称《刑法》）第37条规定，对于犯罪情节轻微不需要判处刑罚的，可以免予刑事处罚；《中华人民共和国刑事诉讼法》（以下简称《刑事诉讼法》）第177条第2款同样规定，对于犯罪情节轻微，依照刑法规定不需要判处刑罚或者免除刑罚的，人民检察院可以作出不起诉决定。这就是我国刑事诉讼中相对不起诉的法律规定。在司法实践中，“情节轻微”的基本尺度是3年以下有期徒刑的案件，这类案件被称为“轻罪案件”。在我国《刑事诉讼法》没有规定企业合规不起诉（附条件不起诉）的背景下，当前的企业合规试点改革，合规不起诉的法律依据和立足点就是上述相对不起诉的规定。因此，试点期间的合规不起诉，一般是针对轻罪案件。

2. 对于可能判处3年以上有期徒刑案件的合规整改。涉案企业合规从宽，除合规不起诉外，还应包括量刑从宽。最高人民检察院在《关于开展企业合规改革试点工作方案》中指出，检察机关在办理涉企刑事案件时，可以根据认罪认罚从宽制度提出轻缓量刑建议，并针对企业涉嫌具体犯罪，督促涉案企业作出合规承诺并积极整改落实。该工作方案为可能判处3年以上有期徒刑的案件进入合规领域提供了制度依据。在办理该案类型时，可以根据涉案企业的合规整改情况决定从宽幅度。

（二）罪名有无限制

一般而言，涉案企业合规不限定罪名。这主要考虑到以下因素：首先，我国刑法立法模式是以自然人犯罪为原则，以单位犯罪为例外的。我国刑法中规定的单位犯罪只有160余个，仅占全部罪名的1/3。其次，我国单位犯罪的认定，司法实践采取“企业决策责任论”，强调“以单位名义”“集体研究决定或者有关负责人员代表单位决定”“为单位谋取利益”，导致单位犯罪成立范围较狭窄。最后，我国刑法规定的单位犯罪均为法定犯，法定犯的典型特征是反伦理色彩弱，道德可谴责性低，对罪名不加区分适用附条件不起诉不会影响民众的法感情。[①]

但是涉及重大国家利益和社会公共利益的，针对涉案企业合规从宽或不起诉应有所限制。《关于建立涉案企业合规第三方监督评估机制的指导意见（试行）》第5条规定了实施危害国家安全犯罪、恐怖活动犯罪的不能适用企业合规，首次以文件形式明确了企业合规关于罪名范围的排除性规定。另外，对于个人为进行违法犯罪活动而设立的公司、企业，公司、企业设立后以实施犯罪为主要活动的，公司、企业人员盗用单位名义实施犯罪的，均不宜适用企业合规。

（三）是否限定为单位犯罪

最高人民检察院、司法部、财政部、生态环境部、国务院国有资产监督管理委员会、国家税务总局、国家市场监督管理总局、全国工商联、中国国际贸易促进委员会出台的《关于建立涉案企业合规第三方监督评估机制的指导意见（试行）》第3条规定，第三方机制适用于公司、企业等市场主体在生产经营活动中涉及的经济犯罪、职务犯罪等案件，既包括公司、企业等实施的单位犯罪案件，也包括公司、企业实际控制人、经营管理人员、关键技术人员等实施的与生产经营活动密切相关的犯罪案件。该指导意见明确不仅限于单位犯罪，还包括个人实施的与企业生产经营活动密切相关的犯罪。

企业合规是对企业治理模式的一种探索，故一般应针对单位犯罪，但如果企业员工所实施的自然人犯罪与企业的经营活动具有密切关联性，该员工的犯罪行为能明显反映出所在公司在合规管理上存在问题的，亦可开展，这是合理的。如行贿案件，如果证据上并不能体现单位集体意志，或个人财产与企业财产混同，不能证实利益归单位所有，导致无法认定单位行贿罪，而只能认定为行贿罪。但就实际情况而言，市场经济活动中的该种行贿行为有可能是某一单位甚至某一行业的“潜规则”，即使因为证据原因不能认定为单位犯罪，仍然会暴露出案涉企业在反腐败合规方面存在的问题，故也有开展合规的必要。例如，江苏省张家港市人民检察院办理的“魏某行贿案”，魏某作为B公司实际负责人，先后给予时任某水务集团有限公司工程管理部经理的李某现金共计14万元。考虑到B公司先后荣获A级纳税信用级别、环保产业骨干企业、环保行业优秀企业，属较优质的潜力企业，故该人民法院联合监委对B公司

---

① 参见李勇：《企业附条件不起诉的立法建议》，载《中国刑事法杂志》2021年第2期。

开展了合规考察,并最终对魏某作出不起诉决定。

四、是否认罪认罚

《关于建立涉案企业合规第三方监督评估机制的指导意见(试行)》第4条规定:"对于同时符合下列条件的涉企犯罪案件,试点地区人民检察院可以根据案件情况适用本指导意见:(一)涉案企业、个人认罪认罚;(二)涉案企业能够正常生产经营,承诺建立或者完善企业合规制度,具备启动第三方机制的基本条件;(三)涉案企业自愿适用第三方机制。"将涉案企业及个人认罪认罚作为首要条件,笔者认为这是妥当的。

开展试点以来,企业合规和认罪认罚从宽制度的关系问题在法学界引起了一定的争议。有观点认为,企业合规与认罪认罚从宽制度都是刑事司法模式由对抗走向合作趋势中的一环,从某种意义上,单位认罪认罚等于承诺合规,企业合规和认罪认罚从宽制度在本质上都是"协商治理"的体现;合规从轻与认罪认罚从宽的正当性根据相同,都是因为预防必要性降低;合规所体现的合规意识与认罪认罚制度中的认罪态度互为表里,对于没有灵魂和肉体的企业来说,建立了有效、完备的合规计划,对调查的配合,表明其对法规范的忠诚。这种合规意识,恰恰是企业认罪认罚的最好体现;合规与认罪认罚从宽在优化司法资源配置的目标上相互通联,合规与认罪认罚一样都体现了效率的目标,合规节约了企业犯罪极其高昂的侦查成本。[①] 近年来有观点认为,企业合规与认罪认罚从宽这两项制度具有完全不同的性质。在价值目标上,认罪认罚从宽制度以效率为导向,强调节省资源、降低成本、快速处理案件;而合规考察制度则强调企业合规整改的有效性,要求设置足够长的合规考察期,委任专业的合规监管人,建立并实施有效的专项合规计划,整个过程需要投入大量的时间和司法资源。在实现结果上,适用认罪认罚从宽制度的绝大多数案件都会进入法庭审理程序,法院会作出从轻处罚的决定,在罪刑法定、罪刑均衡等原则的严格限制下,认罪认罚制度能够提供给被告人的从宽幅度并不是很大,也难以产生较强的制度激励作用;而合规考察制度的本质是合规出罪,经过合规考察,检察机关对那些成功建立有效合规计划的企业,绝大多数均作出不起诉的决定,其激励效果大大高于认罪认罚从宽制度。如果将两种制度等同起来,合规考察期就必须服从于认罪认罚制度的效率原则,

---

① 参见李勇:《检察视角下中国刑事合规之构建》,载《国家检察官学院学报》2020年第4期。

从而导致企业合规丧失实效。①

笔者认为,企业合规与认罪认罚从宽制度有区别,但在基本价值追求和理论基础上具有广泛的共同点。在国外,配合调查、赔偿、认罪协商也是暂缓起诉协议(Deferred Prosecution Agreement,DPA)的一部分,在某种意义上与辩诉交易异曲同工。目前在实践中能够达成共识的是,企业合规建立在涉案人员、单位自愿认罪认罚的前提下,合规计划的开展是在认罪认罚诉讼程序中进行的。最高人民检察院《关于开展企业合规改革试点工作方案》中也明确将认罪认罚从宽制度作为企业合规试点的基础;一方面,只有相关责任人认罪认罚、涉案企业作出合规承诺,才能体现出悔罪态度,从而降低再犯可能性;另一方面,只有认罪认罚,涉案企业及相关责任人才可能按照要求制订合规计划,并配合检察机关开展一系列的合规考察工作。

五、其他条件

一些检察机关在试点过程中,将涉案企业的纳税贡献度、带动就业情况等作为是否开展合规的审查要素。笔者认为,因司法资源和办案力量有限,该种做法在试点期间可以理解,但不能作为决定性因素。最高人民检察院相关试点文件的精神是平等保护、平等挽救,企业规模、所属行业、员工人数等对纳税均会产生影响,故可结合案件具体情况、企业合规意愿等综合考量。

另外,还有一些检察机关将被害人(单位)谅解作为启动涉案企业合规的必要因素,这其实是不合理的。在司法实践中,有些被害人(单位)提出的赔偿金额于法无据,明显超出其受损害程度,并以此为由不愿谅解,此时以未取得被害人(单位)谅解为由拒绝涉案企业开展合规,不仅显失公平,还会打击企业的合规积极性。因此,被害人(单位)是否谅解,会影响量刑,但不应影响企业合规的开展。②

总而言之,检察机关开展涉案企业合规,应秉持能适用尽适用的原则,发挥最大力量地护航企业发展。在具体工作方法上,综合考虑案件违法情况以及涉案企业类型、规模、经营范围、经营模式等因素,研判涉案企业在合规领域存在的薄弱环节和突出问题,合理确定涉案企业适用的合规计划类型。

---

① 参见陈瑞华:《企业合规不起诉改革的八大争议问题》,载《中国法律评论》2021 年第 4 期。

② 参见李勇:《解读〈认罪认罚案件开展量刑建议工作的指导意见〉八大问题》,载微信公众号"悄悄法律人",https://mp. weixin. qq. com/s/FaPrPGG2fj-YrVo3As4N8g。

第二节　开展涉案企业合规的步骤

检察机关在开展涉案企业合规时，应注意“繁简分流”。对于生产经营规模大、营业收入高、从业人员多的大中型企业，因其具备较清晰的组织架构、较完善的职能划分，一旦涉嫌犯罪，犯罪原因往往是深层、复杂、多面的，需要进行全面的“体检”和“治疗”，故而应开展系统性的“范式合规”。对于生产经营规模较小、营业收入较低、从业人员较少的小微型企业，因其重大决策、经营模式等基本由企业负责人决定，犯罪原因相对单一，且可用于合规建设方面的资金、人员储备往往不足，一旦涉嫌犯罪，首先需要解决的是企业能否继续“生存”的问题，故而应化繁为简，以不增加企业过多负担为原则，对症下药，开展“简式合规”。

一、大中型企业开展合规的步骤

（一）提前介入

在现行法律规定的框架内，开展涉案企业合规不能突破办案期限，但制订和实施合规计划、设置考察期等均需耗费大量时间，为调和办案期限的有限性与合规建设的长期性之间的矛盾，尽量为开展合规争取时间，检察机关可以通过提前介入开展企业合规的前期工作。

检察机关可以与侦查机关共商建立涉企案件工作机制，侦查机关决定对该类案件立案侦查时，及时进行通报，第一时间互通线索。2021 年 10 月，最高人民检察院与公安部联合印发《关于健全完善侦查监督与协作配合机制的意见》，要求人民检察院与公安机关设立的侦查监督与协作配合办公室，由人民检察院刑事检察部门与公安机关法制部门共同牵头，人民检察院指派常驻检察官、公安机关法制部门指定专门人员共同负责，使之成为人民检察院刑事检察部门与公安机关相关部门、所队加强侦查监督与协作配合的重要平台。检察机关开展涉案企业合规工作,应当积极利用这一重要平台,开展提前介入工作。一方面,负责办理涉企犯罪案件提前介入的检察官,应就涉案企业生产经营、带动就业、缴纳税金、合规风险等方面引导取证;另一方面,应审查相关犯罪嫌疑人与涉案企业的依存关系,以考察是否有变更强制措施的必要。这与传统的提前介入侧重就法律适用和侦查取证提出意见不同,其侧重点在于为在检察环节开展企业合规做准备。

(二)资格审查及合规承诺

如前文所述,涉案企业合规以自愿认罪认罚为制度基础,并不是所有涉企案件都有意愿、有条件和有能力开展合规建设,故涉企案件侦查终结移送审查起诉后,检察官应在受案 3 日内就是否单位犯罪、是否认罪认罚、单位是否承诺合规等问题进行审查。经审查,发现案件符合企业合规开展要求的,涉案企业签署合规承诺书,案件正式进入企业合规程序。合规承诺书后面可以另附合规建议,即检察机关建议涉案企业围绕哪些方面开展合规计划。合规承诺书包括但不限于以下内容:

1. 自愿认罪认罚,并退出全部违法所得。

2. 根据检察机关审查发现的合规风险点,以及自行排查的合规风险点进行对照整改。出具自查报告,分析合规整改的进度及在该阶段尚存在的问题和原因,并对下一阶段合规整改作出具体安排。

3. 本单位视情况自行内部招聘或外包聘请专业的合规人员或团队,该人员或团队遵守法律规定的义务。

4. 遵守各项规定,配合检察机关及第三方监督评估机构对合规计划进行的审查、监督、考察和评估。

5. 承诺本单位无涉及危害国家安全、恐怖活动等违法犯罪情况,否则自愿终止合规考察。

6. 本次合规考察整改期暂定 × × 年(月)。本承诺书签订之日起 × × 月内提交初步合规计划给检察机关审核。× × 月之内提交一次合规自查初期报告;× × 月内提交中期自查报告;合规期满前 1 个月提交终期自查报告。

附件：

1. 合规承诺书模板

合规承诺书

________自愿接受×××人民检察院组织的合规监管，同时承诺：

一、本单位自愿认罪认罚，并退出全部违法所得。

二、本单位承诺对××领域或××问题进行专项合规整改，建立并有效实施合规计划。

三、本单位视情况自行内部招聘或外包聘请专业合规团队。

四、本单位承诺接受并配合检察机关以及第三方监管委员会选派的监管小组、巡查小组的合规监管。监管费用由本单位承担。

五、本次合规考察整改期暂定××年（月）。本承诺书签订之日起××月内提交初步合规计划给检察机关审核。××月之内提交一次合规自查初期报告；××月内提交中期自查报告；合规期满前1个月提交终期自查报告。

承诺单位：

（印章）

负责人：

日期：

2. 检察院合规建议书模板

×××人民检察院

合规建议书

为了降低此类行为再次发生的风险，犯罪嫌疑单位××公司同意将本附件作为合规承诺书的一部分。

一、经审查发现的合规风险主要包括（不限于）以下方面：

……

针对以上情况，本院建议针对××领域或××问题建立专项合规计划。根据实

际情况及经营需要,公司也可以自愿建立全面合规计划。专项合规计划应包括但不限于以下内容:

1. 建立合规政策和程序,必要时写入公司章程。

2. 建立合规组织领导机构,建议成立公司合规委员会,设立首席合规……

3. 全面梳理公司管理架构,明晰岗位职权清单,并列明负面清单,实现相互监督制约,防止权力“真空”。建议设置首席合规官,并赋予首席合规官对重大经营项目合规一票否决权。

4. 对原有的××工作程序文件、表单、审批流程,进行全面梳理修订,建立健全××领域合规管理机制。

5. 对可能涉嫌违法违规的××领域相关行为,建立举报、调查、问责及奖惩机制。将合规纳入绩效考核目标,与员工晋升挂钩。

6. 建立匿名举报制度,鼓励员工举报公司违法违规行为。

7. 建立合规执行的内部巡查及报告机制。建议聘请合规专家,由新设的合规部牵头,对合规计划的执行进行动态的巡查、审计、定期报告、持续更新、及时改进。

8. 开展进行常态化的合规培训,建议重新修订员工手册,将合规计划以员工易读易懂的方式写入员工手册。培训应当存档留痕。

9. 将合规要求嵌入业务全流程、全链条,融入企业文化,将合规转化为全体企业人员的态度、习惯,营造合规氛围,进而形成合规文化。

(三)风险点排查

合规风险,是指企业及其员工因不合规行为,可能引发法律责任、受到相关处罚、造成经济或声誉损失以及其他负面影响的危险。合规风险点排查是重复暴露问题的过程,主体一般有两个:一是涉案企业;二是检察机关。作为涉案企业,应当对企业所处的组织环境进行系统梳理,深入识别合规义务,包括外部合规义务和内部合规义务。合规整改的前提是能够识别企业内部存在哪些问题,存在哪些违法犯罪风险,涉案企业应自觉进行自查,有条件的还可聘请合规顾问,并及时向检察机关递交自查报告。

作为办案单位,检察机关在审查企业合规案件时,应针对发现的合规风险点,制发法律风险提示函。办案检察官应实地走访,直观感受涉案企业的经营情况。实地走访应尽可能多地邀请各领域专家,如行政主管部门人员、同行业企业管理专家等,多角度、多方面地审视企业，充分补充检察官的知识盲区。还可以通过涉案企业所在地的行政机关、司法机关、网络媒体等多渠道、多途径，查询了解涉案企业的行政处罚记录、司法案件、关联风险、敏感舆情、行业评价等信息，为风险点排查提供更多的依据。

江苏省南京市建邺区人民检察院在办理一起涉案企业合规时，检察官排查到的风险点，主要内容概括如下：(1)公司的××名义上是协助公司副总裁分管公司招投标工作，实际上该副总裁分而不管，完全由他一人说了算，岗位之间缺乏相应制约机制，岗位职责设置不合理，职权清单不明晰。(2)公司设有纪委及纪委书记，根据公司原来的规章制度，其职责是监督执纪，但其监督执纪工作没有嵌入招投标业务流程，应有的监督作用发挥不够，导致监督执纪和经营业务"两张皮"。(3)作为一家大型企业，却没有成立专门的合规部门，现有的法务(审计)部门没有设置对招投标业务的合规审查职责。(4)公司最终的投标报价没有相应的内部把控程序，实际由××随意修改决定新的报价。(5)有多名公司员工知晓公司在投标有关项目时实施了串标行为，但没有人向上级报告或向公司纪检监察部门举报。(6)公司的××代表公司与其他投标单位串通合谋投标报价，而公司对上下游合作单位没有开展尽职调查工作。(7)公司对于招投标过程中的违法违规行为缺乏惩戒措施。公司绩效考核唯业绩论，没有将违法违规行为与绩效考核挂钩。(8)公司员工人数众多，文化程度参差不齐，项目和人员常年分散在全国各地，对员工的日常管理、教育、培训没有形成常态化机制，呈现碎片化、随意化的倾向，尤其严重缺乏合规经营、遵守法律法规、遵守行业规范、商业伦理等内容。

(四)涉案企业制订初步合规计划

合规计划，通常是指企业为预防、发现违法犯罪行为而主动实施的内部自我管理、约束措施、机制。① 即面对已经排查出的，或可能存在的违法犯罪风险，企业将采取哪些手段具体应对。风险点排查之后，检察机关应组织研讨，认真分析，给出有针对性的合规建议及合规计划设计要点。本着"谁受益，谁负责"的原则，涉案企业系制订合规计划的责任主体，应根据风险点排查结果、合规建议情况制订初步合规计划。

合规计划应包括但不限于以下内容：

---

① 参见李勇：《"合规计划"中须有刑法担当》，载《检察日报》2018年5月24日，第3版。

1. 建立合规政策和程序,并写入公司章程。

2. 建立合规组织领导机构,如成立合规委员会,设立首席合规官,同时组建专门的合规部门。

3. 全面梳理公司管理架构,明晰岗位职权清单,并列明负面清单,实现相互监督制约,防止权力“真空”。

4. 对原有的经营性程序文件、表单、审批流程,进行全面梳理修订,至少应在主营业务方面建立健全合规管理机制。

5. 建立举报、调查、问责及奖惩机制,鼓励员工举报公司违法违规行为。

6. 建立常态化的合规培训机制,将合规计划的内容写入员工手册,并进行常态化培训。

7. 发挥合规组织机构的作用,建立合规执行的内部巡查及报告机制,对合规计划的执行进行动态巡查、定期报告、及时改进。

8. 加强合规文化建设,积极倡导合规合法经营的文化氛围。

(五)专家听证

由于合规人才匮乏,有的涉案企业不是不想建立一套优良的合规计划,而是找不到专业的团队建立一套优良的合规计划。为了防止涉案企业建立的合规计划不专业,导致后面的考察不通过,最好在合规计划建立的初期,检察机关组织专家听证进行把关。目前专业的合规团队并不多,检察机关可以结合实际情况借助“外脑”,在开展涉案企业合规过程中引入专家智库力量,帮助涉案企业不断动态调整、完善合规计划。江苏省南京市建邺区人民检察院为了解决这一问题,创新了独具特色的“双听证制度”,就是在合规计划建立初期召开第一次专家听证会,在合规考察后期再召开第二次听证会。该经验做法,目前已经被多地检察机关借鉴。第一次的专家听证,由涉案企业介绍开展合规工作情况,邀请专家学者对合规计划提出意见、建议。该次听证主要解决涉案企业合规计划的专业性和有针对性问题,防止从一开始就浮于表面、流于形式。如江苏省南京市建邺区人民检察院办理的“J公司串通投标案”,J公司制订初步合规计划后,该法院邀请陈瑞华、孙国祥等专家学者,针对合规计划的专业性、可行性、有效性进行论证。听证认为,J公司初步合规计划部分内容缺乏可操作性和有效性,并提出一系列具体修改意见,后J公司据此对合规计划进行修订、完善:一是确立重塑合规文化的目标,并写入公司章程,实施“2021~2023三年合规行动计划”,持续推进合规文化。二是建立“合规一票否决”制,即首席合规官、合规部门对公司中高层的业务决策进行合规审查并拥有一票否决权。三是建立合规月度培训制度,将合规计划编入员工手册,并附负面清单和典型案例;选塑了一名员工为“合规标杆员工”,并当选该公司所在市的党代表。四是全面修订经营开发流程,修改绩效考核细则,将合规与晋升、奖金挂钩。该做法为最终合规计划顺利通过评估验收奠定了坚实基础。

(六)第三方监督评估

2021年6月,最高人民检察院牵头9部门联合印发《关于建立涉案企业合规第三方监督评估机制的指导意见(试行)》,明确人民检察院在办理涉企犯罪案件时,对符合企业合规改革试点适用条件的,交由第三方机制管委会选任组成的第三方组织,对涉案企业的合规承诺进行调查、评估、监督和考察,考察结果作为人民检察院依法处理案件的重要参考。企业合规第三方监管委员会成立的基本方法如下:检察机关牵头本地工商联、司法局、税务局、环境资源局、审计局、建设局、金融监管局等部门,这些行政机关作为第三方监管委员会的成员单位,一般由分管领导加一名部门负责人作为工作人员,由这些行政机关结合各自的职能推荐相关专业人员,或者公开选拔专业人员,再由第三方监管委员会研究决定相应的专业人员组成第三方监管人名单库,并对名单库人员进行公示。同时,检察机关牵头制作第三方监管委员工作实施细则等规范性文件。

在初步合规计划得以完善后,检察机关应启动第三方监督评估机制,通过第三方监管委员会会议从第三方监督评估机制专业成员库中随机抽取人员组成第三方监管小组。需要说明的是,第三方监管小组成员的选任方式应以随机为原则、以指定为补充。如果成员库中有特定专业、特定单位人员担任监管小组成员更适宜的,也可指定,但指定人员不宜超过1/3。第三方监管小组正式开展工作前,应充分调阅材料,了解案件事实及企业生产经营、合规计划等情况,与检察机关、涉案企业签订三方协议,并与检察机关共同确定对涉案企业的考察期。第三方监管小组应确保监管工作的开展遵循遵纪守法、客观中立、清正廉洁的原则,应对涉案企业的合规计划提出修改完善意见,指导企业作出整改方案,定期或不定期检查合规计划履行情况,并及时通报检察机关。在此过程中,检察机关应对第三方监管小组的履职情况、涉案企业合规计划的执行情况等进行检查、监督。一方面,防止监管小组在履职过程中干扰涉案企业正常生产经营活动;另一方面,防止监管小组与涉案企业进行利益勾连,妨碍评估考察的公正性。

(七)合规有效性评估

考察期满后,第三方监管小组应根据涉案企业合规计划完成情况形成书面评估报告,并报送检察机关。检察机关应根据第三方监管小组出具的评估报告,对涉案企业合规有效性进行初步审查。有效性评估要点包括以下内容:(1)企业是否建立了明确的合规标准和程序,有无融入企业的业务流程之中;(2)企业管理层对合规的承诺、监督和支持情况;(3)企业在招聘和晋升员工时,是否将员工道德和合规认知作为测评标准之一,是否制订了合规激励措施;(4)企业对员工是否定期进行合规培训;(5)企业是否完善了监督、审计等内部监控系统,是否定期进行自我评估并动态修正合规计划;(6)对于违法违规行为,企业内部是否建立了通畅的举报渠道,对于举报人是否设置了保护机制;(7)如果企业发现违法违规行为,是否有科学有效的处理办法和纠正措施;(8)企业有无采取措施推进合规文件建设,以及合规文化推广建设的效果如何。

经审查,如果涉案企业开展合规后对于上述重要问题均有了积极回应,合规已日渐融入员工的行为准则,成为企业文化的重要内容,那么合规就是有效的,可以通过初步合规审查;反之,涉案企业需要继续整改,直至通过检察机关的初步审查。

(八)第二次公开听证

对于通过合规有效性审查的涉案企业,检察机关应再次举行公开听证,邀请人大代表、政协委员、人民监督员、专家学者等作为听证代表,就企业合规的效果以及案件处理广泛听取意见。听证会上,首先由检察机关介绍案件情况,由涉案企业详细介绍合规建设情况;其次由第三方监管小组介绍考察情况;最后由听证代表发表意见。

(九)处理决定

案件承办检察官应根据合规有效性审查结果、专家学者意见以及听证情况,对案件处理形成初步意见,并及时提交检察委员会研究讨论。检察委员会应对合规是否通过、是否不起诉以及若起诉是否提出从宽量刑建议等问题集体研究决定。对于合规建设情况较好,依法作出不起诉决定的案件,检察机关应及时宣布。同时,分别向主管行政部门、涉案企业制发检察建议，跟踪长效监管。

对于基本能够通过合规有效性审查，但合规建设情况一般或者不符合不起诉条件的，检察机关应依法提起公诉，但在量刑时可以从宽处理。例如，海南省文昌市人民检察院办理的“S公司、翁某某掩饰、隐瞒犯罪所得罪案”，检察机关在起诉时提出了轻缓量刑建议，最终被法院采纳。对于未通过合规有效性审查，依法提起公诉。例如，江苏省宿迁市宿城区人民检察院办理的“L公司销售假冒注册商标的商品罪案”，涉案企业虽有部分整改，但合规计划的核心内容未得到有效落实，合规考察期满后，经第三方组织评估认为合规计划基本停留在“纸面”，尤其是未按照合规计划进行商标管理有效整改，最终认定合规考察结果为不合规，检察机关综合考量全案情况，依法提起公诉。

二、小微企业开展合规的步骤

（一）提前介入与风险点排查

如前文所述，小微企业的犯罪原因较单一，管理模式也往往呈现“家族式”特点，决策权较集中，负责人精力主要放在维持企业生存、扩展开发业务上，存在资金、人员有限的客观困难。在实务中，我们发现漫长的诉讼程序极有可能拖垮企业，故检察机关在提前介入阶段，就应联合行政主管部门，或利用其他社会资源帮助涉案企业全面梳理风险点，为小微企业减少合规成本。

（二）合规承诺及合规检察建议

我国企业设立成本较低，涉案人员更愿意通过注销企业另行注册的方式重新经营，而不是花费大量成本参与合规。[①] 不同于大中型企业通过多年发展有深厚的根基和品牌效应，小微企业“船小掉头快”，选择“一关了之”重新注册成立的可能性较大，[②]所以检察机关在受理案件后，应第一时间向涉案企业阐释“简式合规”的流程及法律后果，充分听取企业的合规意愿和实际需求。如果涉案企业作出合规承诺，检察机关应及时整合提前介入过程中发现的合规风险点，并向企业制发风险提示函及合

---

① 参见刘晓光、金华捷：《企业刑事合规本土化转化探索思考》，载《检察日报》2021年3月31日，第3版。

② 参见孙国祥：《企业合规改革实践的观察与思考》，载《中国刑事法杂志》2021年第5期。

规建议。

（三）合规计划及审查决定

小微企业的合规计划并不需要面面俱到，主要是对照检察机关的合规风险提示函，有针对性地开展合规专项整改。例如，江苏省南京市建邺区人民检察院办理的一起环境污染案，涉案企业员工最多时将近 20 人。该企业因私设暗管排放危险物质而涉嫌污染环境罪，在停止违法行为后，仅需就如何改进生产工艺能够达到环保标准进行整改。因此，这样的“简式合规”主要就围绕如何改进工艺、更新设备，领导层如何重视环保合规，如何提升员工环保意识，如何避免其他环保问题，有针对性地制订切实可行的计划。在企业制订并实施合规计划后，简化乃至省略合规考察期，检察机关应尽快联合行政主管部门展开专项评查，若经评查涉案企业已采取有效措施杜绝再犯风险，即可依程序作不起诉处理。

（四）长效监督

与大中型企业一样，小微企业的合规开展也需受到监督，只不过鉴于小微企业“生存紧迫性”更强，检察机关可以尝试将监督环节后置，将不起诉与公益诉讼、行政处罚相衔接。江苏省南京市建邺区人民检察院针对小微企业涉嫌环境污染、安全生产、食品药品安全、公民个人信息等公共利益的犯罪案件，在全国率先开展“检察建议合规 + 公益诉讼”的模式。具体而言，在对涉案企业作出不起诉决定后，检察机关需持续跟踪监督考察合规检察建议的落实情况。但是由于已经作出了不起诉决定，合规检察建议不具有刚性，如果企业不认真落实检察建议怎么办？为了解决这一问题，检察机关在启动企业合规的同时就启动公益诉讼调查，由于公益诉讼的办案期限可以长达 6 个月，依托公益诉讼办案期限对其设置考察期，待考察期满后，对未认真开展合规整改的，依法提起公益诉讼，对已认真整改，则公益诉讼终结。

三、检察建议式合规的开展步骤

最高人民检察院法律政策研究室主任高景峰在对“涉案企业合规”这一概念进行解释时提出，“涉案企业合规”，是指牵涉刑事案件的企业合规制度，即通过检察建议的方式对涉案企业违法犯罪的原因进行分析，对生产、管理、经营活动中的违法违规，生产经营管理活动中相关制度上的漏洞或者问题提出意见和建议,然后督促相关企业进行合规整改。[①] 通过该解读,我们不难发现:一是"涉案"是指"牵涉"刑事案件,而非涉嫌刑事犯罪;二是除犯罪嫌疑单位外,一些与企业生产经营密切相关的犯罪也需要合规。根据全国工商联办公厅、最高人民检察院办公厅等印发的《涉案企业合规建设、评估和审查办法(试行)》第20条规定,涉案企业的实际控制人、经营管理人员、关键技术人员等涉嫌实施与生产经营活动密切相关的犯罪,可以开展合规。另外,对与涉案企业存在关联合规风险或者由类案暴露出合规风险的企业,负责办案案件的人民检察院可以对其提出合规整改的检察建议。检察机关在审查该类案件时,也应在听取企业合规意愿的基础上,发挥服务保障民营经济健康发展的职能,采取检察建议式合规的模式,帮助企业筑牢"防火墙"。这也是有法规依据的,《人民检察院检察建议工作规定》第11条第1款规定,涉案单位在预防违法犯罪方面制度不够健全、不够落实,管理不够完善,存在违法犯罪隐患,需要及时消除的,人民检察院可以向有关单位和部门提出改进工作、完善治理的检察建议。这不属于真正意义上的企业合规,可以称之为"检察建议式合规"。

(一)风险点排查

前文所述的大中型企业合规、小微企业合规,风险点排查的重点都在于发现犯罪原因,而该类案件的排查重点则在于堵塞漏洞,检察官应善于在涉及同一被害单位的类案中发现问题及线索。例如,江苏省南京市建邺区人民检察院办理的"H超市被盗案",检察官发现该超市使用自助结账系统以来,频繁发生盗窃案件,占同期盗窃案件的15%左右。通过风险点排查,检察机关发现H超市存在防盗措施不完善、管理宽松有漏洞、履行社会责任不到位等问题。再如,"该院办理的D公司被骗案",D公司系国内最早期的网约车平台之一,多名司机利用平台垫付功能,雇用专人发布虚假订单,通过"空跑"方式骗取平台支付的车资。经讯问犯罪嫌疑人、询问被害单位相关人员,发现该公司在司机车内并未配备监控视频,无法确定乘车人是否上车,亦无法保证司乘双方安全;车辆未安装定位系统,无法监测司机行驶路线;在乘车人未支付车费的情况下,无有力措施以实现救济。

---

① 参见关士新:《涉案企业合规:在实践中升华理论》,载《检察日报》2022年1月21日,第3版。

（二）制发合规检察建议

事实上，检察机关以往办理被害企业的案件中，也会给被害企业发出社会治理类的检察建议，帮助被害企业整章建制、堵塞漏洞，这是检察机关开展溯源治理的应有之义。只是现在更加注重从企业合规的监督帮助企业改善管理。在“H超市被盗案”中，检察机关就通过该方式建议超市强化履行平安建设社会责任，构建“过程可追溯、终端有警报、人防补漏洞”的风险防控体系，健全协调高效的防损管理体制，切实堵塞诱发违法犯罪的隐患。

在制发检察建议后，检察官还应当根据《人民检察院检察建议工作规定》，定期对检察建议的落实效果进行评估，如果涉案单位未进行落实整改，则应通报行政主管部门或者行业自律组织。

四、合规异地协作的开展步骤

《〈关于建立涉案企业合规第三方监督评估机制的指导意见（试行）〉实施细则》中对合规异地协作进行了具体规定：涉案企业、人员的居住地与案件办理地不一致的，案件办理地第三方监督评估机制管委会可以委托涉案企业所在地、人员居住地第三方监督评估机制管委会选任组成第三方组织并开展监督评估，或者可以通过第三方监督评估机制管委会成员单位及其所属或者主管的行业协会、协会、机构的异地协作机制，协助开展监督评估。企业合规异地协作机制有助于形成“1+1>2=实”的跨区域检察办案和监督评估的合力。[①] 因企业合规改革试点工作系分批推进，各地进程不一，尚有部分地区并未建立第三方监督评估机制管委会，在涉案企业注册地、生产经营地和犯罪地分离的情况下，为使更多企业享受合规这一刑事激励政策，同时节约司法成本，检察机关应承担起异地协作职能，以打破合规区域壁垒，发挥第三方监管的质效。具体操作步骤如下。

（一）审查、联络

案件办理地检察机关经审查涉案企业符合开展合规条件，正式启动合规工作的，

---

① 参见孙风娟：《凝聚合力：1+1>2=实——企业合规异地适用第三方监督评估机制的地方实践》，载《检察日报》2022年2月8日，第5版。

应及时联系属地检察机关,申请开展跨区域协作,属地检察机关同意申请后,双方应充分沟通、共同谋划。由承办检察院通报基本案情、涉案企业情况、涉案人员强制措施等,由属地检察院介绍本地第三方监督评估机制的运行情况、第三方监管小组专家库成员等,并协商决定具体的监督评估方式等协作事宜。

(二)风险点“双重”排查

风险点排查的方法及重点与大中型企业相同,唯一不同的是在企业合规异地协作中,检察机关应对涉案企业可能存在的风险点开展办案检察机关和企业属地检察机关的双重排查。双重排查以承办检察院为主,主要通过阅卷、讯问等办案手段发现问题;以属地检察院为辅,发挥属地优势及资源,到企业进行现场调查了解。风险点双重排查的作用在于查漏补缺,防止承办检察院因异地不便将风险排查等前端工作空洞化、纸面化,本质上还是为合规建设发挥实效服务。

(三)合规计划同步审查

涉案企业针对风险识别建立的合规计划,承办检察院、属地检察院要进行同步审查。承办案件的检察机关审查涉案企业合规计划的专业性、针对性和可操作性,是办案的应有之义。对于涉案企业属地检察机关来说,因为要负责协同监管,所以必须也要对涉案企业合规计划的专业性、针对性和可操作性进行同步审查,只有这样才能更好地实施监管。

(四)异地适用第三方监督评估机制

从现行政策文件,以及最高人民检察院发布的企业合规典型案例来看,目前合规异地协作的主要方式是委托异地监管,故而承办检察院与属地检察院应明确合作机制和各自权责,签订《企业合规异地协作协议》。一般的企业合规监管协议是检察机关、第三方监管人员、涉案企业签订的“三方协议”,在异地协作的企业合规案件中,是承办案件的检察机关、涉案企业属地检察机关、第三方监管人员、涉案企业签订“四方协议”。例如,安徽省合肥市长丰县人民检察院办理的一起涉案企业合规,涉案企业在江苏省南京市建邺区,长丰县人民检察院与建邺区人民检察院开展企业合规异地协作,签订了合规监督评估的“四方协议”。当然,承办检察院也要体现主导地位,当好合规进程的“掌舵者”。一是以情景模拟或电话访谈等“不见面”的方式审查涉案企业的合规有效性,从“幕后”以最大限度降低成本的方式监督合规建设;二是动态跟进第三方组织的工作情况,对监管手段、有无利益关联、是否属地保护等情况进行巡查。过程中,承办检察院应及时与涉案企业、第三方组织保持沟通、听取意见,确保信息通报及时、线索移送便捷、沟通反馈高效,为后期考察结果运用、公正处理案件打好基础。[①]

在实践中有人提出,是否可以两地检察机关均自行或委托第三方组织开展合规监管,实现所谓的“双重监管”? 笔者认为,该种做法实际上不符合诉讼经济原则,如果在便利条件方面、在司法资源方面承办检察院均能实现有效监管,就不需要再委托给异地,异地监管的意义在于将不便化为便捷,而不在于给涉案企业施加重重压力、给司法办案增加无谓的成本。

(五)审查决定

合规考察期满,第三方监督评估结束之后,属地检察院的受托事项也就随之结束。承办检察院应实地进行考察,验收涉案企业合规建设成果,并通过公开听证、检委会讨论等程序对案件作出最终处理决定。

---

① 参见逄政、任志伟:《探索异地涉案企业合规跨区域协作机制》,载《检察日报》2021 年 10 月 25 日,第 3 版。

第三节　开展涉案企业合规应注意的若干问题

随着企业合规改革试点的稳步推进，检察机关开展涉案企业合规已积累了一定的经验，涌现出很多典型案例。检察机关在扎实、细致办理合规案件的同时，应注意与其他特色工作相结合，多维度服务民营经济健康发展。

一、检察机关应强化合规专业化建设

（一）强化自我学习

企业合规是一项社会性工程，横跨法学、经济学、管理学等多学科。当前，开展企业合规工作，困扰检察官最多的就是不懂合规。企业风险点有哪些？应如何排查？合规计划有哪些要素？应如何制订？合规计划执行后应如何考察落实情况？合规有效性标准有哪些？很多跨国企业都制订了合规计划，并将其作为企业管理和企业文化的有机组成部分；一些国际组织也制订了企业合规的基本指引或最低标准。我国金融监管机构和国资管理部门也通过了多份合规指南或者合规指引，引导国有企业建立并完善合规机制。[①] 随着改革试点工作的深入，企业合规也逐渐成为法学界广泛关注的重点。因此，值得我们学习的内容和资源浩如烟海，检察机关的每一名案件承办人都应主动探索、加紧学习企业合规知识，弥补知识短板和克服技能恐慌。除案头学习外，"问需于企"也是重要学习方法，只有了解了企业需求、企业架构、企业运转模式、行业规范等具体情况，才能真正帮助企业建立有效的合规计划。在社会分工日益细分的当下，人民群众对司法工作和司法服务的专业化程度提出了更高要求，必须加快专业化建设，才能为人民群众提供更优质的检察产品和服务。

---

① 参见陈瑞华：《企业合规制度的三个维度——比较法视野下的分析》，载《比较法研究》2019 年第 3 期。

（二）发挥检察一体化优势

在企业合规试点改革初期，因基层检察机关接触的案件更多，故涉案企业合规的具体工作都是基层检察机关“摸着石头过河”。陈瑞华教授认为，由基层检察机关主导的合规不起诉制度改革，很难达到预期效果。基层检察院承担更多的案件办理压力，而企业合规试点不可能一蹴而就，需要投入大量的精力和时间，如果一味地向基层“压担子”，可能带来“纸面监管”等问题。上级检察机关往往掌握更多的社会资源，应当加强对企业合规的研究，加大企业合规专题培训力度。同时，各地检察机关也要加大横向交流学习考察力度。例如，江苏省南京市建邺区人民检察院先后接待全国多地检察机关来考察交流企业合规工作，专门拍摄了企业合规工作汇报片、工作文书光盘供交流学习使用。

（三）借助外脑智慧

企业合规是系统性工程，在当前合规专业人才严重匮乏的背景下，检察机关需要积极与院校科研单位联手，充分运用平台载体，强化改革试点理论支持。例如，湖北省检察机关聘请知名学者担任改革试点专家顾问；江苏省南京市建邺区人民检察院与东南大学法学院成立企业合规研究基地，与南京审计大学、江苏省金融业协会成立金融企业合规研究基地，在合规工作中引入“双听证”机制，在合规管理制度的构建、运行、评估、改进等过程中引入专家智库力量，提高企业合规的专业性和有效性，防止“纸面合规”。另外，企业合规试点改革也为律师发挥专业优势提供了更广阔的平台，律师在海外合规管理、企业合规治理、产权保护等方面有一定的专业优势。因此，要畅通检律沟通、协作渠道，健全联席会议、业务交流、资源共享等工作机制，邀请律师深度参与合规工作。

二、检察机关应将企业合规与羁押必要性审查融合

2021 年 7 月 1 日起，最高人民检察院在全国检察机关组织开展为期 6 个月的羁押必要性审查专项活动，纠正实务中存在的轻罪案件羁押率过高、构罪即捕、“一押到底”现象，解决涉企案件因不必要的羁押影响生产经营等突出问题。2022 年年初，最高人民检察院决定将羁押必要性审查专项活动延长至 2022 年 12 月 31 日，案件范围

从原来的3类重点案件拓展为全部在办羁押案件。最高人民检察院检察长张军亦多次强调,各级检察机关在办理涉企业及其负责人经营性犯罪案件时,要切实贯彻少捕慎诉慎押刑事司法理念,持续落实服务民营经济发展。在开展涉案企业合规时,应结合羁押必要性审查,对符合条件的企业负责人及核心技术人员,可不捕的不捕,能取保候审的尽量取保候审。例如,某地人民检察院办理的"×公司侵害商品名誉罪案",该公司销售家用美容仪产品,公司员工人数128人,涉案前9个月的销售额为13亿余元、完税2283万余元,对当地就业、经济均有突出贡献。×公司涉案后,某地检察机关批准逮捕了该公司两名主要负责人,虽×公司有强烈的合规意愿,但由于"一把手""二把手"缺位,合规建设始终无法推进,公司市场竞争力迅速下降,各方面业务也处于迟滞状态,同年"双十一"销售额呈断崖式下降。事实上,侵害商品名誉罪法定最高刑为2年有期徒刑,属于刑法中典型的轻罪。检察机关即使持续羁押公司的责任人,惩罚作用也要远远小于案件"水波效应"带来的负面影响。我国企业发展有其特殊性,一些民营企业,尤其是家族式企业,如果负责人被依法采取逮捕等羁押性强制措施,企业可能很快就垮了。企业负责人被羁押,会导致"群龙无首",员工、合作伙伴均会丧失信心,最终业务停摆、人去楼空。企业合规的初衷是挽救企业、稳定就业,减少企业犯罪对正常生产经营和人民生活的影响,而非重拳铁腕、一关了之。

三、检察机关开展企业合规与"挂案"清理相结合

《人民检察院刑事诉讼规则》第253条规定:"人民检察院直接受理侦查的案件,对犯罪嫌疑人没有采取取保候审、监视居住、拘留或者逮捕措施的,负责侦查的部门应当在立案后二年以内提出移送起诉、移送不起诉或者撤销案件的意见;对犯罪嫌疑人采取取保候审、监视居住、拘留或者逮捕措施的,负责侦查的部门应当在解除或者撤销强制措施后一年以内提出移送起诉、移送不起诉或者撤销案件的意见。"即检察机关应当对"立案后没有采取强制措施满二年,采取强制措施后解除或撤销满一年"的案件,进行排查监督。

在司法实践中,涉企刑事案件既未结案又未被移送审查起诉或作出判决的情况屡见不鲜,形成"挂案",久拖不决。这类案件,让当事人承担了大量不确定的诉讼风

险，导致民营企业家因案件不能最终定向，而不能也不敢放手经营。[①] 对企业经营的负面影响具体表现为：一是“挂案”使企业无法上市。根据《首次公开发行股票并上市管理办法》第16条、第18条等的相关规定，因涉嫌犯罪被司法机关立案侦查，尚未有明确结论意见的公司，不得作为发行人；因涉嫌犯罪被司法机关立案侦查或者涉嫌违法违规被中国证监会立案调查，尚未有明确结论意见的人员，不得作为发行人的董事、监事和高级管理人员。二是“挂案”使企业无法获得良好的合作伙伴。越来越多的大型公司已开展了不同程度的合规建设，其中非常重要的一项内容就是对合作伙伴进行尽职调查，从而帮助公司挑选可信赖、讲诚信的业务伙伴，以维持健康良好的业务合作关系。例如，中铁十四局集团在开展合规审查时，将拟合作伙伴、母公司、关联企业或关联个人的信息全部进行核查，精准识别合规风险。企业一旦因涉嫌违法犯罪“挂上了号”，就基本无法与合规的规模性公司开展合作。三是“挂案”使企业无法申请贷款。充足的资金是企业运行的基础保障，银行等金融机构对于企业贷款的审核是非常严格的，会利用大数据等手段审查借款人信用状况、履约能力等。2010年银监会发布施行的《流动资金贷款管理暂行办法》规定，借款人应当具有持续经营能力，且有合法的还款来源，贷款人须对借款人的公司治理、内部控制及法定代表人和经营管理团队的资信等情况进行尽职调查。一旦企业或其重要人员涉嫌违法犯罪，在银行等金融机构看来，贷款风险将急剧上升，甚至将无法通过调查而获得贷款资金，企业经营便举步维艰。

为此，最高人民检察院于2019年10月下旬，针对涉民营企业经济犯罪案件部署开展了专项清理工作。2020年10月至2021年9月，最高人民检察院联合公安部又部署新一轮涉民营企业刑事“挂案”专项清理工作，并纳入全国政法队伍教育整顿“涉企案件集中攻坚行动”持续深入推进。企业合规改革试点以来，最高人民检察院要求要把企业合规建设与依法清理“挂案”结合起来，在企业涉案后、公安机关侦查阶段、检察机关办案阶段，均可给企业提出整改方向和意见，促进“挂案”清理，依法平等保护企业合法权益。例如，江苏省张家港市人民检察院办理的“C公司涉嫌销售假冒注册商标商品案”一直处于“挂案”状态，该法院针对C公司在税务、经营中的漏洞，启动为期3个月的合规监督考察。考察期满后，经第三方监督评估小组审核、公开听

① 参见邱春艳：《最高检召开党委扩大会督办46项重点检察工作，张军要求　算好年度“总账”，围绕重点工作打好“收官战”》，载《检察日报》2020年12月2日，第1版。

证,认为该公司合规整改已到位,遂建议公安机关作撤案处理。拿到撤案决定书后,C公司负责人崔某如释重负,张家港市人民检察院的该做法真正让涉案企业实现了轻装上阵。①

四、行刑衔接问题

严格地讲,在企业内部加强防范刑事风险的合规建设,是犯罪的一般社会预防问题,虽然属于刑事法制的组成部分,但更主要的是通过政府、企业和社会力量共同来完成。② 在改革的现阶段,行刑衔接多被简单化为检察机关与行政机关在企业合规中的相互配合,实际并非如此,行刑衔接目前存在不少问题亟待解决。《关于建立涉案企业合规第三方监督评估机制的指导意见(试行)》第 14 条第 3 款规定,检察机关对涉案企业作出不起诉决定,认为需要给予行政处罚、处分或者没收其违法所得的,应当结合合规材料,依法向有关主管机关提出检察意见。但是如果涉案企业合规建设成果并未被行政机关认可,那么案件被移送后,涉案企业仍可能受到严厉的行政处罚,重新陷入困境。当前,一些行政机关仍然不知企业合规为何物,也不愿意将合规整改作为从宽行政处罚的依据。因此,如果在改革试点中能够进一步加强行刑衔接,将共商社会治理的意识及方法传导到基层,甚至在立法上予以改变和突破,实现合规成果在刑事案件与行政处罚中互认机制,才能实现真正意义上的"融合协作、多方共赢"。

---

① 参见葛丹琼:《两年悬而未决,"挂案"清理帮企业松绑》,载《检察日报》2022 年 2 月 17 日,第 4 版。

② 参见时延安:《单位刑事案件的附条件不起诉与企业治理理论探讨》,载《中国刑事法杂志》2020 年第 3 期。

第四章

企业合规中的单位责任与个人责任

第一节 单位犯罪的归责模式

一、域外法人犯罪的归责模式

（一）替代责任

替代责任是最早出现的法人犯罪归责理论。英国在19世纪将民事领域内雇主或委托人为雇员或代理人侵权行为承担责任的“替代责任”引入了刑事领域，为法人刑事责任找到了理论依据。根据早期的替代责任论，法人承担刑事责任需要具备两个条件：一是犯罪行为由代理人或雇员作出；二是根据他们与雇主之间的法律关系，将犯罪行为归责于雇主。替代责任的核心特征是在公司归责过程中，首先要确认自然人罪责，然后才能确认公司罪责。由于替代责任因无须证明公司的犯罪意图，仅通过客观行为就可以归责，具有实用性和威慑性，被大量运用于公害犯罪，但其缺陷在于，完全不考虑法人的过错而让其承担刑事责任，与责任主义相冲突。

（二）等同责任

针对替代责任原理的弊端，英国抛弃了替代责任原理，从公司法人人格原理衍生出了“等同原则”，或称为“同一视原则”，将有权代表公司的高层管理人员视为公司本身，其行为和犯意等同于公司的行为和犯意。英国在20世纪40年代的检察总长诉肯特与萨塞克斯工程承包有限公司案（DPP v. Kent and Sussex Contractors Ltd.）、英国政府诉ICR货运公司案（R v. ICR Haulage Ltd.）以及摩尔诉布鲁斯勒案（Moore v. Bresler）3个案件中确立了同一视论。在1956年博尔顿工程公司诉格雷厄姆和森有限公司案（H. L. Bolton Co. v. T. J. Graham & Son, Ltd.）中，丹宁大法官写道：“公司在很多方面与人体机制相似。它有大脑和神经中枢，可以控制其行为，也有手可以掌握工具并根据控制中心指令实施行为。公司中的一些雇员仅是发挥了手的作用并不能代表公司的意志，而董事和经理则直接代表了公司的主观心智和意志并能控制公司行为。这些高级管理人员的主观状态就是公司的主观状态，在法律上应当予以确认。"[①]同一视论符合责任主义，避免了替代责任的缺陷，但在公司规模庞大、分工复杂而难以确定具体负责的自然人，或者实际控制人不参加公司管理的情形下，则难以适用。

（三）集合责任

集合责任论是为了适应现代公司权力分散化和结构复杂化的发展趋势，解决等同责任的弊端而出现的理论。该理论不以单个主体的行为为判断标准，只要多个雇员行为和意图所聚合成的一个混合"行为"及"犯意"达到了犯罪标准，即可将责任转化为公司责任。在1987年美国政府诉新英格兰银行案（United States v. Bank of New England）中，银行的一个客户多次从其法人账户提款，每次从不同的柜台取款，每笔款项都低于《现金交易报告法》规定的应当报告数额，但总款项超过了应当报告的数额，银行由于没有报告被起诉不遵守现金报告的要求。法院认为，伴随公司运行部门的层级化及公司责任的细化，"公司明知"也被分割区分化，这些部分的聚合，构成了关于公司运营的明知，即"银行明知"可以是"所有员工明知"的总和（"集体明知"），如果A雇员明知报告要求的一个方面，B雇员明知报告要求的另一个方面，C雇员明知报告要求的第三个方面，那么银行就应当知道上面所有的方面。[②] 集合责任论依据多个公司雇员的认识来认定法人本身的犯意，反映了现代法人犯罪的复杂性和特殊性，但其没有说明集合认定法人犯意的根据，对法人存在过度犯罪化的风险。

（四）独立犯意责任

独立犯意责任论认为，法人为独立的责任承担者，公司政策、制度、文化代表了一种公司态度，是公司承担刑事责任的罪责基础。即公司内部的组织程序、结构、目标、文化和权力层级等因素可以构成允许或者鼓励犯罪的法人精神，从而具备犯罪所要求的犯意条件。例如，法人应当预见到客观的危险结果，但在公司政策、制度、文化上并未作出危险预警和排除危险的安排，则法人在主观上就具有了罪过。英国2007年

---

① 1 Q. B. 159, 172（C. A. 1956）.

② 821 F. 2d 884 856（1st Cir. 1987）.

《企业过失致人死亡罪法》规定，如果因企业业务活动的组织、管理方式导致了死亡结果，并且严重违反了企业对被害人所承担的相关义务，则可以追究该企业过失致人死亡罪的刑事责任。该规定意味着企业存在不依赖自然人的独立意志，其组织结构、经营方式存在缺陷反映了企业主观上对被害人死亡危险的态度，构成过失。在独立犯意责任论下又有更具体的法人文化论，即法人文化受到一系列的正式与非正式因素的复杂组合的影响，特别是法人的结构性、制度性的因素，当法人文化鼓励法人成员实施犯罪时，法人应当承担刑事责任。澳大利亚1995年联邦刑法典规定，在公司授权或许可下，代理人、雇员或管理人员的行为可直接归责于公司，当公司文化指向、鼓励、容忍或导致(行为)与相关规定不相符合时，或者公司本身不能产生或保持与相关规定要求相一致的公司文化时，即表明存在公司的"授权"和"许可"。① 在法人独立犯意责任中，合规计划可以作为法人罪过的证据，制订合规计划并诚信执行，是阻却法人主观责任的重要事由。②

（五）组织体责任

组织体责任论认为，法人是作为组织体进行活动的，在追究其责任时，应当将所有的法人从业人员的行为作为一个整体来把握法人的行为。只要法人从业人员的行为在客观上与法人的业务相关，就可以视为法人的行为。公司管理体系中不同地位人员的行为作为法人自身行为的条件是不同的：(1)对于法定代表人，其行为无条件地视为法人行为；(2)对于中层管理人员，其行为只有在符合法人代表所表现出来的法人意思时，才属于法人行为，若企业为防止此类行为已经采取了具体措施，则法人无过失，不负刑事责任；(3)对于法人下级从业人员，要求其行为在客观上有业务关联性，才能构成法人行为，若企业已经采取了防止从业人员的违法行为的措施，则法人无过失，不负刑事责任。③ 组织体责任论以法人的组织要素与注意义务作为其罪责的判断标准，将法人中行为人的责任与企业自身的责任相分离，在日本受到理论界和实务界的广泛关注。组织体责任论与独立犯意责任的共同之处在于，都是将法人责任定位为独立的、第一位的责任，并且对法人主观罪过的认定均独立于自然人，企业合规计划均可以成为法人责任的阻却事由。区别在于，组织体责任论在一定程度上还

---

① See Criminal Code Act, 1995, Part 2.5, s. 12.3. (c)(d).

② 参见李文伟：《法人刑事责任比较研究》，中国检察出版社2006年版，第80页。

③ 参见黎宏：《法人刑事责任论》，清华大学出版社2001年版，第103页。

需要根据行为人在法人治理结构中的地位来具体判断法人责任，而不是如同独立犯意责任论一样，完全着眼于法人政策、文化等法人组织体要素。

二、我国单位犯罪的归责模式

我国《刑法》第 30 条规定："公司、企业、事业单位、机关、团体实施的危害社会的行为，法律规定为单位犯罪的，应当负刑事责任。"该条文是关于单位在何种范围内可以成为犯罪主体的规定，但回避了单位犯罪的内部构造及归责问题，故而在司法实践与学理上出现了以下不同的归责理由。

（一）单位决策责任论

在 1997 年《刑法》颁布之前的《刑法（修订草案）》中，立法者主要使用"为单位谋取利益"和"经单位的决策机构或者负责人决定"这两个要素来界定单位犯罪。此后，基于理论上与司法实践中对上述要素的认可，形成了单位决策责任论的通说，即单位犯罪的成立应当符合以单位名义、为单位利益（所得归单位）以及体现单位意志 3 个条件；单位犯罪体现的必须是单位意志，通常由单位集体研究决定，或者由单位的负责人或者被授权的其他人员决定、同意。单位决策论是我国单位犯罪归责理论的通说，在实务界也获得了普遍认同。尽管 2001 年 1 月 21 日最高人民法院《全国法院审理金融犯罪案件工作座谈会纪要》对单位犯罪的规定未体现出单位意志要素，仅要求"以单位名义实施犯罪，违法所得归单位所有"，但近年来的司法解释强调了单位决策与单位意志的必要性。例如，2017 年 6 月 1 日最高人民检察院公诉厅《关于办理涉互联网金融犯罪案件有关问题座谈会纪要》将涉互联网金融犯罪的单位犯罪规定为"（1）犯罪活动经单位决策实施；（2）单位的员工主要按照单位的决策实施具体犯罪活动；（3）违法所得归单位所有，经单位决策使用，收益亦归单位所有"。根据 2019 年 2 月 20 日最高人民法院、最高人民检察院、公安部、司法部、生态环境部印发《关于办理环境污染刑事案件有关问题座谈会纪要》的规定，为了单位利益，实施环境污染行为，经单位决策机构按照决策程序决定的，或经单位实际控制人、主要负责人或者授权的分管负责人决定、同意的，应当认定为单位犯罪。

（二）单位固有的刑事责任论

单位固有的刑事责任论认为，单位有别于自然人而单独存在，应当从单位自身固有的责任角度出发，除关注单位集体决定和单位负责人决定外，还应当考虑单位的目标、业务范围、规章制度、防范措施等单位自身制度方面的情况，这样才能准确把握单位的真实意志。该观点实际是将责任主义与法人组织责任论相结合，强调主、客观相统一原则，从单位客观上是否实施了犯罪行为以及主观上是否有罪过两个方面判断单位刑事责任。对于单位犯罪的主观意识，可以从两个方面加以判断：一是代表机关成员在单位的业务活动上所作出的决定；二是单位的规章制度、目标、政策、激励机制等法人自身的特征。[①] 近年来也有司法解释在某种程度上体现了单位固有刑事责任论的色彩，如根据2019年《关于办理环境污染刑事案件有关问题座谈会纪要》的规定，为了单位利益，单位实际控制人、主要负责人或者授权的分管负责人得知单位成员个人实施环境污染犯罪行为，并未加以制止或者及时采取措施，而是予以追认、纵容或者默许的，构成环境单位犯罪。单位主管人员得知单位成员污染环境而予以纵容、默许，实质上就是单位自身态度的体现，暴露了单位在政策、制度以及文化建设上存在的问题，构成了单位犯罪的主观意志。

（三）责任分离论

责任分离论认为，单位犯罪实是一种特殊的犯罪聚合体，包括两个犯罪行为，有两个犯罪主体和刑事责任主体，一个是客观实在的作为单位成员的自然人犯罪，另一个是拟制的单位犯罪，即初始意义上的“单位犯罪”。这两个犯罪行为因“为单位谋利”的单位成员行为在法律评价上的双重性，而被立法者人为地聚合在一起，但单位责任和单位成员责任在构成和追诉上应当是各自独立和分离的，二者并不牵涉或互为前提。单位成员的犯罪就是自然人犯罪，而与其所属单位在刑事责任承担上并无关联。单位成员因其自身的犯罪行为而应承担刑事责任，与一般的自然人犯罪而承担刑事责任的原理并无不同。单位责任归根结底源于单位成员的行为，是立法者将单位成员的行为上升为单位行为的结果。[②] 有观点进一步指出，对于单位犯罪中的单

---

① 参见黎宏：《法人刑事责任论》，清华大学出版社2001年版，第283页。

② 参见叶良芳：《单位犯罪的形态结构——兼论单位与单位成员责任分离论》，载《中国法学》2008年第6期。

位,可以采用组织责任理论予以判断:以单位成员实施的社会危害行为作为基础要素,以单位建立合规计划的组织管理行为作为中心归责要素,一旦社会危害行为通过中心归责理论归咎于单位,无须再考察单位成员最终构成犯罪与否,单位即作为独立的犯罪主体和处罚主体承担刑事责任。对于单位犯罪中的单位成员,应当依据自然人犯罪的传统责任理论加以认定:单位成员因为对单位犯罪起到决定、批准、授意、纵容、指挥的作用(直接负责的主管人员)或者参与实施犯罪行为(其他直接责任人员)而承担刑事责任。换言之,只有在能够确定实施上述行为的具体责任人时,才能够追究其单位犯罪的刑事责任。①

(四)混合责任论

混合责任论认为,我国刑法关于单位犯罪的规定,是同一视理论与组织模式理论(组织体责任)的结合。其一,只有特定的自然人(直接负责的主管人员与其他直接责任人员)实施了刑法所禁止的行为,才可能成立单位犯罪,这是同一视原理的表现;其二,只有当特定的自然人的行为同时能够评价为单位行为时(如集体研究、以单位名义、为了单位利益等),才能认定为单位犯罪,这又是组织模式理论的表现。在司法实践中,在决策层面,对直接负责的主管人员的行为采取的是同一视理论;在具体实施层面,则反映出组织模式理论的特点。②

---

① 参见刘艳红:《企业合规不起诉改革的刑法教义学根基》,载《中国刑事法杂志》2022 年第 1 期。

② 参见张明楷:《刑法学》(下册)(第 6 版),法律出版社 2021 年版,第 178 页。

第二节　企业合规在划定企业与个人责任中的作用

一、企业合规嵌入单位刑事责任体系的理论基础

（一）企业合规的归责逻辑

从域外法人犯罪的发展上看，英美等国早期并不承认法人犯罪，但到了19世纪中期以后，随着工业化的发展出现了“企业犯罪浪潮”，企业违法行为数量的增加与危害的扩大，使各国认识到确立法人犯罪刑事责任的重要性，从而借助替代责任、等同责任，建立了从个人责任到法人责任的归责模式。替代责任与等同责任虽然在根据谁的行为来认定企业刑事责任方面存在差异，但在实践中都有相同的逻辑判断过程，即在危害结果出现后，首先确定个人刑事责任，然后再依据替代或等同原则来处罚法人。换言之，替代责任与等同责任都是以个人刑事责任为媒介来处罚法人的，法人刑事责任依赖个人刑事责任，以个人刑事责任的成立为前提，并无独立的法人刑事责任。然而，随着法人组织规模的扩大化、复杂化和国际化，借助个人刑事责任的方式来确立法人刑事责任显得不切实际：一是在众多企业雇员中确定一个应当承担刑事责任的个人变得越来越困难，企业规模越大，脱逃责任的可能性就越高；二是对于企业来说，其组织结构的缺陷并不会因为某个成员被审判而消失。

为更有效地治理法人犯罪，集合责任、独立犯意责任以及组织体责任得以确立。虽然在判断法人刑事责任的标准上，上述3种归责模式有所差异，但都不再以个人责任为媒介，将重心从个人转向了法人组织，强调法人过错及刑事责任的独立性。在这些归责原则之下，法人犯罪的归责逻辑发生了根本性改变，即从“危害结果→确定具体的行为人→确定行为人的刑事责任→确定企业的刑事责任”转向了“危害结果→判

断企业的合规状况→确定企业的刑事责任”。[①] 在新的归责模式下,法人过错的判断是以企业的组织规则、管理过程以及企业文化等为标准的,法人是否遵守合规要求,成为判断法人刑事责任的主要依据,而行为人的主观故意或过失不再对法人刑事责任产生影响。

我国单位犯罪是从立法走向司法,《刑法》总则中规定了单位犯罪的总原则,具体如何实现则由司法加以解决。虽然《刑法》第30条未明确单位犯罪的归责原则,引发了诸多争议,但立法与司法对单位刑事责任独立性的基本立场非常明确,单位犯罪由单位成员具体实施,体现的是单位整体意志,属于单位行为,单位犯罪归责的基础是单位自身的犯罪行为,单位所承担的刑事责任是自己责任而非单位成员责任的转嫁,为刑事合规融入单位刑事归责体系提供了基础性条件。

(二)企业合规的责任原理

企业合规对企业刑事责任的影响体现在两个方面:

一是表明企业责任程度的降低。企业合规说明了其对犯罪事实的认罪态度及其再犯危险性的降低,需要在量刑上予以体现,如澳大利亚《刑法典》、英国《贿赂法案》均规定合规计划具有阻却犯罪成立的效果。

单位决策责任论的通说认为,我国单位犯罪是单位决策机关按照内部程序形成决议,在单位授权或确认之下由单位成员为单位利益而实施的犯罪。在单位决策责任论之下,单位犯罪的归责依据来自单位的行为责任,但不包括对预防员工犯罪的组织责任。故而,企业合规只能作为评价单位责任程度的因素,不能作为单位责任的阻却事由。但是,若企业事前已经构建了有效合规体系,明确表明了反对犯罪的组织意志,此时仍认为企业要为违背其组织意志的自然人的违法行为“买单”,有违责任主义之嫌。因此,在企业合规时代,传统单位归责理论亟待予以优化,应当重视组织意志和组织责任在单位犯罪归责中的地位和功能。

二是在单位监督过失的情形下,企业合规可以直接作为单位不构成过失犯罪的责任阻却事由。单位监督过失犯罪,是指单位没有适当履行其对员工的监督管理义务,致使员工的过失行为造成危害结果发生。在这种情形下,单位的监督失职行为与员工的业务过失行为发生竞合,共同导致了危害结果的发生,并且员工的业务过失行

① 参见周振杰:《比较法视野中的单位犯罪》,中国人民公安大学出版社2012年版,第19页。

为在一定程度上与单位没有正确履行监督义务有关。如建筑公司聘用没有技术资质的员工施工造成重大生产事故的,或者没有建立员工技能培训机制,致使员工操作失误发生重大事故的,单位均要承担过失犯罪刑事责任。[①] 但是,若单位有证据证明其已经构建了完善的生产安全合规制度,则表明单位已经履行了结果回避义务,单位对于危害结果的发生不具有预见可能性,不构成单位犯罪。

(三)企业合规的刑事政策价值

企业合规进入刑事责任体系之时,就具有调和企业犯罪预防与惩治的刑事政策功能。现代社会科学技术的快速发展,加剧了各种风险的发生,刑法被越来越广泛地运用于社会治理之中,通过扩大刑法规制范围的方式,降低犯罪行为对社会产生的风险,但刑法规制又应当具有合理性,以避免刑法根基受到损害,企业合规提供了较好的平衡策略,在保持刑法张力的同时,仍然可以给予企业合规出罪的缓冲通道,通过刑事责任的加重或者减轻、免除,给予企业合规以压力和动力,从制度合规逐步形成合规文化,从而实现一般预防的良性循环。[②]

在我国保护非公有制经济、优化营商环境背景下,企业合规的刑事政策价值更明显。相比国有企业,民营企业内部管理多有不规范之处,在经济活动中更容易触犯刑法,且一旦涉及犯罪,往往会导致经营上的困难,甚至导致企业停工停产抑或破产,影响社会秩序。最高人民检察院《关于充分发挥检察职能服务保障"六稳""六保"的意见》提出,"六稳""六保"最重要的是稳就业、保就业,关键在于保企业,努力落实让企业"活下来""留得住""经营得好"的目标。通过刑事合规,可以前置性地切割员工犯罪与企业的联系,在保留企业、不影响企业正常生产活动的情形下惩治犯罪,最大限度地减少犯罪对企业经营活动的负面影响;同时,通过企业合规可以改变民营企业经营管理模式,重塑企业文化,鼓励企业自发遵守法律,主动抵制和谴责犯罪,从而达到预防犯罪的目的。

---

① 参见徐久生、师晓东:《法教义学视角下刑事合规之适用研究》,载《安徽大学学报(哲学社会科学版)》2021 年第 5 期。

② 参见孙国祥:《刑事合规的刑法教义学思考》,载《东方法学》2020 年第 5 期。

二、企业合规划定企业与个人责任的机理探索与实现路径

（一）企业合规划定企业与个人责任的机理探索

企业合规划定企业与个人责任的基础在于单位意志的整体性。何秉松教授在20世纪90年代提出了“人格化系统责任论”，认为法人是一个人格化的社会有机整体，具有自己的整体意志，是作为一个有机体整体实施犯罪和负刑事责任。[①] 在法人组织体系统中，尽管实施具体犯罪行为的是自然人，但其是作为组织系统构成要素在单位整体意志支配之下实施的，不是代表行为人个人，其行为属于单位行为，但由于自然人在实施行为时又具有相对独立的个人意志，并且对法人意志也会产生影响，故而在单位犯罪下要采取双罚制，对自然人也进行处罚。然而，“人格化系统责任论”未就一个犯罪行为下自然人与单位之间无共犯关系却能成为犯罪主体作出充分说明。

在司法实务中以单位决策作为单位意志的表征方式，具有一定的合理性，但弊端在于难以将个人意志与单位意志相区分，无法确保单位意志的独立性。一方面，决策者的个人意志可以直接决定单位意志，而非影响单位意志，特别是在决策机构是一人制或者实际由一人控制的情形下，单位意志实际上从属于个人意志；另一方面，在决策机制分散或下放的情形下，具有决策权的自然人的意志并不一定代表单位意志，单位甚至根本不知道决策内容，在这种情形下，单位意志与决策者的个人意志是分离的，无法通过决策机制反映出单位意志。上述问题导致单位意志的判断标准模糊，认定较混乱。

单位作为拟制组织体，单位意志的表现方式应具有客观性。从组织系统论角度，由决策机关按照内部程序作出决策仅是单位意志的一个方面，单位管理体系、制度规章、企业文化等所体现出来的单位对犯罪及预防犯罪的态度，也是单位意志的表现形式。并且，这种基于组织体自身的整体意志比决策程序所反映的自然人意志更早出现，更能够反映单位的真实意志，在决策机关的自然人意志与单位组织体的整体意志相冲突时，单位承担责任应当以单位组织体的整体意志为准，具有决策权的自然人意志需要经由单位整体意志的检验，才属于单位意志。在单位组织体整体意识的判断上，企业合规是重要标准，充分而有效的企业合规表明了企业对犯罪的反对态度，企

① 参见何秉松主编：《法人犯罪与刑事责任》（第2版），中国法制出版社2000年版，第474页。

业既无犯罪故意,也没有犯罪过失,若决策机构的自然人意志与企业整体意志不相符,应由其个人承担责任。

在企业缺乏合规或合规失效的情形下,单位整体意志体现出组织结构缺陷下单位对单位成员实施违法行为的鼓励、放任、容忍或默认态度,在此罪过支配下的单位行为表现为单位对组织结构缺陷及员工违法行为怠于纠正的消极不作为,由此使单位作为独立主体的罪责可以与单位成员的罪责相区分。单位整体意志脱逸于单位成员意志,不再是单位成员意志的转嫁,而且单位成员意志本身也具有了独立性。根据《全国法院审理金融犯罪案件工作座谈会纪要》的规定,“直接负责的主管人员,是在单位实施的犯罪中起决定、批准、授意、纵容、指挥等作用的人员,一般是单位的主管负责人,包括法定代表人。其他直接责任人员,是在单位犯罪中具体实施犯罪并起较大作用的人员,既可以是单位的经营管理人员,也可以是单位的职工,包括聘任、雇佣的人员……对单位犯罪中的直接负责的主管人员和其他直接责任人员,应根据其在单位犯罪中的地位、作用和犯罪情节,分别处以相应的刑罚”。该规定表明,单位成员承担刑事责任,是基于其在单位犯罪中起到决定、批准、授意、纵容、指挥等作用,或者直接实施了具体犯罪行为,承担的是独立的行为责任。由此可见,在单位意志与行为独立化的前提下,并不影响单位成员的刑事责任认定,单位成员仍然基于个人的行为和罪过而承担刑事责任。

单位整体意志与自然人意志的分离,使单位和单位成员责任分离具有了可能性。正如有观点所主张的,应当将单位责任和单位成员责任进行彻底分离,将单位犯罪视作两个行为、两个犯罪主体、两个处罚主体的聚合犯罪。[①] 然而,两者又统一于一个单位犯罪之下,与其将其视为特殊的犯罪聚合体,不如将其视为拟制的共同犯罪。在单位体现对单位成员为单位利益实施犯罪的认可、鼓励的整体意志时,单位成员实际上属于受到单位“教唆”而实施的犯罪,单位符合教唆犯特征;在单位体现对单位成员犯罪的放任、容忍的整体意识时,可为单位成员实施犯罪提供了物理或心理帮助,对危害结果的发生具有因果性,单位符合帮助犯的特征。单位与单位成员并非真正意义上的共同犯罪,因为单位政策、制度、文化等所体现出来的单位意志无法与单位成员意志进行交流,不可能产生意思联络,难以用共同故意进行评价,但两者意志之间仍具有一定的关联性,在单位成员意志反映了单位意志并且统一于为单位利益的共同

---

① 参见刘艳红:《企业合规不起诉改革的刑法教义学根基》,载《中国刑事法杂志》2022 年第 1 期。

目的之下时,可以形成共同意志的连接点,从而具有了拟制为共同犯罪的责任依据。将单位犯罪视为拟制的共同犯罪,既确保了两个犯罪主体罪名的统一性以及犯罪主体与受刑主体的一致性,又可以根据共犯原理对两者作出区分化评价,为分案处理提供了实体法上的依据。

(二)企业合规划定企业与个人责任的实现路径

1. 企业合规作为单位责任阻却事由。企业事前已经建立完整、有效的合规计划,代表了企业对犯罪的否定性立场和积极努力预防犯罪的整体意志,从而可以阻却单位责任并切断单位与单位成员在共同犯罪上的因果性联系,单位成员即使为单位利益而实施犯罪,无论是故意犯罪还是过失犯罪,均应当由其个人承担责任。在这种情形下,公诉机关应仅起诉单位成员,对企业适用法定不起诉。

2. 企业合规作为单位犯罪责任减轻事由。在事前未建立合规制度或合规制度失灵的情形下,事后刑事合规可以作为企业责任减轻的事由。企业合规的最终目的是优化企业治理结构,建立良好的企业文化,实现企业犯罪治理的良性循环。在刑事合规中,企业为构建有效的合规体系作出了真诚努力,建立了有助于预防和避免犯罪再次发生的治理结构和企业文化,表明企业责任程度的降低,应当通过刑罚的减免予以肯定性激励。由于企业存在鼓励、支持、容忍犯罪的整体意志及企业合规治理上的不作为,与单位成员犯罪之间形成了共同犯罪关系,公诉机关应根据犯罪性质、企业在共同犯罪中的作用大小以及合规整改情况,对企业作出酌定不起诉,或提出从宽处罚的量刑建议。需要注意的是,在这种情形下,企业已经构成了单位犯罪,合规不起诉应当建立在对企业给予具有威慑性的非刑罚制裁的基础上,即以合规的有效性作为评价标准,推进企业内部治理结构的彻底整改,企业必须负担经济、组织和人事等方面的整改成本,防止出现“纸面合规”规避责任。

3. 企业合规对单位成员责任的影响。在企业合规作为单位责任阻却事由的情形下,单位与单位成员之间不存在拟制的共同犯罪关系,仅是单位成员的个人犯罪。企业合规对单位成员的责任没有影响,单位成员单独构成犯罪,按照自然人犯罪的责任理论加以认定。单位成员的出罪只能是罪行轻微出罪,即依据我国《刑法》第 37 条免予刑事处罚条款以及刑事诉讼上认罪认罚等以酌定不起诉方式不诉。

在企业合规作为单位犯罪责任减轻事由的情形下,单位与单位成员之间存在拟制的共同犯罪关系,应当根据单位成员在拟制共犯中的地位和作用,对单位成员的责任予以准确评价,如单位犯罪的主要原因来自单位组织管理缺陷、单位成员在拟制共犯中的作用较小、犯罪行为是遵循了公司管理的一般操作规则而作出的等情形下,应当予以单位成员从宽处罚。但是,这种从宽处罚来自共犯理论,与企业刑事合规并无关系。换言之,企业刑事合规是对企业组织体的非刑罚处罚措施,对于自然人来说,企业合规不具有特殊预防的效果,无法影响对自然人责任程度的评价。

第三节　单位与责任人分案处理的“二元化”机制

一、单位与责任人分案处理“二元化”机制的内涵

如前所述,企业合规秉承单位犯罪中单位与个人责任切割和分离的原则。在现行法律框架下,可以将单位犯罪中犯罪嫌疑单位和直接负责的主管人员或直接责任人(以下简称责任人)进行分案处理,也就是对于单位犯罪,在诉讼程序上把单位和责任人分成两个案件。责任人因为被采取强制措施,办案期限应严格按照法律规定,在一般情况下,审查起诉期限1个月,在符合法律规定的延长审查起诉期限、退回补充侦查的条件,且确有必要的情况下,才延长审查起诉期限或退回补充侦查。但是单位由于不存在强制措施的问题,分案后,单位的办案期限不受责任人强制措施期限的限制。但是也不能长期“挂案”,根据最高人民检察院、公安部《关于公安机关办理经济犯罪案件的若干规定》第25条第1款第2项的规定,对犯罪嫌疑人未采取强制措施,自立案之日起2年以内,仍然不能移送审查起诉或者依法作其他处理的,应当及时撤销案件。在刑事诉讼法未修改增设单位附条件不起诉的背景下,可以参照这个文件的规定,最长不超过2年。这样就给合规考察期限留下相对充足的时间。例如,江苏省南京市建邺区人民检察院办理的“某工程集团公司串通投标案”,由于公司规模大,合规计划的建立、实施、评估考察都需要大量的时间,检察机关采取单位犯罪与责任人分案处理的二元机制,为企业合规争取到了更多时间,从启动合规计划到最终对企业不起诉,时间长达1年。此案开创了国内办理企业合规案件分案处理“二元化”机制的先河。

二、单位与责任人分案处理"二元化"机制的必要性

（一）合规考察期限的需求

在目前法律没有修改的背景下，企业合规试点最大的难题之一是合规考察期过短。3个月速成的合规计划很容易流于形式、流于纸面。目前通行的做法是：一是合规工作前置到侦查阶段，也就是利用提前介入侦查，实现向侦查阶段"借时间"。但是由于此时案件没有到检察环节，只能就企业是否具备开展合规的条件、风险评估等开展一些准备性工作，无法纳入合规考察期限之内。二是利用延长审查起诉和退回补充侦查的期限，也就是将实际上并无延长审查起诉期限和退回补充侦查必要的案件，为了"挪出"合规考察期而延长审查起诉期限和退回补充侦查。但是这种做法，一方面，对单位犯罪的责任人是极不公平的；另一方面，也有违法之嫌。《刑事诉讼法》第172条第1款规定："人民检察院对于监察机关、公安机关移送起诉的案件，应当在一个月以内作出决定，重大、复杂的案件，可以延长十五日……"第175条第2款规定："人民检察院审查案件，对于需要补充侦查的，可以退回公安机关补充侦查，也可以自行侦查。"也就是说，延长审查起诉期限的法定条件是"重大、复杂"，退回补充侦查的法定条件是"需要补充侦查"，这里的"需要补充侦查"，主要是指事实不清、证据不足。企业合规考察并不符合上述法定条件。三是利用取保候审案件的1年期限，就是对于犯罪嫌疑人取保候审的案件，由于取保候审的期限是1年，所以审查起诉期限可以借用这1年的时间。这种做法也面临两大质疑：一是《刑事诉讼法》第172条规定的审查起诉期限原则上是1个月，重大、复杂案件延长15日，并没有限定这个期限仅针对羁押措施的案件而不包括取保候审的案件；二是因为企业的合规整改，而让责任人进行漫长的诉讼等待也是不公平的。

（二）分案处理"二元化"机制的法律依据

有人对单位犯罪中自然人与单位分案处理有担忧，认为我国刑法规定的单位犯罪实行"双罚制"是一个不可分割的整体，单位构成犯罪，才是追究法人内部成员刑事责任的依据和前提。个人的刑事责任是以单位构成犯罪并且追究刑事责任为前提，单位不承担刑事责任，当然不存在单位中的主管人员和直接责任人员作为个人承担刑事责任的问题。笔者认为，其实这种担忧是没有必要的。

首先,从刑法规定上,我国《刑法》第30条规定:"公司、企业、事业单位、机关、团体实施的危害社会的行为,法律规定为单位犯罪的,应当负刑事责任。"第31条进一步规定:"单位犯罪的,对单位判处罚金,并对其直接负责的主管人员和其他直接责任人员判处刑罚……"这就是我国刑法对单位犯罪"双罚制"的规定,其基本内涵的正确理解应当是:法律规定为单位犯罪的才能追究单位的刑事责任,即在处罚单位的同时处罚责任人,法律没有规定单位犯罪的不能处罚单位,只能处罚自然人。但是,这并不意味着起诉责任人就一定要起诉单位,不起诉单位并不违反罪刑法定原则。

其次,无论是相对不起诉还是未来立法中增设的单位犯罪附条件不起诉,本质上都属于酌定不起诉(附条件不起诉是附加条件的酌定不起诉),也就是检察机关仍然认为构成犯罪,只是基于起诉必要性考虑而不予起诉罢了。相对不起诉本身也是一种刑事上的否定性评价。对于企业合规来说,单位犯罪仍然是单位犯罪,即使只起诉责任人也应当引用单位犯罪的条款,责任人承担刑事责任的基础依然是单位犯罪,只是单位犯罪中的单位基于合规整改,检察机关进行酌定不起诉而已。这与共同犯罪的分案处理具有相似性,例如,二人共同犯罪,其中一名共同犯罪人被起诉(依然要引用共同犯罪条款),另一名共同犯罪人因情节轻微而由检察机关作出相对不起诉。事实上,司法解释对于单位犯罪中单位与责任人分案处理的二元机制也是持肯定态度的,最高人民法院《关于适用〈中华人民共和国刑事诉讼法〉的解释》(法释〔2021〕1号)第340条规定:"对应当认定为单位犯罪的案件,人民检察院只作为自然人犯罪起诉的,人民法院应当建议人民检察院对犯罪单位追加起诉。人民检察院仍以自然人犯罪起诉的,人民法院应当依法审理,按照单位犯罪直接负责的主管人员或者其他直接责任人员追究刑事责任,并援引刑法分则关于追究单位犯罪中直接负责的主管人员和其他直接责任人员刑事责任的条款。"该规定为二元分离提供了直接的规范依据。

(三)分案处理"二元化"机制的理论依据

如前所述,单位(法人)犯罪的归责基础一直是刑法理论争论的问题,但是组织体责任论、法人犯意责任论等越来越得到普遍认同,"企业公民"的观念越来越深入人心。通过企业内部的结构变化和演进,来抵御市场复杂性与偶变性,对行为过程进行固定,形成一种组织文化,这种企业文化影响员工作出不偏离常规的妥当选择。就此而言,企业文化是一个更适合理解公司主体性的概念,它也很好地吻合了法律与社会运动的最新发展。强调企业文化的基石是公司刑事责任的基础由系统论作为支撑。当一个组织表现出一种“不遵守法律的企业文化(不合规)”时,企业罪责就会显现出来。反之,当企业通过有效的合规计划实现了守法的企业文化时,就不应该受到惩罚,至少也应予以从宽处罚。单位责任的独立性进一步彰显,分案处理的法理依据是充分的。[①] 值得注意的是,刘艳红教授提出“合规责任论”,认为单位责任是一种合规责任,它不同于基于个人行为的道义责任或规范责任,它是一种组织责任;而单位成员责任是一种传统的行为责任、道义责任、罪过责任,二者相互分离。[②] 这个值得倡导的新理论为“二元化”机制进一步提供了理论上的支撑。

三、单位与责任人分案处理“二元化”机制的操作

(一)分案的时机和阶段

单位与责任人的分案处理操作机制有以下几种情形:(1)侦查(调查)阶段分案移送。公安机关或监察机关在侦查、调查单位犯罪案件终结后,即将单位犯罪与责任人犯罪分案移送检察机关,检察机关分别受理,分案计算办案期限。检察机关也可以在提前介入阶段就建议公安、监管机关进行分案移送。(2)检察环节分案处理。如果公安、监察机关移送检察机关没有对单位与责任人进行分案,在检察环节分案也是可行的。具体分案的时机可以在案件管理部门受理时即分案,也可以先整体受理,在审查过程中,承办检察官经审查认为符合开展企业合规的条件,提出拆分案件的意见,由分管检察长审批后进行分案处理。(3)公安、监察机关在移送检察机关时没有认定单位犯罪或遗漏认定单位犯罪(这种情况实践中经常发生),检察机关经审查认为系单位犯罪,检察机关应当先追加认定单位,同时分案处理单位和责任人。在实践中,有观点认为,这种情况无须先追加认定单位再分案处理。这种做法设想的状况是:单位经过合规整改本来就是要不起诉的,先追加再分案,又不起诉,多此一举。但是这种做法显然是不妥当的,因为合规整改的经过并非一律不起诉,合规计划无效的单位还会再提起公诉。

---

① 参见李勇:《企业附条件不起诉的立法建议》,载《中国刑事法杂志》2021 年第 2 期。

② 参见刘艳红:《企业合规不起诉改革的刑法教义学根基》,载《中国刑事法杂志》2022 年第 1 期。

(二)分案处理的结果

企业合规秉承“放过企业,严惩责任人”的理念,但也并非绝对。从理论上说,公司犯罪是由人来实施的,这些高级管理人员要么指使或者授意实施了犯罪行为,要么放任或者纵容犯罪的发生,以至于形成了通过不法行为来获得高额利润的企业政策和文化。而要改造公司文化,变更行业惯例,就必须起诉公司高级管理人员,而不能仅仅起诉负责执行政策的普通雇员。[①] 但是发达国家的司法实践中,广泛存在“既放过企业,也放过责任人”的情况。有学者认为,这是因为检察官调查白领犯罪的资源十分有限,且公司内部复杂,调查成本高、难度大,动辄需要几年的时间。另外,很多犯罪都是普通员工实施的,起诉高级管理人员效果更好,而仅仅起诉普通员工却没有太大意义。另外,很多责任人都是跨国公司的外国高级管理人员和雇员,引渡困难。

对于中国来说,中小微企业较多,公司治理结构不够完善,家族化经营,企业与企业家紧密相连,企业就是企业家,企业家就是企业,企业家倒了企业也就倒了。所以,对于“放过企业,严惩责任人”的原则,也不能绝对化。应当具体问题具体分析:

首先,这里的“放过”不是说不构成犯罪,不是阻却犯罪构成要件,而是不起诉(包括相对不起诉和将来立法上可能规定的附条件不起诉)。说到底是一个起诉必要性把握的问题,所以更严谨的说法应该是“不起诉企业还是不起诉责任人”的问题。

其次,“不起诉企业还是不起诉责任人”根本标准是起诉必要性。起诉必要性与是否构成犯罪是完全不同的,起诉必要性是在构成犯罪的前提下权衡是否起诉的问题。从理论上来说,起诉必要性需要考量以下 3 个方面的因素:(1)责任刑,包括两个方面的内容:一是不法事实(法益侵害事实),如行为、结果、手段、数额、次数、未遂、共犯关系;二是表明责任程度的事实,如目的、动机、责任能力、责任年龄、期待可能性等。(2)预防刑,即表明预防必要性大小的情节,包括犯罪前的情节,如前科、经历等;犯罪后的态度,如自首、坦白、赔偿、退赃、和解等。(3)社会公共利益,包括出于国家安全、国防、外交等政治需要的考虑以及不特定多数社会公众的利益,也就是我们常说的政治效果和社会效果。

关于起诉必要性,我国《刑事诉讼法》第 176 条规定:“人民检察院认为犯罪嫌疑

① 参见陈瑞华:《美国检察官是如何进行合规整改的——简评〈美国检察官办理涉企案件的启示〉》,载微信公众号“悄悄法律人”2021 年 12 月 27 日,https://mp. weixin. qq. com/s/4x32fse29HOu2 PHl8kWpHQ。

人的犯罪事实已经查清，证据确实、充分，依法应当追究刑事责任的，应当作出起诉决定……”这里的“依法应当追究刑事责任的”，是指起诉必要性的衡量，衡量的因素就是责任刑、预防刑和社会公共利益。我国《刑法》第37条规定：“对于犯罪情节轻微不需要判处刑罚的，可以免予刑事处罚……”这里的“情节轻微不需要判处刑罚”就是相对不起诉的实体法依据，这里的“情节”是一个综合性情节，包括影响责任刑、预防刑和社会公共利益的各种情节。就企业合规而言，原则上属于影响预防刑的因素，涉嫌单位犯罪的企业建立有效的合规计划，实现预防目的，预防刑降低乃至丧失，因此可以从宽量刑乃至不起诉，但是责任刑并没有受到影响，所以仍然是构成犯罪的行为。另外，企业合规也有社会公共利益的因素，因为起诉单位可能导致企业倒闭，进而会影响就业、经济发展，最终损失的是社会公众。因此，合规从宽、合规不起诉有社会公共利益的考量。因此，“放过”企业是有法律依据和法理依据的。

那么，单位犯罪中的责任人的起诉必要性如何把握？笔者认为还是要坚持起诉必要性的3个要素，具体来说分为以下7种情况：

1. 法定刑为3年以下的轻罪，这样的犯罪，责任刑本身就比较低，更何况单位犯罪中的责任人与自然人犯罪中的犯罪人相比，责任刑本身就要低一些；同时，责任人又认罪认罚，导致预防刑降低，符合相对不起诉的条件，就应该相对不起诉。不能以企业合规秉承“放过企业，严惩责任人”为由，反而对责任人进行起诉。

2. 法定刑3年以上的重罪，且没有法定的减轻情节，责任刑和预防刑都相对较重，不宜“跨挡量刑”进行相对不起诉。因此，应当对合规计划有效的企业不起诉（包括未来立法将增设的附条件不起诉），而对单位犯罪的责任人进行起诉。

3. 法定刑3年以上的重罪，有法定减轻情节的，责任刑或预防刑都可能降低，具有相对不起诉的条件。例如，犯罪未遂、共同犯罪中的从犯，责任刑可以减轻；犯罪以后自首、立功、坦白并避免严重后果发生等，预防刑可以减轻，符合相对不起诉的条件。在这种情况下，可以对责任人作出相对不起诉。

4. 如果单位犯罪的责任人是一般企业员工，在符合上述责任刑、预防刑轻微的条件下，又基于社会公共利益的考量，起诉与否对于企业合规整改，企业文化和治理结构的重塑，无关紧要，就没有起诉的必要。

5. 如果单位犯罪的责任人是企业的中高级管理人员，尽管符合上述责任刑和预防刑轻微的条件，但其是企业的系统性犯罪的罪魁祸首，不严惩他们，就难以在公司重塑合规的企业文化，也难以改造治理结构，那么基于社会公共利益的考量，应起诉该责任人。

6. 如果单位犯罪的责任人是企业的核心技术人员，对于很多科创型的小微型企业来说，一个企业就靠这个核心技术人员支撑着，这个技术人员只要入狱，这个企业也就会倒闭，这跟起诉这个企业没什么不同，企业合规也无意义。在这种情况下，如果涉嫌罪名是轻罪，就应当在对企业不起诉的同时，也对该责任人不起诉。即使是涉嫌重罪，基于公共利益的考量，对责任人也尽可能不予羁押、判处缓刑。

7. 如果单位犯罪的责任人是企业家（企业的负责人、创始人），对于很多中小型企业来说，企业与企业家融为一体。如果企业家入狱，企业也就倒闭了，群龙无首，根本无法建设和实施合规计划。在这种情况下，如果涉嫌轻罪，固然是对企业和企业家均作不起诉决定；即使涉嫌重罪，对责任人也尽可能地判处缓刑、不予羁押。

第五章 企业合规检察建议与检察意见

第一节　合规检察建议与合规检察意见辨析

在现有法律制度框架内，综合运用现有法律制度规定开展企业改革试点工作，是最高人民检察院在开展涉案企业合规改革试点工作之初就要求各试点单位遵循的基本原则。最高人民检察院强调，要严格依法推进试点工作，开展企业合规改革试点要与依法适用认罪认罚从宽制度和检察建议结合起来；要把刑事处罚和行政处罚衔接起来，发挥检察机关和行政执法机关合力，促进企业践行合规承诺。对于可以不作为犯罪处理但经济上、行政上需要追责的企业，检察机关可以向有关主管部门提出检察意见。因此，检察建议书、检察意见书在企业合规中具有重要意义，从某种意义上，原来的检察建议书和检察意见书就转变为合规检察建议书和合规检察意见书。

一、合规检察建议与合规检察意见的内在同质性

检察建议制度和检察意见制度是现有法律规范下人民检察院履行法定职责的重要制度保障。合规检察建议书与合规检察意见书是检察机关在办理涉企刑事案件时，对于符合企业合规改革试点适用条件的，启动企业合规案件办理程序后，立足检察办案职能和法律监督职能，根据现有法律规定制作的两份重要法律文书类型。[①] 合规检察建议书与合规检察意见书两份法律文书内在的共同点体现在以下三个方面：

一是检察建议与检察意见均具有法定性。《中华人民共和国人民检察院组织法》（以下简称《人民检察院组织法》）规定，人民检察院在行使法律监督职权时可以依法提出检察建议。2019 年最高人民检察院印发《人民检察院检察建议工作规定》对检

---

① 检察建议和检察意见是指内容，检察建议书和检察意见书是法律文书，是内容的表现形式和载体。实践中不刻意区分检察建议与检察建议书、检察意见与检察意见书。本书中没有特别声明的，均不作刻意区分。

察建议制发的范围、程序以及后果等问题进行了详细规定。《刑事诉讼法》规定，对被不起诉人需要给予行政处罚、处分或者需要没收其违法所得的，人民检察院应当提出检察意见，移送有关主管机关处理。这为合规检察建议和合规检察意见在企业合规改革试点工作的运用提供了法律依据，也有力地保障了企业合规改革试点工作的规范和有序开展。

二是检察建议书与检察意见书均需要制发对象予以反馈。负责办理案件的人民检察院立足检察办案职能，在履行法律监督职责过程中，向相关单位提出检察建议或检察意见，制发对象在收到法律文书后，需要按照法律文书载明事项积极落实，并将执行情况和效果等在一定期限内向检察机关进行反馈。

三是合规检察建议和合规检察意见均可以提出对涉案企业进行从宽处理。根据《关于建立涉案企业合规第三方监督评估机制的指导意见(试行)》第 14 条第 1 款的规定，人民检察院在办理涉企犯罪案件过程中，应当将第三方组织合规考察书面报告、涉案企业合规计划、定期书面报告等合规材料，作为依法作出批准或者不批准逮捕、起诉或者不起诉以及是否变更强制措施等决定，提出量刑建议或者检察建议、检察意见的重要参考。即涉案企业合规建设的成效是检察机关提出检察建议、检察意见的重要参考。也就是说，合规检察建议和合规检察意见都可以根据涉案企业合规建设、执行情况提出，都是检察机关对涉案企业进行从宽处理的路径选择。

二、合规检察建议与合规检察意见的比较分析

有学者认为，合规检察建议可以归类到社会治理检察建议，[①]在制发时间和制发对象上较为灵活。合规检察建议根据提出的诉讼时间节点不同可以分为：审查逮捕环节的企业合规检察建议、审查起诉过程中的企业合规检察建议、不起诉决定时的企业合规检察建议以及提起公诉后的企业合规检察建议几种基本样态。[②] 合规检察建议根据制发内容不同可以划分为个案合规检察建议和类案合规检察建议，根据制发对象不同可以划分为涉企合规检察建议、涉行业合规检察建议、涉行政监管合规检察建议。合规检察意见制发时间和对象具有特定性，其划分类型也较为单一。合规检

① 参见谢鹏程主编：《合规不起诉研究》，中国检察出版社 2021 年版，第 244 页。
② 同上书，第 249 页。

察建议和合规检察意见都属于检察机关立足办案职能,履行法律监督职责的法定方式,然而两者差异性也是非常明显的。为了在适用涉案企业合规第三方监督评估机制中,更好地选用不同的履职方式,发挥法律文书在司法办案中的最大功能价值,这里有必要对两者之间的差异性予以厘清。

(一)合规检察建议和合规检察意见的制发对象不同

合规检察建议的制发对象具有多样性。根据《人民检察院组织法》的规定,检察建议是人民检察院行使法律监督职权的重要方式。《人民检察院检察建议工作规定》第3条规定:"人民检察院可以直接向本院所办理案件的涉案单位、本级有关主管机关以及其他有关单位提出检察建议。需要向涉案单位以外的上级有关主管机关提出检察建议的,应当层报被建议单位的同级人民检察院决定并提出检察建议,或者由办理案件的人民检察院制作检察建议书后,报被建议单位的同级人民检察院审核并转送被建议单位。需要向下级有关单位提出检察建议的,应当指令对应的下级人民检察院提出检察建议。需要向异地有关单位提出检察建议的,应当征求被建议单位所在地同级人民检察院意见。被建议单位所在地同级人民检察院提出不同意见,办理案件的人民检察院坚持认为应当提出检察建议的,层报共同的上级人民检察院决定。"根据该条规定可以看出,人民检察院检察建议的制发对象具有多元化的特征,即人民检察院可以直接向本院所办理案件的涉案单位、本级有关主管机关以及其他有关单位提出检察建议,也可以在履行一定程序后向涉案单位以外的上级有关主管机关、下级有关单位、异地有关单位提出检察建议。合规检察建议的制发也应当符合《人民检察院检察建议工作规定》的相关规范。合规检察建议具有社会治理检察建议性质,其制发对象多样性体现在两个方面:一是合规检察建议的类案社会治理属性更多地体现在某个领域、行业等社会面的治理上,其制发对象为行政监管部门、行业协会等。人民检察院在办理涉企案件过程中,发现特定领域、行业存在合规隐患、管理漏洞,需要及时消除的,可以向行政监管部门、行业协会等单位制发合规检察建议,督促其强化特定领域、行业的合规建设,完善日常管理,消除问题隐患。二是合规检察建议的个案涉企合规治理方案,又称"简式合规方案",其制发对象为涉案企业。在《上海市检察机关办理涉案企业合规试点案件工作规定(试行)》中规定,对涉案企业规模小、合规问题明确、监督评估专业性要求较为简单的案件,可以由负责办理案件的人民检察院向涉案企业制发企业合规检察建议,明确企业合规计划方向,涉案企业可以不再另行提交企业合规计划。也就是说,在制发对象为涉案企业时,合规检察建议书可以作为企业实施合规建设的合规计划方案。

与合规检察建议不同,合规检察意见的制发对象具有单一性。根据《刑事诉讼法》规定,检察意见只能向具有行政处罚权、处分权或具有没收违法所得职权的有关主管机关提出。这里需要注意以下 3 个方面的问题:一是制发对象应当依法享有管辖权,即该涉案企业在制发对象的行政职权管辖范围内,制发对象对涉案企业的行为具有管辖权;二是制发对象中指的有关主管机关,并不仅指行政机关,还包括根据法律法规依法享有违法行为处置权,或被依法赋予行政处罚、处分权等具有公共事务管理职能的组织;三是检察意见制发对象应当具有违法行为的处置权能,且处置权能不得超越可能的行政处罚种类,如限制人身自由的检察意见只能向公安机关提出。合规检察意见作为检察意见的一种特定类型,应用于涉案企业合规改革试点案件中,也应当遵循检察意见制发的一般规定,这是涉案企业合规改革试点工作在法治轨道上开展的应有之义。

(二)合规检察建议和合规检察意见的制发时间不同

合规检察建议的制发时间具有灵活性。有学者将合规检察建议提出的时间节点划分为审查逮捕环节、审查起诉过程中、不起诉决定时以及提起公诉后 4 个刑事诉讼阶段,[①]这 4 个诉讼阶段基本上涵盖了检察机关可以依法主导刑事诉讼活动的全流程。此外,《上海市检察机关办理涉案企业合规试点案件工作规定(试行)》中也明确指出,人民检察院在办理涉企案件过程中,根据案件办理需要,可以在案件办理结束后,也可以在审查案件过程中制发检察建议。从学界理论观点和司法实务中的做法都可以看出,在刑事诉讼活动中检察机关制发合规检察建议不受时间和诉讼阶段的限制,只要检察机关发现了问题、认为有需要,随时都可以制发。但在涉案企业合规改革试点工作中,对于以合规检察建议的内容作为涉案企业合规计划的案件,检察机关一般会在作出处理决定前制发,并委托第三方机制管委会在名录库中抽选专业人员组成第三方组织对涉案企业开展监督考察,将涉案企业执行合规检察建议情况作为处理案件的重要参考。

与合规检察建议不同,合规检察意见的制发时间具有特定性。合规检察意见只

---

① 参见谢鹏程主编:《合规不起诉研究》,中国检察出版社 2021 年版,第 249 页。

有在对涉案单位或个人作出不起诉决定后才能适时提出。检察意见是因对相关涉案企业或责任人作出不起诉决定而提出的,属于不起诉的附属文书。[①] 检察意见书作为不起诉决定书的附属文书,应当在不起诉决定书生效后制发。根据《人民检察院刑事诉讼规则》第 376 条第 2 款的规定,不起诉决定书自公开宣布之日起生效。在涉企刑事合规案件办理中,检察机关在作出不起诉决定,并公开宣布后,认为还需要对不起诉单位或个人需要给予行政或经济制裁的,应当提出合规检察意见,移送有管辖权的有关主管机关处理。

（三）合规检察建议和合规检察意见的制发原因不同

合规检察建议制发的原因,根据制发对象不同可以分为两类:一是因适用"简式合规",以合规检察建议书内容为涉案企业合规计划。负责办理案件的人民检察院在办理涉企刑事案件中,通过社会调查后综合评估,对涉案企业规模较小、合规问题明确、监督评估专业性要求较简单的案件,可以由负责办理案件的人民检察院向企业制发企业合规计划书,明确企业合规计划方向,涉案企业可以不再另行提交企业合规计划。二是因该类问题普遍存在于同行业、同领域中,需要向行政监管部门、行业协会制发检察建议书,督促相关部门治理行业问题。这类合规检察建议具有社会治理检察建议属性。人民检察院在办理涉企刑事案件时,发现一定时期某类违法犯罪案件多发、频发,或者已发生的案件暴露出明显的管理监督漏洞,需要督促行业主管部门加强和改进管理监督工作的,根据办案需要,可以在案件办理结束后,也可以在审查案件过程中制发检察建议,督促行政监管部门、行业协会等及时强化特定领域、行业的合规建设,完善日常管理,消除问题隐患。

合规检察意见制发的原因是,涉案企业完成合规建设后,检察机关认为可以不作犯罪处理,但经济上、行政上需要追责。即涉案企业经过企业合规建设后,通过第三方机制管委会选任的专业人员组成的第三方组织对涉案企业的合规建设成效开展监督考察,经专业评估后认定涉案企业合规计划执行效果符合企业合规建设有效标准。在此基础上,经过负责办理案件人民检察院组织合规听证,人民检察院认为因涉案企业经合规建设后,依据刑法规定不需要判处刑罚或可以免除刑罚,可以作出不起诉决定,但需要给予涉案企业或责任人行政处罚、处分或者需要没收其违法所得。对此,

---

① 参见张兵:《关于检察意见的几个问题》,载《警学经纬》1998 年第 1 期。

人民检察院应当提出合规检察意见,连同合规考察报告及相关合规听证材料副本一并移送有关主管机关处理。从以上分析中可以看出,提出合规检察意见的前提有两点:一是涉案企业完成了合规计划;二是检察机关在作出不起诉决定后,认为需要对涉案主体给予经济上、行政上的责任追究。

(四)合规检察建议和合规检察意见的制发目的不同

合规检察建议制发的目的在于督促整改、纠偏,即督促存在不符合法律规范、行业标准的行为或现象的涉案企业、涉案行业与领域等进行纠偏、整改。合规检察建议从法律行为属性来说,属于建构性法律行为,旨在推进涉案企业合规体系建设。当前,我国企业面临"走出去"进行全球竞争的压力,合规体系建设是企业产品质量硬实力之外的重要软实力。随着中兴、华为等热点事件的出现,我国企业合规制度不健全等问题越来越突出。检察机关应立足办案职能,主动担当作为,履行法律监督职责,积极回应社会经济发展的现实需求,在办理涉企刑事案件过程中,不再"就办案而办案",承担起督促、引导和帮助涉案企业建章立制,进行合规整改的责任,以减少和预防企业违法犯罪,推动涉案企业合规建设,进而推动整个行业、领域,乃至整个社会的法治水平。从《人民检察院检察建议工作规定》规范条文来看,检察机关的检察建议权具备这样的属性和功能,其不仅可以对涉案企业、行业等行为进行纠偏,还可以针对办案中发现的企业管理漏洞和法律风险等情形建议涉案企业进行整改,防止出现更大的风险和损失。

合规检察意见制发的目的在于补位追责,即对涉案企业或个人,检察机关在作出不起诉决定后,认为虽然不需要追究刑事责任,但需要对涉案主体的经济、行政责任予以追究。我国检察机关系国家法律监督机关,现有法律规范并未赋予检察机关对涉案企业等违法主体在经济上、行政上的制裁权。根据《人民检察院检察建议工作规定》的规定,对执法、司法机关在诉讼活动中的违法情形,以及需要对被不起诉人给予行政处罚、处分或者需要没收其违法所得,法律、司法解释和其他有关规范性文件明确规定应当发出纠正违法通知书、检察意见书的,依照相关规定执行。《刑事诉讼法》也明确规定,对被不起诉人需要给予行政处罚、处分或者需要没收违法所得的,人民检察院应当提出检察意见。从以上规范中我们也可以看出,合规检察意见是涉案主体司法处理终局后,对其法律追究(刑事责任除外)的延续,目的是让违法企业或责任人受到应有的法律制裁。合规检察意见是人民检察机关督促相关主管机关履行法律职责的表现形式,是检察机关立足司法办案,履行法律监督职责的应有之义。

（五）合规检察建议和合规检察意见的文书内容不同

合规检察建议书内容应当翔实具体,具有可行性和可操作性等特点。合规检察建议书内容关键在于发现问题和解决问题,其文书内容特性体现在以下几个方面:一是检察机关在制发合规检察建议书前需要充分运用调查核实权,多维立体评估企业合规项目。如通过大数据中心及相关数据平台,对涉案公司的经营信息进行了解;要求涉案企业提供近5年财务审计报告及纳税记录、经营合同等材料,了解企业营业及员工保障等情况;实地走访企业所在地人民政府、相关行政部门查询了解,走访企业调查,对涉案企业员工进行随机访谈等。二是合规检察建议书内容以专项合规为重点,兼顾企业多项合规治理。如针对与企业涉嫌犯罪有密切联系的企业内部治理结构、规章制度、人员管理等方面存在的问题,制定可行的合规管理规范,指导企业构建有效的合规管理体系,弥补企业制度建设和监督管理漏洞,防止再次发生相同或者类似的违法犯罪。三是合规检察建议书的内容要具有可行性。其内容可行性主要包括:(1)经济可行性,涉案企业具备执行文书内容的经济能力;(2)技术可行性,文书内容没有超越现有技术条件,是在当前技术、制度、经验条件下可以实现的;(3)法律可行性,文书内容不得违反法律法规的强制性规定,不得侵害国家利益、社会公共利益和他人的合法权益;(4)期限可行性,文书中的合规事项涉案企业可以在检察机关确定的考察期限内执行完毕,并能接受第三方监督评估组织的考察评估。

合规检察意见书内容更多地体现为对违法线索的移送,对于处理意见应当抽象,不应具体化。合规检察意见书兼具违法线索移送和法律监督双重属性,其应当对案件来源及涉案企业、责任人员主要违法犯罪事实进行阐述,对企业开展合规建设情况作出详细说明,并附上有关证据材料。合规检察意见书提出的处理意见应当抽象,避免具体化,这主要是因为:(1)检察机关对涉案企业及其责任人员没有直接进行行政处罚、处分或财产处置的权力,合规检察意见书内容过于具体有越权嫌疑;(2)检察机关没有相关行政执法的经验,不掌握行政机关具体案件执法标准以及行政内部处分尺度,合规检察意见书内容过于具体恐失之偏颇;(3)检察意见书系附属文书,不可单独救济,其不应对涉案企业及其负责人的权利直接进行处置,否则不利于检察机关履行法律监督职责。

（六）合规检察建议和合规检察意见的后续反馈不同

《中共中央关于加强新时代检察机关法律监督工作的意见》指出，要进一步提升法律监督效能，对于无正当理由拒绝协助调查和接受监督的单位和个人，检察机关可以建议监察机关或者该单位的上级主管机关依法依规处理。这为新时代检察机关履行法律监督职责，以及涉案企业合规改革试点工作的开展提供了强有力的政治支持。合规检察建议和合规检察意见在制发对象的反馈问题上均具法律约束力和刚性要求，但两者反馈约束力的来源不同。合规检察建议作为检察建议的特殊类型，其制发程序和法律后果应当遵循检察建议工作的一般规则，有关法律规范也对其法律约束力作出了相关规定。如《人民检察院组织法》规定，对于人民检察院提出的检察建议，有关单位应当予以配合，并及时回复。《人民检察院检察建议工作规定》明确规定，被建议单位在规定期限内经督促无正当理由不予整改或者整改不到位的，经检察长决定，可以将相关情况报告上级人民检察院，通报被建议单位的上级机关、行政主管部门或者行业自律组织等，必要时可以报告同级党委、人大，通报同级政府、纪检监察机关。合规检察意见作为企业合规刑事案件办理中“刑事—行政”衔接的重要法律文书，其制发程序和法律后果，可以按照“行刑衔接”的有关法律规范处理。

合规检察建议根据其制发对象不同，反馈方式也有很大差异。一是由第三方评估后反馈。在“简式合规”中，合规检察建议的内容主要体现为合规计划，由涉案企业负责建议内容的整改落实，其后续并不是由涉案企业直接向检察机关反馈执行情况，而是由负责办理案件的人民检察院委托第三方机制管委会在第三方机制专业人员名录库中抽选人员组成第三方组织，对涉案企业执行合规检察建议情况开展监督考察，由第三方组织反馈评估意见。二是由被建议单位反馈。社会治理类合规检察建议，是检察机关在办理涉企案件过程中，发现特定领域、行业存在合规隐患、管理漏洞，需要及时消除，根据办案需要向行政监管部门、行业协会制发的，由行政监管部门、行业协会及时强化特定领域、行业的合规建设，完善日常管理，消除问题隐患后向检察机关反馈。合规检察建议的反馈期限应当遵循检察建议反馈期限的一般规定，即一般情况下应当在 2 个月内向检察机关反馈检察建议的整改落实情况，另有规定或特殊情况除外。

合规检察意见是检察机关对涉企刑事案件作出不起诉决定后，向有关主管机关提出的，根据《刑事诉讼法》的规定，有关主管机关应当将处理结果及时通知人民检察院。从这里我们也可以看出,对检察意见的反馈是有关主管机关的法定义务,应当由有关主管机关向检察机关反馈。虽然合规检察意见的制发内容是抽象的,但其反馈内容应当是具体的、可量化的。法律并未对检察意见的反馈期限作明确规定。有观点认为,办案人员可以根据办案需要来确定,但反馈期间一般宜在作出不起诉决定 7 日后 30 日内确定。[①] 其理由有二:一是检察意见是因不起诉决定作出的,而被不起诉人和被害人对不起诉决定不服的,应在 7 日之内向人民检察院申诉;二是行政机关作出处罚决定需要一个调查取证的过程。笔者认为,合规检察意见反馈期限一般应当为 90 日内,另有规定的除外。理由有以下两点:一是行政机关有法定办案期限。根据《中华人民共和国行政处罚法》(以下简称《行政处罚法》)的规定,行政机关应当自行政处罚案件立案之日起 90 日内作出行政处罚决定,另有规定的除外;对于符合立案标准的,行政机关应当及时立案。90 日是行政机关法定办案期限,非有法定事由和规定,合规检察意见书不得作出限缩规定。二是合规检察意见与一般检察意见不同,合规检察意见提出的基础是被不起诉人认罪认罚,且完成企业合规建设,被害人损失得到弥补,并取得被害人谅解。在一些涉企刑事案件中还需经过合规听证程序,检察机关才作出处理决定。故而,从理论上来说,不会引发涉案各方对检察机关不起诉决定的救济程序,也不会导致司法实践中相关程序的冲突。

---

① 参见张兵:《关于检察意见的几个问题》,载《警学经纬》1998 年第 1 期。

第二节　合规检察建议的撰写方法与要点

合规检察建议是2020年最高人民检察院启动企业合规改革试点工作以来，检察机关推动涉案企业建立完善合规管理体系的重要手段之一，也是检察建议的重要创新形式。《人民检察院检察建议工作规定》第2条规定："检察建议是人民检察院依法履行法律监督职责，参与社会治理，维护司法公正，促进依法行政，预防和减少违法犯罪，保护国家利益和社会公共利益，维护个人和组织合法权益，保障法律统一正确实施的重要方式。"第5条列举了检察建议的类型，包括：再审检察建议、纠正违法检察建议、公益诉讼检察建议、社会治理检察建议和其他检察建议。关于合规检察建议的性质，多数观点认为其属于社会治理检察建议的范畴，如李奋飞教授认为，"社会治理检察建议，主要针对检察机关在履行检察职责过程中发现的违法犯罪隐患、管理监督漏洞、风险预警和防控问题向有关单位（包括但不限于企业）提出的。因此，检察机关在办案过程中向涉案企业所提出的建立或完善合规管理体系的检察建议在性质上显然属于社会治理检察建议的范畴"。[①] 本节探讨的合规检察建议的撰写方法与要点，主要是指针对个案中涉案企业提出的合规整改计划，其在制发流程、文书格式、送达方式、回复期限等方面不仅要符合传统社会治理检察建议的规范要求，内容上更要体现独特的功能性，这种功能主要体现为：准确剖析企业犯罪原因，帮助企业构建、健全合规管理机制，有效丰富和完善企业现代化管理方式。

一、撰写要求

合规检察建议是检察机关推进涉案企业合规改革试点工作的重要载体，也是督

① 李奋飞：《论企业合规检察建议》，载《中国刑事法杂志》2021年第1期。

促、引导涉案企业通过治理理念和治理结构的变革，建立可持续的自我约束机制，不断提升法律风险防控能力的“法治药方”。从目前企业合规改革试点的实践来看，以合规检察建议形式开展企业合规工作的多为规模较小、问题明确的企业，如《上海市检察机关办理涉案企业合规试点案件工作规定（试行）》第4条规定：“对涉案企业规模较小、合规问题明确、监督评估专业性要求较为简单的案件，可以由负责办理案件的人民检察院向涉案企业制发企业合规检察建议，明确企业合规计划方向，涉案企业可以不再另行提交企业合规计划。”因此，关于合规检察建议书的制作，不要求面面俱到，但应当重点明确、建议清晰、可操作性强。为使合规检察建议切实发挥规范指引效果，笔者认为文书制发时应当遵守如下要求：

1. 在制发时间点上，落点宜在诉前。不同于以往社会治理检察建议是在办理的案件作出决定后进行制发，合规检察建议一般在案件终局性处理决定之前制发。因为检察机关在办理企业合规案件时，会将涉案企业对合规检察建议的落实情况作为评价涉案企业是否端正认罪态度、切实履行合规承诺，有效消除再犯罪风险的重要依据，在此基础上视情况对涉案企业提出从宽量刑建议或决定不起诉。在案件处理决定作出之前制发合规检察建议可以发挥其刑罚处罚方面的正向激励功能，有效提高被建议单位对合规检察建议的重视度和落实积极性，提升合规检察建议的刚性。

2. 在文书功能性上，紧扣合规主题。合规检察建议与传统的社会治理检察建议在内容上均以问题为导向，由检察机关根据所办案件中反映的被建议对象在犯罪预防等方面存在的突出问题，向被建议对象提出整改的对策建议。但二者在功能性上存在差异，传统的社会治理检察建议更偏重“堵漏”，针对问题解决问题；而合规检察建议更强调“建制”，最终目的是弥补企业制度建设和监督管理漏洞，提高企业治理结构和企业文化的改善，有效降低企业未来经营法律风险。因此，在前期调研、文书撰写的过程中都更侧重对涉案企业合规管理体系的审视与构建。

3. 在问题的发掘上，强调精准切题。对于涉案企业问题的剖析，要按照企业合规中的风险识别的要求去做，要坚持从案件本身以及企业的实际情况出发，在做好前期调查的基础上撰写合规检察建议，做到分析精准、内容具体，切忌大而化之或泛泛而谈，尤其要避免“一处犯病，全身手术”的倾向，以免涉案企业对导致案发的真正原因无法准确辨识并对照整改，造成后续合规整改流于形式。

4. 在建议的提出上，体现动态变化。在合规检察建议中，对涉案企业提出的整改建议要坚持原则性与灵活性相结合。一方面，检察机关对于合规方向的选择、合规目标的确定、合规标准的明确可以在文书中予以充分阐述，以便企业在实际合规建设时能够按图索骥；另一方面，考虑到企业合规并非一蹴而就，合规制度构建本身就是动态化过程，且企业管理是一项专业性强的工作，检察机关未必能够也无须大包大揽，因此在确定上述内容的基础上，对于合规的具体展开可以由涉案企业根据自身企业发展情况和业务性质，灵活部署推进。

二、文书制作

《人民检察院检察建议工作规定》第 16 条第 1 款指出："检察建议书要阐明相关的事实和依据，提出的建议应当符合法律、法规及其他有关规定，明确具体、说理充分、论证严谨、语言简洁、有操作性。"合规检察建议不仅要符合上述要求，还应当适度体现企业经营管理的专业性。要确保合规检察建议书有质量、有效果，扎实的前期调研工作是重中之重。

（一）调查核实

《人民检察院检察建议工作规定》第 13 条规定："检察官在履行职责中发现有应当依照本规定提出检察建议情形的，应当报经检察长决定，对相关事项进行调查核实，做到事实清楚、准确。"因此，调查核实工作是制发检察建议前的必经程序，特别是作为合规检察建议，要确保能够为涉案企业就如何完善企业经营治理提供方向，对文书的质量要求更高。只有做好扎实的前期调查工作，对涉案企业的基本情况、经营状况、现有管理制度等了解透彻，才能根据案件情况找准案发原因、识别风险点。关于具体的调查措施，《人民检察院检察建议工作规定》第 14 条已进行列举：(1)查询、调取、复制相关证据材料；(2)向当事人、有关知情人员或者其他相关人员了解情况；(3)听取被建议单位意见；(4)咨询专业人员、相关部门或者行业协会等对专门问题的意见；(5)委托鉴定、评估、审计；(6)现场走访、查验；(7)查明事实所需要采取的其他措施。进行调查核实，不得采取限制人身自由和查封、扣押、冻结财产等强制性措施。就企业合规检察的调查来说，以下 3 点值得关注：

第一，充分利用大数据资源，对企业实际状况作立体化勾勒。检察机关可以采用企业自行提供所需材料加大数据筛查的"线上 + 线下"调查方式，充分了解企业的实际经营状况，包括主营业务经营情况（近年度财务审计报告、经营合同等）、员工情况

(公司岗位设置及各在岗员工从业时间、学历状况等)、相关资质情况(获得地方政府或行业颁发的相关资质证明、荣誉证书等)、现有管理规范或规章制度(应与案发涉及领域相关)、企业资产持有情况(厂房、在库货物、知识产权等)、负面情况(有无涉诉或行政、刑事处罚记录)。

第二,积极与企业经营所在地政府主管部门、行业协会等单位进行沟通联系。结合案发情况有针对性地向相关部门进行了解,如涉税犯罪,可以向当地税务机关了解在对涉案企业开展日常巡查和管理过程中有无发现问题、有无督促进行整改等,也可以向行业协会了解行业内的普遍共识或业务规范。此外,也可以向当地政府或所在经济小区、经济开发区进一步了解刑事处罚可能对企业经营造成的后续负面影响以及关联的社会影响。

第三,在涉案企业开展实地调研时要主动向企业员工进行调查了解。在开展调查时,除了听取企业实际经营人或相关部门负责人的说明,还可以向相关员工了解平时工作开展情况、业务审批流程、工作纪律及合规培训等内容,尽可能全面了解企业面临的主要合规风险点,为后续合规检察建议的撰写收集更丰富翔实的资料。

(二)征求意见

《人民检察院检察建议工作规定》第17条第2款规定,“检察建议书正式发出前,可以征求被建议单位的意见”,该环节考虑到企业合规主体是企业和员工,且企业合规的开展和维持需要成本,也不可避免地会对某些业务开展形成制约,带来企业长期利益与短期利益之间的矛盾冲突。如果检察机关不考虑这些实际情况,未与企业就合规内容进行充分沟通、交流、协商,而在不了解企业实际状况和发展趋势的基础上提出一些虽然正确但企业在现阶段无法做到的合规要求,则显然有悖企业合规的真正目的。因此,在合规检察建议书制发前,虽然征求被建议单位的意见并非强制性程序要求,但与企业就拟制发文书内容进行充分沟通仍非常必要。听取意见主要包括:

第一,对拟制发的合规检察建议书中的提出问题及成因有无异议。检察机关既要充分发挥专门法律监督机关的专业优势,从法律层面深入剖析案发原因,又要从客观中立的“案外人”视角出发,帮助企业充分了解管理制度漏洞形成的原因、危害。在分析的过程中,要注意听取企业的自我问题剖析及相关情况反馈,比如,行业普遍做法、潜规则、公司现有制度规范未充分发挥作用的原因等。

第二,对拟提出的合规建议内容有无异议。为了保障合规检察建议能够落实到位、发挥效果,检察机关可以与涉案企业就合规计划的具体内容进行充分沟通协商,争取“要做到”与“能做到”尽可能达成一致。鉴于合规建设本身是一项持续性工作,而合规检察建议的回复又有时间性的要求,从具体实务操作来看,在两个月内彻底完成合规建设并实际运行难度较大,因此检察机关与涉案企业之间要对合规计划的推进拟订进度表,具体进程可以由检察机关与企业协商确定。

第三,对合规后可能带来的法律后果进行沟通。企业合规的开展并不意味着一定会取得检察机关的从轻处理,关键还是看企业是否切实依照合规检察建议内容推进合规建设、落实合规要求、降低再犯可能性。因此,企业合规考核结果会直接影响案件的刑事处理走向,检察机关应当在制发合规检察建议前将相关情况明确告知涉案企业。

(三)撰写要点

《人民检察院检察建议工作规定》第 16 条列举了检察建议书的一般内容,包括:(1)案件或者问题的来源;(2)依法认定的案件事实或者经调查核实的事实及其证据;(3)存在的违法情形或者应当消除的隐患;(4)建议的具体内容及所依据的法律、法规和有关文件等的规定;(5)被建议单位提出异议的期限;(6)被建议单位书面回复落实情况的期限;(7)其他需要说明的事项。

合规检察建议书中对上述第 1 项、第 2 项、第 5 项、第 6 项的撰写与传统社会治理检察建议差异不大,主要区别在于第 3 项、第 4 项,即问题的提出、释明和建议的具体展开,这也是合规检察建议书的重中之重。此外,在第 7 项也可根据合规开展情况进行适当说明。下面就这 3 项的撰写要点展开。

1. 第 3 项可以概括为企业存在的合规风险,主要是针对已经依法认定的案件事实做进一步分析展开。在撰写的过程中要注意以下两个要点:

(1)事实陈述与制度分析相结合。对企业合规风险的分析,可以从现象描述、表象原因、制度分析 3 个层面逐次展开。现象描述主要着眼于案件事实,但与起诉书强调精炼简洁不同,此处对于案发的具体情况要予以适当展开。例如,若企业员工职务侵占造成企业损失,那么在案件事实的描述中,实施犯罪的具体手法、过程中可能涉及哪些监管岗位及规范流程、行为人是通过什么手段或途径避开了这些监管以致得手、企业经过多长时间得以发觉等能够反映公司管理制度存在问题的事实,都应在合规检察建议书中予以体现。

表象原因,即直接引起犯罪发生、发展的原因。此处可以尽可能多地从犯罪嫌疑人处进行挖掘,如关键岗位有无设置监督岗,已设置的监督岗能否起到预警或不法行为干预效果,企业有无明确的工作纪律规范员工的行为,不法行为在企业内部是否具备一定的普遍性,员工之间有无相互传授和讨论类似的作案手法,企业高层或者管理层对该不法行为的态度,员工是否意识到自己的行为可能触犯法律,等等。

制度分析主要是从公司的管理制度体系进行剖析,可以从"制度"和"人"两个角度展开。在制度方面,如是否存在与案发相关的风险点没有设置足够的合规防线,现有的监督管理制度不能发挥实际效果或不能达到有效预防风险的原因,不当行为发生后有无相应的惩戒措施以及惩戒力度是否足以引起相关岗位员工的必要警戒等。在人的方面,如相关岗位人员对所涉违法违规风险有无足够认知、有无识别,应对可能的违法违规风险的基本能力等。

(2)合规风险问题的发掘不宜发散。合规检察建议的制发对象多数是小微企业、民营企业,此类企业起步较晚,碍于经营成本的控制,在制度设计、管理规范上存在诸多不健全之处。合规整改的目的是要求涉案企业改善治理结构,预防违法犯罪行为,但是并不意味着对企业动辄提出全方位、大而全的合规整改意见,特别是合规检察建议适用对象都是规模较小、问题明确的企业,所提出的整改建议应该是针对已经发生的犯罪,进行有针对性的制度纠错,建立专项合规体系。①

2. 第 4 项可以概括为涉案企业合规整改建议。企业合规的本质在于通过建立一种防范、识别和应对违法违规行为的机制,在企业内部形成依法依规经营的管理和文化。② 从内容完整性及功能齐备性考虑,该部分可以从以下 3 个方面进行撰写:

(1)对企业合规管理体系的建立或修补。即结合前述对企业合规风险问题的分析说明,针对企业监督管理和合规规范的缺陷,提出具体建制的意见,并适当说明建制的必要性。对于企业已就涉案合规风险点建立了相应合规制度或规范的,应当在分析相关制度、规范为何没有发挥实际效果的基础上,提出进行调整或者修改已有合规制度规定的意见。同时,检察机关可以结合案件所涉行业或所涉罪名存在的一些共性问题,对涉案企业的合规管理体系提出预防性风控提示,确保合规体系和规范的设置更加科学。

---

① 参见陈瑞华:《什么是无效的合规整改》,载《民主与法制》(周刊)2022 年第 3 期。

② 参见陈瑞华:《论企业合规的性质》,载《浙江工商大学学报》2021 年第 1 期。

（2）对企业合规管理体系的保障运行。合规计划建立后，最重要的是落地运行，严防“纸面合规”现象。因此，该部分在撰写时可以从两个方面展开：一方面，搭建与合规管理体系配套的能够确保合规管理体系实际、有效、顺畅运营的“硬”制度，如合规风险预警和应对机制、合规风险预案和补救措施、违规行为的惩戒程序和警示制度等。另一方面，提醒企业积极培育合规“软”文化。企业需要的不是表面上的合规管理，而是“行动中”的合规管理，合规文化无时无刻不在推动实现真实有效的合规管理。[①] 企业应当明确作为本企业价值基础的基本道德和原则，并在公司章程、行为守则、商业活动中予以体现，还可以通过员工文化、培训等活动形式进一步丰富企业合规文化的内涵，进一步普及和推广企业文化，使合规制度的实际执行者能够持续认同企业的合规文化。

（3）合规标准的确定。企业合规体系的建立取决于企业的风险、业务和规模，实际运营取决于企业管理者的重视以及企业员工的遵守。检察机关在撰写合规整改建议的同时，要对合规整改所要达到的标准提出要求。目前，企业合规有效性的基本要素主要有：领导重视、制度化、谨慎规避、培训与教育、报告和举报、平等、合规监督、合规风险评估、激励和惩罚、持续改进。[②] 在前期与企业进行沟通时，检察机关可以就合规整改目标听取企业的意见、态度，也可以向第三方监督评估组织进行咨询，并在此基础上于合规检察建议书中予以明确。同时，考虑合规建设本身就是一个动态化、持续性工作，在确定合规标准时也可以写明近期、中期、远期目标，如某些合规监督岗位的设置，企业在两个月的整改期限内无法实现，但检察机关可以将其作为企业的中期目标在合规检察建议书中体现。

3. 第 7 项的具体展开。“其他需要说明的事项”在传统的社会治理检察建议书中较少用到。由于合规检察建议多数是作为诉前检察建议制发，被建议单位对检察建议的落实情况及整改效果会实际影响案件处理结果，涉及检察机关在后续刑事案件办理过程中是否提出从轻量刑建议或作出相对不起诉决定，为确保涉案企业切实了解其中的利害关系，真正积极、切实开展合规建设，检察机关可以在该部分内容中释明涉案企业的合规检察建议落实情况可能导致的不同刑事处理结果，以进一步提高涉案企业的重视程度。

---

① 参见周万里：《合规型监管研究》，人民出版社 2021 年版，第 82 页。

② 同上书，第 69 页。

（四）跟踪回访

《人民检察院检察建议工作规定》第 24 条规定：人民检察院应当积极督促和支持配合被建议单位落实检察建议。督促落实工作由原承办检察官办理，可以采取询问、走访、不定期会商、召开联席会议等方式，并制作笔录或者工作记录。合规检察建议专业性强，对后续案件处理走向影响重大，为确保合规建设切实取得效果，检察机关在制发合规检察建议书后，应当对涉案企业的合规建设工作进行持续关注和必要指导。

在后续跟踪监督的方式上，根据不同试点单位的程序设计，可能涉及第三方组织的介入，如《上海市检察机关办理涉案企业合规试点案件工作规定（试行）》第 4 条第 2 款规定："对上述检察建议整改落实情况，负责办理案件的人民检察院可以委托第三方机制管委会在第三方机制专业人员名录库中抽选人员组成第三方组织开展监督考察，并在人员组成要求、监督评估程序、考察期限等方面予以适当简化。对监督考察结果，参照本规定第十九条，作为人民检察院案件处理决定的重要参考。"但是，这并不意味着检察机关把"接力棒"完全交给第三方组织。第三方的评估考察结果是检察机关判断涉案企业有无切实践行合规承诺、积极落实整改的重要参考，但并非决定因素，检察机关仍是最终做出判断的主体。因此，为了确保最终处理决定的正确性，更为了帮助涉案企业切实完成合规整改，建立规范健全的合规管理体系，检察机关应当在涉案企业进行整改落实期间保持必要关注，通过上门、座谈等形式，切实了解、听取涉案企业在合规建设推进过程中的相关问题，必要时还可以联合相关的行政主管部门、行业协会一同为涉案企业的合规整改工作进行指导，就合规制度建设过程中的中期、远期目标进行探讨，要求涉案企业列明合规建设进度表，按期予以推进，通过增强工作亲历性，切实了解企业在合规建设过程中的痛点、难点，为后续同类案件中相关类型企业开展合规整改工作积累经验。在此基础上，检察机关还可以逐渐对相关行业的经营乱象、违法风险、整治建议形成较为成熟的法律意见，供相关政府部门决策，真正践行检察机关参与社会治理的职责使命。

附件：

1. 涉案企业合规检察建议书样本

涉案企业合规检察建议书

____检企检建〔20____〕____号

（涉案企业）：________

一、案件来源

（案件移送机关、移送时间等案件来源情况、诉讼阶段。）

二、案件基本情况

（依法认定的案件事实，对事实的叙述要求客观、准确、概括性强。）

三、企业存在的合规风险

经审查，发现存在以下合规风险：

（具体阐明该单位的企业合规风险，主要围绕与涉案企业或人员涉嫌犯罪有密切联系的企业内部治理结构、规章制度、人员管理等存在的问题。）

四、涉案企业合规整改建议

为防范和杜绝此类情况的再次发生，有效防范企业合规法律风险，特提出如下合规整改建议：

（针对上述合规风险，对企业合规计划方向提出相应的意见或建议。）

五、其他需要说明的事项

……

综上，为进一步规范市场经济主体的经营活动，助力企业合规发展，依据《人民检察院检察建议工作规定》第三条第一款、第十一条第一款第（一）项，向你单位提出检察建议，望在收到建议书后及时研究落实，并将采纳情况于____年____月____日前函复我院。

____年____月____日

回复地址：________

联系人：________

联系电话：________

2. 相关法律规定

《人民检察院检察建议工作规定》

第三条第一款　人民检察院可以直接向本院所办理案件的涉案单位、本级有关主管机关以及其他有关单位提出检察建议。

《关于建立涉案企业合规第三方监督评估机制的指导意见(试行)》

第十四条第二款　人民检察院发现涉案企业在预防违法犯罪方面制度不健全、不落实,管理不完善,存在违法犯罪隐患,需要及时消除的,可以结合合规材料,向涉案企业提出检察建议。

第三节　合规检察意见的撰写方法与要点

企业合规改革试点工作是检察机关正在着力推进的一项重点改革工作，是贯彻落实习近平法治思想、党中央重大决策部署的一项重要履职创新举措，其目的在于帮助涉案企业建立完善的合规体系，以提升企业自身防范风险的能力，促使企业自身成为内部犯罪的合格预防者。合规检察意见书，是检察机关对于通过合规考察，决定不予起诉的涉企案件（包括单位犯罪案件，也包括公司、企业实际控制人、经营管理人员、关键技术人员等实施的与生产经营活动密切相关的犯罪案件），认为仍需要给予行政、经济制裁时，向有关主管机关（包括行政机关及其他具有行政管理权限的组织）提出意见的法律文书。

《刑事诉讼法》第177条第3款规定，"人民检察院决定不起诉的案件，应当同时对侦查中查封、扣押、冻结的财物解除查封、扣押、冻结。对被不起诉人需要给予行政处罚、处分或者需要没收其违法所得的，人民检察院应当提出检察意见，移送有关主管机关处理。有关主管机关应当将处理结果及时通知人民检察院"。据此，人民检察院根据案件的具体情况，向有关主管机关提出检察意见，是法律所赋予的职责和使命，也是检察机关履行法律监督职能的表现。

一、撰写要求

合规检察意见书是检察机关履职过程中适用的非诉讼法律文书，不仅是检察机关监督涉案企业受到行政制裁的主要方式，而且是检察机关终结整起案件刑事程序，落实行刑衔接的重要途径。一份高质量的合规检察意见书既是合规案件全貌和处理意见的高度浓缩，又是检察机关法律监督质量的体现。在制发合规检察意见书时，应遵循以下要求：

1. 在发往对象上，接受检察意见书的对象是对涉案单位有权作出行政处罚、行政处分等措施的机关。在合规背景下，有行政处罚权的主管机关，比较常见的有市场监督管理机关、税务机关、卫生防疫部门、海关、自然资源保护和规划机关等；有行政处分权的机关，即有人事权的单位，如监察委员会。具体机关的确定应视具体案情而定。

2. 在制作时间上，由于检察机关制发检察意见书时，检察机关已对涉案企业刑事程序予以终结，因此其天然具有“后置性”的特点。基于该特点，检察意见书的制发时间不像检察建议书那样可以发生在司法程序的任意阶段，而应于不起诉决定书生效后制发。

3. 在具体内容上，合规检察意见书是向有关主管机关表达检察机关对单位、个人作出不起诉决定，建议主管机关作出行政处罚等相关处理的文件，一般包含案件来源及查处情况、认定的事实、证据、决定事项（认定结论）及法律依据、提出检察意见的具体内容和要求等方面，内容应当概括而全面。有关主管机关可以从检察意见书中了解整个案件从立案、侦查、审查起诉到开展刑事合规，再由检察机关作出不起诉决定、制发检察意见、移送有关机关处理的整个司法过程。如果案件中涉及多个主管机关，应分别制作检察意见书，并移送有关主管机关处理。

4. 在行文措辞上，检察意见书以公文形式出现，遣词造句时一般以精炼准确为原则，使用法言法语，尤其在引用法条时，务必确保精准，切忌对条文随意增减。检察机关作为司法机关，一旦法律文书出现错误或缺乏法律依据，不但失去了社会效果和法律效果，还会影响司法权威。检察意见书要体现行文的理性，意思表达要客观准确，避免使用“极其恶劣”“极其危险”等带有感情色彩的词句。

5. 在释法说理上，合规检察意见书需阐明案件事实及证据，指出检察机关作出不起诉决定后将案件移送有关主管机关处理的依据，但无须进行大段说理论证。这是因为检察机关在对合规案件作出不起诉决定，将案件移送有关主管机关处理时，应当将不起诉决定书、合规考察报告副本、检察意见书等法律文书一并移送主管机关，不起诉理由已在不起诉决定书中予以论证，故无须在检察意见书中重复论述。

二、文书制作

随着依法治国、建设社会主义法治国家的全面推进，检察机关的工作任务和执法标准也进一步发展，人民群众对司法公开、检务公开的需求随之提高。检察法律文书作为对外文书，其制作要求也应以与时俱进的眼光重新审视，泛泛而谈、“万金油”式的法律文书不能满足时代及人民群众的需求。检察意见书作为一种检察法律文书，是案件办理的载体，也是案件质量的体现，制作一份高质量的检察意见书，文书撰写固然重要，前期工作也必不可少，充分调研是文书撰写的前提和基础。

（一）前期调研

近年来，在加大“六稳”“六保”落实力度，助力民营企业发展的背景下，刑事合规已逐渐成为检察机关作出不捕不诉的重要参考因素。相较于行政处罚，刑事处罚对于企业的存续和发展是毁灭性的，被刑事处罚的企业不仅会丧失商业信誉，严重者还会被剥夺经营资格，而行政处罚属于违法成本，并不必然剥夺企业的存续资格。因此，检察机关对于积极落实合规整改、通过合规考察的企业，贯彻落实“少捕慎诉”的司法理念，积极适用认罪认罚从宽等刑事司法政策，免除涉案企业的刑事处罚，向有关主管机关提出给予行政处罚的检察意见，一方面给了涉案企业以深刻警醒和教育，另一方面也是检察机关助力法治化营商环境建设，服务经济社会发展的有力体现。检察意见书的制作应当是严肃、审慎的，不应当是检察机关依赖案卷、凭借经验、闭门造车的结果，为保证检察意见的针对性、准确性、可适用性，在有关主管机关的协作配合下，最终切实起到督促涉案企业有效整改的作用，前期调研工作是必不可少的关键步骤。

与检察建议不同，检察意见的前期调研侧重于向有关主管机关进行充分沟通，主要包含以下 3 个方面内容：

一是检察机关向有关主管机关介绍涉案企业基本情况、对案件事实的认定、相关证据的采纳、涉案人员的供述与辩解、认罪悔罪态度、法律依据等，使主管机关对案件基础事实有所了解。

二是检察机关向有关主管机关介绍涉案企业的合规整改情况，包括检察机关办案过程中所发现的企业经营管理中存在的漏洞及提出的相关建议、涉案企业的采纳情况、合规计划及具体措施、社会调查的开展及第三方监督机制的运行等，以便主管机关能在短时间内了解企业整改情况并明确核查方向。

三是检察机关与主管机关就行政处罚等措施的可行性进行沟通与探讨，阐明刑事处罚与行政处罚的区别，明确法律适用及处罚建议，释明合规程序不是“免罚金牌”,主管机关应积极履行监管职责,及时作出行政处罚等决定,针对企业在解决合规问题时所面临的法律、政策难点开展现场辅导,督促涉案企业落实整改。

（二）文书撰写

根据最高人民检察院发布的检察意见书模板,检察意见书主要由四部分内容组成:发往单位,案件来源及查处情况,认定的事实、证据、决定事项(认定结论)及法律依据,提出检察意见的具体内容和要求。一份高质量的合规检察意见书,能够起到“意见书在手如同案卷在手”的效果。在制作合规检察意见书时,应注意以下 4 个要点:

1. 全面反映案件过程。检察机关在终结刑事程序,将合规案件移送有关主管机关时,应同时移送相关文书、材料,但法律对具体文书并没有给出明确规定。参考部分省市的做法,浙江省《关于建立涉案企业合规第三方监督评估工作机制的意见(试行)》、《上海市检察机关办理涉案企业合规试点案件工作规定(试行)》均规定人民检察院对涉案企业刑事程序终结后需予以行政处罚的案件,应当将合规考察报告副本移送相应行政机关。结合司法实践,检察机关在将案件移送行政机关时,应移送“三书”,即不起诉决定书、合规考察报告副本、检察意见书。

不起诉决定书是检察机关对侦查机关移送审查起诉的案件,经审查认为犯罪嫌疑人行为不构成犯罪,或者虽构成犯罪,但按照法律规定可以不追究刑事责任时作出不起诉决定所制作的法律文书,主要体现的是从侦查到审查起诉的司法程序的内容。合规考察报告,是第三方监管组织对涉案企业合规计划可行性、有效性、全面性及合规整改情况出具的审查报告,其主要体现的是企业在合规考察期内进行合规整改的情况。相较于检察意见书,上述两种文书均不涉及行政机关。检察意见书则不同,检察意见书是直接向具有行政管理权限的机关或组织制发的法律文书,从一定意义上来说,是有关主管机关作出行政处罚的依据,因此在检察意见书中应当全面反映案件过程,包括涉案企业基本情况、侦查机关侦查终结移送审查起诉的情况、检察机关认定的事实及证据情况、企业合规的情况、检察机关作出决定的情况及移送行政机关处理的建议等。行政机关通过检察意见书便能直观地了解案情及检察机关的具体意见内容和要求,起到“意见书在手如同案卷在手”的效果。

2. 事实清楚重点突出。《行政处罚法》第 40 条规定:“公民、法人或者其他组织违反行政管理秩序的行为,依法应当给予行政处罚的,行政机关必须查明事实;违法事实不清、证据不足的,不得给予行政处罚。"案件事实部分的撰写是合规检察意见书的重点,案件事实部分的撰写和表述,体现了承办人对案件证据的全面把握程度、对案情的精准概括程度,是对全案的整体概括。写好事实部分一方面有利于有关主管机关了解案情,另一方面可以减少主管机关调查取证时间,提高工作质效。

(1)基础事实的撰写。检察意见书的事实撰写方法与其他文书不同。以检察人员最熟悉的起诉书为例,起诉书的犯罪事实认定部分要求语言高度精练,使用法言法语,围绕犯罪构成,用较少的文字体现法律语言的精准性,意思表达透彻。

相较于起诉书,检察意见书的事实认定部分虽然也要求概括精练,但不要求达到起诉书那样的高度凝练。一方面,检察意见书中的事实部分作为行政机关作出行政处罚所依据的事实,必须体现行政违法性,因此应尽可能还原违法犯罪事实。另一方面,对于同一个行为,刑法与行政法上的认定可能存在不一致的情况,为便于行政机关作出正确判断,也要求检察机关在检察意见书中高度还原违法犯罪事实。

以虚开增值税专用发票罪为例,刑法中虚开增值税专用发票罪的犯罪构成要件与发票管理办法中虚开发票违法行为的构成要件不尽相同。刑法中的虚开增值税专用发票罪,需以具有骗取国家税款的目的和造成国家税款损失的结果为构成要件。2020 年 7 月 22 日,最高人民检察院印发《最高人民检察院关于充分发挥检察职能服务保障"六稳""六保"的意见》,针对实践中出现同一种虚开行为不同判决的情况,进一步强调,应将行政法上的虚开与刑法上的虚开予以区分,注意把握一般涉税违法行为与以骗取国家税款为目的的涉税犯罪的界限,对于有实际生产经营活动的企业为虚增业绩、融资、贷款等非骗税目的且没有造成税款损失的虚开增值税专用发票行为,不以虚开增值税专用发票罪定性处理,依法作出不起诉决定的,移送税务机关给予行政处罚。但在《中华人民共和国发票管理办法》中,并没有明确规定税务机关对当事人开具与实际经营情况不符的发票的虚开发票行为进行行政处罚必须以当事人具有骗税目的和造成税款损失为前提,可见二者的区别。刑事司法权与行政处罚权分属于司法权力和行政权力,行政法的处罚较轻,更多是基于管理上的需要,二者之间不具有混同性和可替代性。鉴于二者的区别,承办人员在撰写检察意见书事实部分时,应当走出以犯罪构成为架构的定式思维,围绕相关行政法的行政违法要件进行撰写,以便主管机关能快速作出准确认定。

(2)合规考察事实的撰写。检察意见与合规检察意见最大的区别即在于此。合规检察意见是主管机关最终作出行政处罚决定的依据,其中需体现涉案企业经过了合规考察的事实,以及检察机关在此基础上,结合违法犯罪事实,根据相关法律法规,对涉案企业作出不起诉决定。鉴于合规考察报告亦随案移送主管机关,故检察意见中的合规考察事实的撰写无须繁复、冗长,包含主要内容即可。主要包括以下内容:①涉案企业合规前的经营情况。重点指出检察机关在办案过程中,发现涉案企业存在的合规隐患、管理漏洞等,这是开展合规的基础条件。②合规考察的开展形式。直接点明该案的合规是通过简式还是范式进行。对于涉案企业规模较小、合规问题比较简单明确、合规考察监督专业性要求不高的案件,为节约司法成本,在司法实践中,一般由案件承办人以制发合规检察建议书的方式进行。在此种情况下,涉案企业无须另行提交企业合规计划,监督考察形式、程序及内容等都较为简易,故在合规事实部分仅需概述合规检察建议的主要内容、监督考察形式等情况即可。如采取范式合规形式,即第三方监督机制的,在本部分则需对社会调查、第三方机制的启动、具体监督考察程序等内容进行全面概述。③涉案企业的落实整改情况。概括阐述涉案企业对于合规工作的主观态度、合规建议的采纳情况、合规进度及落实整改情况等,表明涉案企业已根据合规计划排查风险点、搭建合规体系、健全合规制度及配套相关合规措施等。④合规监督考察情况。此处结合合规监督考察报告的内容,简要概述第三方监管机构对涉案企业的合规情况进行监督考察的情况及评估结论。在试点工作的初期,关于简式合规是否需要第三方机构进行监督考察,各地做法不一。但随着试点工作的深入开展,引入第三方机制专业人员评估或将成为趋势。如《上海市检察机关办理涉案企业合规试点工作规定(试行)》第4条规定,对简式合规,“负责办理案件的人民检察院可以委托第三方机制管委会在第三方机制专业人员名录库中抽选人员组成第三方组织开展监督考察,并在人员组成要求、监督评估程序、考察期限等方面予以适当简化”。⑤检察机关的处理决定。概述检察机关基于涉案企业的违法犯罪事实、认罪态度、整改情况、第三方机制的监督考察情况等,根据相关法律法规,对涉企案件作出不起诉决定。

3. 提出具体意见和要求。(1)抽象性意见的提出。检察机关向主管机关提出的意见应当是抽象的意见,而不应具体化,原因有二:一是检察机关与主管机关之间并非上下级关系,检察机关没有直接对主管机关下达命令或对行政相对人作出行政处罚的权力,如果提出的意见过于具体、用词强硬,难免有越权之嫌;二是受制于受案类型的差异,检察机关对行政法律法规的掌握与理解程度不如行政机关精深,如提出具体意见恐会失之偏颇,不利于行政处罚的开展。(2)从轻、减轻、免除处罚意见的提出。涉案企业通过合规考察,检察机关对其作出不起诉决定后,是否应当在制发的检察意见书或其他适当文书中直接向有关主管机关提出从轻、减轻或免除处罚的意见,在理论界尚有争议,实践中存在不同做法。从目前各地企业合规改革试点实施以来的情况来看,检察机关结合企业合规整改情况,对于认罪态度好、合规整改积极、落实效果较好的涉案企业,提出从轻处罚意见已获得大部分认同,但减轻或免除处罚意见的提出仍争议较大。有行政机关提出检察机关应当在检察意见书或其他文书中明确表明是否对涉案企业予以减轻或免除处罚,起到类似于"判决书"的效果,以便行政机关执行有据。反对观点则认为,检察机关既没有行政执法权也没有审判权,直接向行政机关提出减轻或免除处罚的意见有越权之嫌。另外,如果直接提出免除处罚,则整起案件至刑事程序结束即告终结,检察机关根本无须向行政机关制发检察意见书。

此外,从轻、减轻、免除处罚意见的提出形式目前也尚未统一。以浙江省、上海市为例,浙江省《关于建立涉案企业合规第三方监督评估工作机制的意见(试行)》第18条规定,"对涉案企业刑事程序终结后,需予以行政处罚的案件,人民检察院应将合规考察报告副本移送相应行政机关,并视情以检察建议或者其他适当方式,建议行政机关对涉案企业减轻或者免除处罚,行政机关对企业合规情况和检察机关建议进行评估后,原则上应对涉案企业减轻或者免除处罚"。该条款未明确将检察意见列为建议行政机关对涉案企业减轻或免除处罚的方式。《上海市检察机关办理涉案企业合规试点案件工作规定(试行)》第21条规定,人民检察院对涉案企业刑事程序终结后需予以行政处罚的案件,应当将合规考察报告副本移送相应行政机关;可以视情况以适当方式,建议行政机关将涉案企业合规情况作为是否对涉案企业作出暂缓或分期缴纳罚款、减轻或免除处罚决定的参考。上海市的规定同样未将检察意见明确列为建议减轻或免除处罚决定的方式。

笔者认为,虽然浙江省、上海市的工作规定中未将检察意见明确作为建议减免处罚的方式,但也未将检察意见排除在外,检察意见仍是提出减免处罚建议的适当方式之一。最高人民检察院等9部门印发的《关于建立涉案企业合规第三方监督评估机制的指导意见(试行)》明确规定,人民检察院应当将第三方组织合规考察书面报告等合规材料作为提出检察意见的重要参考。这为合规检察意见可以提出减免处罚意见提供了法律规范依据,而对完成合规计划的涉案单位提出从轻从宽、减轻或者免除行政处罚的合规检察意见,也是人民检察院依法处理案件的应有之义。

企业合规是一项革命性、系统性的创新工作,为切实提高执法效能,促进企业合规守法经营，实现“两法”的有效衔接是关键，检察意见则是“两法衔接”的连接点。在检察意见中提出从轻、减轻、免除处罚的意见是实现“两法衔接”法治效果与社会效果的可行路径，也是合规工作创新性的重要体现。

4. 对主管机关回复的要求。《刑事诉讼法》第177条第3款规定有关主管机关在收到检察意见后应在合理期限内给予回复，检察意见书正文的结尾处一般应当对回复期限进行表述。法律法规并没有明确规定行政执法机关的回复期限，笔者认为，有关机关一般宜在作出不起诉决定7日后90日之内给予回复。[①] 理由如下：一是检察意见是因不起诉决定作出的，而被不起诉人对不起诉决定不服的，应在7日内向人民检察院申诉。从保证诉讼当事人诉讼权利的角度出发，应当确保被不起诉人的申诉期。二是可避免将来实践过程中产生一些不必要的麻烦。如果在7日之内行政机关反馈了处罚结果，在此种情况下，被处罚的人既可能有刑事上的问题，也可能出现行政诉讼问题。如反馈期限在7日之后，则可以尽量避免这种冲突。三是主管机关作出行政处罚决定，也需要一个过程，某些行政处罚程序可能涉及听证程序，部分主管机关还可能需要履行必要的报批手续，故回复期限不宜过短。但为避免拖沓，回复期限也不宜过长。《行政处罚法》第60条规定：“行政机关应当自行政处罚案件立案之日起九十日内作出行政处罚决定。法律、法规、规章另有规定的，从其规定。”据此，笔者认为，一般情况下回复期限不宜超过90日。

（三）跟踪回访

对依法作出不起诉决定，移送有关主管机关处理的涉企案件，检察机关并不是一推了之，而是采取跟踪回访等措施，同有关主管机关、社区、涉案企业等配合，共同做好涉案企业的整改工作。检察机关的最终目的并不是通过制发检察意见书使涉案企业被处以行政处罚，而是以推动问题解决为目标，在督促涉案企业按照合规计划履行义务的同时，发挥案件办理示范效应，形成长效合作机制，达到“办理一案，治理一片”的良好效果。

跟踪回访是检察机关了解合规成效以及人民群众司法满意度的直接途径。与检察建议不同，检察意见的跟踪回访侧重对主管机关的回访，在回访形式上，可以采取走出去、请进来或者二者相结合的方式，通过电话回访、信件回访、登门回访、座谈会

---

① 参见张兵：《关于检察意见的几个问题》，载《警学经纬》1998年第1期。

式回访等，广泛、灵活地听取意见。在回访内容上，一是检察机关向主管机关核实行政处罚的实施情况，了解涉案企业是否遇到法律、政策方面的障碍，涉案企业是否积极落实行政处罚决定等，以便及时采取应对措施；二是检察机关例行了解涉案企业在行政处罚后相关义务的履行情况，以核实涉案企业是否切实就相关问题进行整改以及涉案企业的经营情况，了解合规程序是否对涉案企业的经营起到正面促进作用。

随着检察工作的深入开展，进一步发挥检察监督职能、堵塞漏洞，检察意见书已然成为检察机关履职不可缺少的重要法律文书。通过检察意见书，提出意见、移送处理，加强行刑衔接，是检察机关充分发挥检察职能的必然要求，也是促进行政监管部门积极履职，共同督促涉案企业加强合规管理的有力推动。在制作检察意见书时必须严肃认真，做到内容准确、有针对性，分析有据、论证严谨，提出的意见合法合理、有可操作性。

附件：涉案企业合规检察意见书样本

涉案企业合规检察意见书

____检意〔20 ____〕____号

（主管机关）：________

一、案件来源及查处情况

（案件移送机关、移送时间等案件来源情况、诉讼阶段、查处情况。）

二、认定的事实、证据、决定事项（认定结论）及法律依据

经依法审查查明事实如下：

（1. 依法认定的案件基础事实，对基础事实的叙述要求客观、准确、概括性强，高度还原案件事实，体现行政违法性。

2. 企业合规事实，对合规过程的高度概括，注意简式和范式的不同。）

相关证据包括：

（围绕认定的事实简要列举即可，无须大段论证。）

本院经审查对本案作出如下处理：

（结合案件事实、犯罪情节、量刑情节、相关法条作出不起诉决定。）

____公司实施了《中华人民共和国刑法》第____条规定的行为，但犯罪情节轻微，

具有____情节，到案后________，并自愿认罪认罚，按时完成企业合规建设，根据《中华人民共和国刑法》第三十七条的规定，不需要判处刑罚。依据《中华人民共和国刑事诉讼法》第____条的规定，于____年____月____日对____公司作出不起诉处理。

三、提出检察意见的具体内容和要求

（提出的检察意见应抽象，不可使用"命令性"用语，视情况提出减轻、免除处罚的意见。根据实际情况，确定合理回复期限。）

本院认为，____公司____行为，违反《中华人民共和国____法》第____条的规定，应由____机关予以处罚。你单位是____区域内依法____的职能部门，在司法机关作出不起诉决定后，应当对该公司违法行为予以处罚。

为维护____秩序，特向你单位提出如下检察意见：

依法对____公司____违法行为予以________行政处罚（从轻、减轻、免除）。

请于收到本检察意见书后依法办理，并将办理情况在____日内书面回复本院。

____年____月____日

（院印）

回复地址：________

联系人：________

联系电话：________

第六章

企业合规的监管

第一节　合规监管的模式

企业合规改革试点以来，全国多地检察机关探索形成了多种合规监管的模式。关于企业合规的监管模式主要有5种：一是检察主导监督模式。即主要由办案检察官对涉嫌犯罪企业履行合规承诺情况进行监督考察，这种模式主要出现在检察机关开展企业合规改革试点的初期。二是检行联合模式。即检察机关根据案件所涉领域，联合行政部门如生态环境局、应急管理局等共同负责监督考察工作，如辽宁省人民检察院联合9家行政机关制定了《关于建立涉罪企业合规考察制度的意见》。三是独立监控模式。广东省深圳市宝安区人民检察院在全国首创了“企业刑事合规独立监控人”制度，其区别于上述几种模式的突出特点是，独立监控人是受犯罪嫌疑企业委托，对企业合规情况进行调查、规划、监督的律师事务所。四是第三方监管模式。2021年6月3日，最高人民检察院等9部门发布了《关于建立涉案企业合规第三方监督评估机制的指导意见（试行）》，从国家层面建立涉案企业合规第三方监管机制。如江苏省张家港市人民检察院牵头，提请市委市政府“两办”成立企业合规监管委员会，组建合规监管人队伍。五是“协同监管”模式。即在第三方监管模式的基础上进一步融合检察机关与其他机关、社会组织形成协同监管，如江苏省南京市建邺区人民检察院提出的“检察主导下的协同监管”模式。目前司法实践中，监督考察的模式以第三方监管模式为主，由专门成立的第三方监督评估组织对企业合规计划完成情况进行监督考察。

一、合规监管模式介绍

（一）检察主导监督模式

2020年3月，最高人民检察院启动第一批企业合规改革试点，其中重要内容是将企业合规与相对不起诉制度结合,可以称之为"企业合规相对不起诉"。企业合规相对不起诉是指检察机关对于符合条件的企业犯罪案件,督促企业建立健全合规管理体系,设立一定的考察期限,经对企业合规监督考察合格后,对犯罪嫌疑企业、犯罪嫌疑人决定适用相对不起诉的机制。在制度构想的初期,各地探索企业犯罪相对不起诉适用机制,一般均采用检察官进行监督考察的模式。即规定检察机关认为必要时,可以指派办案检察官对涉嫌犯罪企业履行合规承诺情况进行监督考察。例如,江苏省张家港市人民检察院作为最早的6家试点单位之一,制定了《企业犯罪相对不起诉适用办法(试行)》,规定了调查评估、合规承诺、监督考察、处理决定的程序和要求。在相对不起诉考察期内,由承办检察官担任监督员对企业履行合规承诺情况进行监督,企业每个月向监督员报告履行合规承诺进展情况。考察期限届满,办案检察官可以联合行政机关、中介机构等对企业合规承诺完成情况进行评估。以下举例进行说明。

2016年1月至11月,张家港市某制管公司、唐某在无真实运输业务的情况下,通过他人虚开增值税专用发票27份,票面金额合计人民币188.2万余元,虚开税款合计人民币18.6万余元,上述发票均由该公司向税务机关申报抵扣税款。案发后,该公司补缴全部税款。唐某主动向公安机关投案,如实供述犯罪事实,自愿认罪认罚。

检察机关全面核实案件事实、证据后认为,该公司、唐某的行为构成虚开增值税专用发票罪,事实清楚、证据确实且充分,但虚开的税款数额不大,量刑在3年有期徒刑以下,情节较轻,且该公司及时补缴税款,唐某主动投案自首、认罪认罚。同时,检察机关发现该公司存在财务管控不规范、危废处理不合法、公司管理不科学等诸多问题,危及自身长远发展和社会公共利益,有必要督促该公司整改并加强合规管理。

检察机关于2020年1月14日向该公司发出了检察建议书,建议该公司在财务制度、危废处理、日常管理等方面加强合规建设,并给该公司3个月整改期限,办案检察官负责监督考察。该公司专门邀请企业合规专业律师担任公司独立合规审查专员,对公司进行合规评测,围绕企业运管、生产经营、财税申报、环保处置、应急管理5个方面建立完善相关制度20余项。2020年4月8日,该公司向检察机关书面回复整改情况,并附全套合规管理制度材料。随后,检察机关委托税务、环保等部门,对该公司整改及合规计划完成情况进行评估。经评估认为,该公司达到了合规标准。2020年4月27日,检察机关召开公开听证会,人民监督员一致同意对案件作相对不起诉处理。次日,检察机关依法对张家港市某制管公司及唐某宣告相对不起诉决定。

（二）检行联合考察模式

检察机关和行政机关联合开展涉罪企业合规考察也是企业合规改革试点中很多地区选择的一种监督考察模式，但在实践操作中行政机关的角色、地位略有不同。例如，2020年12月辽宁省人民检察院联合省市场监督管理局、生态环境厅等10家行政机关印发《关于建立涉罪企业合规考察制度的意见》，规定在考察期内检察机关会同行政监管机关指导涉罪企业制订合规计划。在合规考察期间，检察机关可以就涉罪企业在合规管理建设中存在的问题与行政监管机关进行会商。考察期结束后，检察机关综合考虑犯罪事实、合规计划完成情况、行政机关意见等因素，决定是否提起公诉。这种比较典型的检行联合模式，仍是以检察机关为监督考察的主导者，监督考察中检察机关需要听取行政机关意见，并在此基础上出具验收评估意见。再如，上海金山区人民检察院探索的小微企业"简式"合规模式。在该模式下，检察机关提出具有专项合规功能的检察建议，行政机关进行日常监管，不再启动第三方监管机制。江苏省张家港市人民检察院在对小微企业适用合规监督考察时，也采用简易合规程序以制发检察建议的方式督促企业进行合规整改，检察机关联合行政监管机关进行监督考察，共同验收并出具考察评估报告。这种在部分小微企业合规监督考察中适用的检行联合模式具有一定的价值，在简化程序、节约资源的同时可以保障监督考察的实质性。具体而言，一方面，充分发挥办案检察官对涉案企业涉罪风险的信息优势，由检察机关负责推动合规监督考察程序；另一方面，充分发挥行政监管机关业务骨干作为监管人的职能优势，由行政监管机关负责监督考察的深度和专业度，共同进行合规验收并出具监督考察报告。以下举例进行说明。

2018年，张家港市某化机公司在未取得生态环境部门环境评价的情况下建设酸洗池，并于2019年2月私设暗管，将含有镍、铬等重金属的酸洗废水排放至生活污水管，造成环境严重污染。经苏州市张家港市生态环境局现场检测，某化机公司排放井内积存水样中总镍浓度为29.4mg/L、总铬浓度为29.2mg/L，分别超过《污水综合排放标准》的29.4倍和约19.5倍。2020年6月，某化机公司法定代表人张某等人主动向张家港市公安局投案，如实供述犯罪事实，自愿认罪认罚。2020年8月，张家港市公安局以某化机公司及张某等人涉嫌污染环境罪向张家港市人民检察院移送审查起诉。张家港市人民检察院进行办案影响评估、听取该公司合规意愿后，指导该企业开展合规建设。2020年12月，张家港市人民检察院综合考虑案件情况、企业合规整改情况、公开听证情况后，对某化机公司及张某等人作出不起诉决定。

办案检察官经审查认为，某化机公司及张某等人虽涉嫌污染环境罪，但排放污水量较小，尚未造成严重实质性危害后果，依法可以进行合规考察监督和不起诉处理。具体程序如下：一是深入开展调查，做好合规前期准备。经调查，某化机公司系从事不锈钢产品研发和生产的省级高科技民营企业，年均纳税 400 余万元，企业员工 90 余名，拥有专利 20 余件，部分产品突破国外垄断。如果公司和法定代表人被判刑，该企业的行业竞争力将急剧下降，对国内相关技术领域也将造成较大影响。案发后，公司及其法定代表人主动投案，如实供述了犯罪事实，自愿认罪认罚，具有合规整改的基础。鉴于此，2020 年 10 月，张家港市人民检察院向该公司送达企业刑事合规告知书，该公司第一时间提交了提请开展刑事合规监督考察的申请书、书面合规承诺以及行业地位、科研力量、纳税贡献、承担社会责任等证明材料。二是积极有序规范，引导企业合规整改。在认真审查调查报告、听取行政机关意见、综合考量企业书面承诺的基础上，张家港市人民检察院对某化机公司作出合规考察决定，并指派办案检察官作为合规监督员。随后，某化机公司聘请律师对合规建设进行初评，全面排查刑事合规风险，详细制订合规计划，并于每月向张家港市人民检察院书面汇报合规计划实施情况。其间，办案检察官两次到该公司飞行检查，就合规计划进展情况进行检查，提出意见、建议，建议该公司在合规体系构建、员工合规文化认同方面予以加强。2020 年 12 月，张家港市人民检察院组建以生态环境局专业人员为组长的评估小组，对该公司整改情况及合规建设情况进行评估，经评估合格，该公司通过合规考察。三是坚持依法审慎，依法作出处理决定。2020 年 12 月，张家港市人民检察院邀请人民监督员、相关行政主管部门、工商联等各界代表，召开检察公开听证会，参会人员一致建议对某化机公司作不起诉处理。张家港市人民检察院当场公开宣告不起诉决定，并依法向生态环境部门提出对该公司进行行政处罚的检察意见。

（三）独立监控人模式

独立监控人模式，主要是指广东省深圳市宝安区人民检察院适用的监管模式。该院制定的《企业犯罪相对不起诉适用机制改革试行办法》规定，由涉案企业自行聘请律师事务所等专业机构对企业合规情况监督考察。宝安区司法局和检察院负责独立监控人的选任、培训、考核、监督和管理工作，遴选了 11 家律师事务所，组建企业合规独立监控人名库。在相对不起诉的考验期内，由检察机关对犯罪嫌疑企业、犯罪嫌疑人进行监督考察,独立监控人应当协助人民检察院进行监督考察。[1] 这种独立监控人模式其实不是真正意义上的“独立监管”,而是检察机关联合第三方进行监督考察,由专业的律师事务所提供监管的协助,弥补检察官自身专业能力的不足。《企业犯罪相对不起诉适用机制改革试行办法》还规定,检察机关可根据实际情况,指派检察官进驻企业进行监督考察。以下举例进行说明。

深圳某机电公司是深圳市一家从事生产加工业务的民营企业,公司经营状况一直良好,年均产值2000多万元。为了少缴税款,该公司虚开增值税专用发票价税合计人民币104.2万余元,税款合计人民币15万余元,并通过伪造虚假采购合同及收货单的方式抵扣税款。案发后,该公司及负责人李某主动补缴了相应的税款并主动到公安机关投案。该公司和负责人李某分别签署了认罪认罚具结书,并承诺加强企业合规管理。某机电公司是深圳市宝安区人民检察院试点的第一家适用独立监控人制度开展合规建设的企业。2020年6月,某机电公司聘请了具有企业合规服务经验的律师事务所作为独立监控人,初步确定了11个月的合规建设期限。同年11月,该公司提前完成合规计划。在综合考量独立监控人出具的三期监督考察报告以及检察官实地调查情况的基础上,深圳市宝安区人民检察院对该公司及李某作出不起诉处理决定。之后,某机电公司仍在独立监控人的协助下,加强企业的合规管理并定时汇报合规情况。[2]

(四)第三方监管模式

我国第三方监管模式是指成立专门的第三方监督评估组织,独立对企业的合规建设情况进行考察并作出验收评估意见。在最高人民检察院等9部门《关于建立涉案企业合规第三方监督评估机制的指导意见(试行)》出台之前,按照企业合规改革试点方案,试点地区的检察机关初探第三方监管机制,牵头组建市、县级第三方监督评估管理委员会。例如,江苏省张家港市人民检察院在企业合规监管方面进行了积极探索,在全市层面成立了企业合规监管委员会,主要做法如下。

1.组建第三方监督评估管理委员会

(1)成立企业合规监管委员会,为第三方监管机制运行提供组织保障。张家港市

---

① 参见彭振等:《当好“老娘舅”,让企业走得稳走得远——深圳市宝安区检察院积极推进企业合规试点工作一年间》,载《检察日报》2021年5月25日,第5版。

② 同上。

人民检察院主动向市委市政府汇报,提请市委市政府联合印发《关于推进企业合规建设工作的意见(试行)》,成立由市检察院牵头的企业合规监管委员会,统筹推进全市企业合规建设。成员包括监委、法院、公安、司法、市场监管、工商联、各区镇等37家单位。按照依法公正、平等自愿、科学高效的原则,企业合规监管委员会具体承担制订企业合规建设工作指引、组建管理合规监管人队伍、开展合规有效性审查等职能。

(2)制定配套规范性文件,为第三方监督评估机制运行提供制度保障。第三方监督评估工作政策性强、专业要求高,需要系列制度作为保障。张家港市企业合规监管委员会制定了《合规监管委员会工作章程》《合规监管人遴选管理办法(试行)》等10个配套文件和23种文书,促进合规试点工作及第三方监管机制的有效运行。例如,张家港市企业合规监管委员会制定的《合规监管人遴选管理办法(试行)》明确了合规监管人的权利、义务以及回避制度,借鉴国外防止利益冲突的规定,强调合规监管人曾经参与过涉案企业合规建设的,1年内不得再受托成为该企业的法律顾问;规定合规监管人免除资格的7种情形,包括选任中弄虚作假、受到处罚或处分、考核不合格、违反回避制度等,为监管人的管理提供了制度依据。

(3)选任合规监管人并进行培训,为第三方监督评估提供人才储备。一是组建队伍。张家港市企业合规监管委员会负责组建合规监管人队伍,由市司法局负责组织遴选工作并推荐律师事务所,市财政局推荐会计师事务所,各行政机关负责组织遴选、推荐专业骨干,共同组成首批合规监管人队伍。该队伍包括应急管理、市场监管、生态环境、税务等行政机关专业骨干61人,11家律师事务所、8家会计师事务所、7家税务师事务所专业人员39人,并细分为安全生产、环境保护、税务管理、知识产权四个专业化合规监管小组。二是开展培训。合规监管委员会成立以来,针对企业人员、监管人队伍合规意识不够、合规能力不强的现状,多次组织培训。培训对象包括合规监管人、企业代表、司法机关、行政部门人员等,采取专家授课、互动交流、实地参观等多种方式,培训合规知识、宣传合规文化,引用实践案例,为提升合规监管队伍的专业素能、开展合规有效性审查和分级评定工作奠定基础。

(4)将合规经费列入财政预算,为第三方监管评估提供有效激励措施。《合规监管人遴选管理办法(试行)》明确将合规监管人的经费列入张家港市年度经费预算。为提高企业合规专项资金的使用效益,进一步规范专项资金的使用和管理,经对合规监管工作量进行评估,合规费用进行测算,张家港市企业合规监管委员会制定了《张家港市推进企业合规经费管理暂行办法》,规定合规专项资金包括三部分:一是涉案合规费用,即合规计划审查费、监督考察费、合规评估费;二是事前合规费用;三是顾问费用,即劳务费、材料费、会议费、其他费用等。由市工商联编制项目预算和决算,并按照项目批复预算、计划书和相关管理制度使用资金,由市检察院对资金使用的合法性、合理性、真实性进行监督。在资金使用管理过程中,如涉嫌犯罪,则移送监委处理。

(5)研发智能抽取系统,保障第三方监督评估组织公正性、透明度。第三方监督评估组织中专业人员的管理和随机抽取是保障涉案企业合规监督考察公开公正、客观中立、专业高效的前提和基础。为了实现随机分类抽取,张家港市人民检察院研发了智能抽取平台,导入专业人员名录库,根据企业的规模、主要风险领域分别从安全生产、环境保护、税务管理、知识产权 4 个小组随机匹配专业人员。抽取人还可以根据案件涉嫌罪名、复杂程度以及涉案企业的主营业务等因素决定是否选用专家学者。完成抽取后系统直接导出公示名单,同步设计了公示意见提交、回复等功能。对于因特定原因如专业人员回避等需要重新抽取的情况,系统需要录入原因,实现全程留痕,最大限度降低人工干预的因素。

2. 第三方监管机制的规范化

2021 年 6 月 3 日出台的《关于建立涉案企业合规第三方监督评估机制的指导意见(试行)》,对在依法推进企业合规改革试点工作中建立健全涉案企业合规第三方监督评估机制具有重要意义。该指导意见第 1 条规定,涉案企业合规第三方监督评估机制,是指人民检察院在办理涉企犯罪案件时,对符合企业合规改革试点适用条件的,交由第三方监督评估机制管理委员会选任组成的第三方监督评估组织,对涉案企业的合规承诺进行调查、评估、监督和考察。考察结果作为人民检察院依法处理案件的重要参考。该条款明确,对于适用合规改革试点的企业,由专门成立的第三方监督评估组织开展监督考察工作。《关于建立涉案企业合规第三方监督评估机制的指导意见(试行)》还规定了第三方监督评估机制管委会的组成和职责、第三方监管机制的启动和运行等。按照《关于建立涉案企业合规第三方监督评估机制的指导意见(试行)》的规定,第三方监督评估组织的监督考察方式是由第三方监督评估机制管委会根据案件具体情况以及涉案企业类型,从专业人员名录库中分类随机抽取人员组成第三方监督评估组织对企业合规计划完成情况进行监督考察并作出评估意见,办案的检察机关履行监督职责,不直接参与监督考察工作。

《关于建立涉案企业合规第三方监督评估机制的指导意见(试行)》施行以来,全国多地省、市、县三级检察机关牵头陆续建立了涉案企业第三方监督评估机制。比如,浙江省人民检察院联合省国资委等23个部门出台了《关于建立涉案企业合规第三方监督评估机制的意见(试行)》,就开展涉案企业合规第三方监管机制的总体要求、工作定义、适用范围以及第三方机制的运行与组织保障作出规定。广东省深圳市人民检察院会同深圳市司法局等单位出台了《企业合规第三方监督评估机制管理委员会及第三方监控人管理暂行规定》以及配套文件,就第三方监督评估组织专业人员的范围、职责等作出规定。以江苏省张家港市人民检察院为例,张家港市人民检察院根据《关于建立涉案企业合规第三方监督评估机制的指导意见(试行)》的精神,进一步完善了第三方监管机制。主要做法如下:

一是规范合规监督考察流程。根据《关于建立涉案企业合规第三方监督评估机制的指导意见(试行)》的规定,张家港市人民检察院修订了《企业合规改革试点工作实施细则》,进一步细化第三方监管机制运行流程,即第三方监管机制从启动到终止包括考察宣告、商请组建第三方监督评估组织、成立第三方监督评估组织、要求企业提交合规计划、审查合规计划并确定合规考察期限、监督合规计划执行、现场验收评估、制作监督考察报告以及后续跟踪监督等流程。

二是完善涉案合规监督考察标准。张家港市人民检察院修订了《合规有效性审查工作办法(试行)》《合规有效性审查专项参考指标》《合规有效性审查工作流程》,完善了第三方监督评估小组合规有效性审查和评估的程序、方法和参考标准,为第三方监督评估小组进行考察评估提供依据和参考。以合规计划类型的针对性为例,第三方监督评估小组需要结合企业涉案情况、合规风险自查报告以及调查评估报告审查合规计划类型的针对性,并在此基础上进行合规计划内容的审查。以下举例进行说明。

2018年11月22日,张家港市市场监督管理局在对某五交化贸易公司进行检查时,发现该公司疑似销售假冒某知名商标的轴承,并在其门店及仓库内查获标注该知名商标的各种型号轴承27,829个,金额共计68万余元。2018年12月17日,张家港市市场监督管理局将该案移送至张家港市公安局。2019年2月14日,商标所有权公司出具书面的鉴别报告,认为所查获的标有该商标的轴承产品均为侵犯其注册商标专用权的产品。2019年2月15日,张家港市公安局对该案立案侦查。

2021年5月初,张家港市人民检察院应张家港市公安局邀请,派员介入听取案件情况,梳理在案证据后发现存在以下问题:一是公司负责人睢某某辩称自己购进的涉案轴承都是正品;二是睢某某销售的轴承无法追溯货品源头;三是商标所有权公司出具书面鉴别报告时未对查获的轴承及包装的真伪进行现场勘查,仅根据清点明细材料出具了鉴别说明和比对示例,且不愿再重新鉴定。此外,该案立案距今超过 2 年,已属"挂案"状态。

张家港市人民检察院办案检察官经走访调查了解到,该公司系已实际经营 6 年的小微民营企业,因涉嫌犯罪被立案,一定程度上影响经营,资金周转困难,公司面临危机。该公司规章制度不健全,内部管理不完善,尤其是企业采购程序不规范,对供货商资质和货品来源审查不严,单据留存不全,还曾因接受虚开的增值税发票被税务机关行政处罚。鉴于该公司有整改行为和较强的合规愿望,检察机关经综合考虑,联合公安机关启动企业合规监督考察程序,并确定 6 个月的整改考察期。同时,张家港市企业合规监管委员会根据第三方监督评估机制,从第三方监管人员库中随机抽取组建 4 人的监督评估小组,跟踪该公司整改、评估合规计划落实情况。合规整改期间,第三方监督评估小组每月通过座谈会议、电话联系、查阅资料、实地检查等方式,特别是通过"不打招呼"的随机方式,检查企业合规建设情况。同时,检察机关还向公安机关通报企业合规建设进展情况,邀请参与合规检查,并认真吸收公安机关对合规制度完善提出的意见。2021 年 8 月 5 日,鉴于该公司员工数少、业务单一、合规建设相对简易的情况,第三方监督评估小组提出缩短合规监督考察期限的建议。检察机关听取市场监督管理部门、税务部门意见后,决定将合规监督考察期限缩短至 3 个月。2021 年 8 月 16 日至 18 日,第三方监督评估小组对该公司合规有效性进行评估,出具了合规建设合格有效的评估报告。

2021 年 8 月 20 日,张家港市人民检察院组织公开听证,就是否建议公安机关撤销案件听取意见,经听证,与会人员均表示同意检察机关制发相关检察建议。当日,检察机关向公安机关发出检察建议,建议对本案进行撤案处理,并移送市场监督管理部门进行行政处罚。公安机关采纳相关建议。

(五)检察主导下的协同监管模式

《关于建立涉案企业合规第三方监督评估机制的指导意见(试行)》出台后,江苏省南京市建邺区人民检察院在第三方监管的基础上探索"检察主导下的协同监管"模式,采取由检察机关主导,与行政机关共同成立第三方监管委员会,推荐产生监管人员的名单库。该模式有两个基本特点:一是强调检察主导。检察机关的主导职责主要体现在4个方面:(1)严把第三方机制的启动关。检察机关依职权或依申请启动第三方机制时,必须审查案件是否符合企业合规试点及第三方机制的适用条件。(2)严把第三方组织人员的选任关。检察机关如果发现人员选任明显不当的,必须向第三方监管委员会提出意见建议,作出调整。(3)严把合规计划有效性审查关。检查机关应对涉企业合规计划执行、第三方组织合规考察书面报告等提出审查意见。(4)引导第三方监管委员会建立合规有效性监管评估的标准、方法,防止“纸面合规”和“纸面监管”。[①] 南京市建邺区人民检察院主导研究制订了技术指标和文化指标的评估标准,以及“1+1+2”(第一个“1”是常规检查,第二个“1”是飞行检查,“2”是问卷访谈和场景测试)的监管方法。[②] 二是强调各方协同。检察机关与各行政机关协同组成第三方监管委员会,同时监管人员中还包括高校、企业、社会组织等各界人士,协同发力,共同推进企业合规的监管考察。

二、合规监管模式的选择

随着合规改革试点的深入,合规监督考察模式经历了从检察官独立监督到检行联合,再到第三方监管的演变,合规监督考察客观中立的程度越来越高,与之相对应的运行程序也越来越完善精细。《关于建立涉案企业合规第三方监督评估机制的指导意见(试行)》规定,检察机关商请第三方监督评估机制管委会启动第三方监管机制,因此在是否运用第三方监管模式上,检察机关具有建议权。实践中,办案检察官需要结合案件具体情况、企业类型、规模及监督考察的难易程度等实际需要确定合适的监管模式,实现公正与效率的统一。比较典型的是,上海市金山区人民检察院设计了“范式”“简式”两种模式,运用繁简分流的理念,对犯罪情节较轻的小微企业,以检察建议的方式督促企业进行合规整改,主要依靠办案检察官进行监督考察;对大中型企业则启动第三方监督评估程序。选择合规监督考察模式主要需要考虑以下因素:

1. 企业规模的大小。根据工业和信息化部、国家统计局、国家发展和改革委员会、财政部《关于印发中小企业划型标准规定的通知》(工信部联企业〔2011〕300号)

① 参见丁国锋、卢志坚:《先行先试,做好企业合规“后半篇文章”——江苏检察引入第三方监督评估严防“纸面合规”》,载《法治日报》2022年2月25日,第4版。

② 参见李勇:《涉罪企业合规有效性标准研究——以A公司串通投标案为例》,载《政法论坛》2022年第1期。

的规定,大中小微型企业划分标准的考量指标有行业类型、营业收入、从业人员、资产总额,这些指标能够比较客观地反映一家企业的规模和经营活动的复杂程度,以及相对应的合规监督考察工作量的大小。因此,大中企业可以更多地选择第三方监管模式,组建足够数量、专业程度高的第三方监督评估小组。小微企业可以考虑选择其他模式,节约资源。上述规定列出了农林牧渔业、工业、建筑业、房地产业、餐饮业等15个行业门类以及社会工作行业大类。不同行业门类对应的营业收入、从业人员、资产总额的数额标准是不同的。从企业所属的行业门类可以基本判断企业的主营业务范围,在选择监督考察模式的问题上,可以根据行业的特点、专业化、集约化程度,确定第三方监督评估小组成员结构,甚至可以吸纳特定行业的专门人才。

2. 涉罪风险的复杂性。涉罪风险越复杂,监督考察的模式包括考察的主体、程序越需要精心设计,这样才能有效满足监督考察实质化的需求。经济犯罪案件往往比较复杂,特别是特殊领域新类型的经济案件,如证券金融领域的涉企案件,出现违规运用受托资金、利用持股及持仓优势操纵市场、泄露内幕信息等各种行为相互交叉的现象。对这类企业涉罪风险排查确定风险点,监督考察主体需要在分析涉罪风险因素的基础上审查合规计划的针对性、有效性和全面性。因此,以组建专业化程度高的第三方监督评估小组负责监督考察工作为宜。相对而言,对于安全生产、环境保护这类犯罪的涉企案件,虽然专业化程度也很高,但安全、环保行政机关的一线执法人员基本具备这方面的专业知识,且有一线执法的丰富经验,因此由办案检察官与行政机关业务骨干开展监督考察能够满足工作的需要,检行联合的模式也不失为一种有效的监管模式。

3. 合规计划确定的工作量。合规监督考察工作与财务、工程审计、评估工作性质是一致的,都是一种独立的监督活动。审计工作量、费用是按照审计范围、标的额计算的,同样地,合规监督考察的工作量也与合规计划确定的合规建设范围、内容有关。合规计划涵盖的专项类型、计划完成的事项、考察期限都会影响监督考察的工作量。一般来说,合规计划涉及的专项类型越多,计划完成的事项越多、越复杂,考察期限也会越长,相应合规监督考察的工作量和难度也会越大。这就需要更加周密细致的监督考察方式、监督考察步骤和监督考察人员。

4. 企业合规能力的匹配度。大中型企业一般有严密的组织架构,分工明确、各司其职,很多大型企业都有专门的法务部门,甚至有负责合规管理的专门机构,在外聘合规建设团队方面更具有财力,实施合规计划也更具有物力。涉案企业为大中型企业时,其进行合规建设的能力、合规有效性方面相比小微企业更具有优势。对大中型企业合规建设进行监督考察更多的是成果验收,对于合规计划执行过程的监督考察难度可能并不大,也就不需要特别复杂的考察程序设计。但在中小企业合规建设中,很多企业本身不具备合规建设的能力,企业合规整改的成效很大程度上受制于企业负责人的重视程度和聘请的合规团队的专业能力。而现实是中小企业很难聘请到专业能力过硬的合规建设团队。在监督考察过程中,指导、推进并监督企业执行合规计划难度较大,考验监督考察主体的能力和水平,以及监督考察程序的推进。因此,在考虑企业合规能力匹配度方面,在某些中小企业合规监督考察中,可能也需要启动第三方监督考察程序,由第三方监督考察小组制订考察方案,把控合规建设的进度,保障合规监督考察工作有序推进。

5. 对监督考察人员的专业需求。监督考察的主体选择上主要有办案检察官、行政机关业务骨干,以及律师、会计、审计等中介机构专业人员与高校各个领域的专家学者。前述人员职务、角色、专业能力等方面的不同,决定了他们在合规监督考察中各有优势。办案检察官进行监督考察固然存在"既当运动员又当裁判员"的质疑,但无法忽视其对涉罪因素的掌握程度以及开展工作的便利性和高效性;行政机关业务骨干直接参与监督考察,优势在于行政执法权赋予其的对企业合规验收标准的权威性;中介机构专业人员和专家学者的优势显然就是独立性和专业程度最高。因此,需要在兼顾公平、效率、节约等原则的基础上确定合规监督考察的模式以及专业人员的选择。以下举例进行说明。

2021 年 3 月 4 日 16 时,张家港市某建材经营部水稳搅拌机操作工人孙某某,违反水稳搅拌机操作规定,在启动设备前未确认搅拌机料仓内无人且未进行打铃示警,致使进行清理作业的李某某卡入搅拌机内受伤,经抢救无效死亡。季某某作为某建材经营部负责人,对事故负有管理责任。案发后,李某某近亲属已获经济赔偿并表示谅解。季某某自愿认罪认罚,申请从轻处理。2021 年 12 月 1 日,季某某签署合规承诺书,自愿接受合规监督考察。同日,江苏省张家港市人民检察院向某建材经营部送达督促开展安全生产合规整改的检察建议。

因涉案企业系个体工商户,从事砂石建筑材料生产,主营业务单一且合规风险识别较易、合规整改的内容比较明确,未启动第三方监管机制,而采用检察建议的形式,由办案检察官联合应急管理部门执法人员对该经营部安全生产合规整改情况进行监督考察。2021 年 12 月 15 日,办案检察官和应急部门执法人员到该经营部进行现场验收,查看合规整改工作台账。某建材经营部提交了安全生产合规整改报告,汇报了按照检察建议要求进行合规整改落实的情况。该经营部全员签署了安全责任承诺书,建立了安全风险评估制度,设计并填录风险排查表,要求专业人员开展安全培训,建立了安全生产奖惩制度,设计并填录员工违章记录表,采购了安全帽、反光背心等安全防护用品,对两台铲车加装倒车影像,水稳设备加装监控设备等。办案检察官和应急管理部门执法人员分别针对隐患排查制度落实、奖惩制度落实及台账完善提出建议。之后,办案检察官与应急部门执法人员共同查看了生产车间和设备,向 2 名员工进行调查谈话,核实安全合规整改落实情况。在现场验收的基础上,办案检察官联合应急管理部门执法人员制作了监督考察报告,作出评估意见认为某建材经营部完成安全生产合规整改,具有实效性,可以通过验收。同年 12 月 17 日,张家港市人民检察院召开了拟对季某某构成重大责任事故罪作相对不起诉的公开听证会,邀请公安机关办案人员、市应急管理部门执法人员、人民监督员参加。听证会上,检察官汇报了案情及某建材经营部按照检察建议进行整改的情况,季某某谈了自己的认识,汇报了公司合规整改情况及合规管理制度成效,人民监督员一致同意对季某某不起诉。2021 年 12 月 20 日,张家港市人民检察院对季某某宣布不起诉处理决定,对孙某某以重大责任事故罪提起公诉。

2016 年 3 月至 2017 年 11 月,顾某某在实际经营张家港市某科技公司期间,在无真实货物交易的情况下,以支付开票费的方式,从他人经营的无锡某不锈钢公司虚开增值税专用发票 25 份至张家港市某科技公司,价税合计人民币 1,992,473.29 元,税额合计人民币 289,504.65 元,并已全部抵扣税款。案发后,张家港市某科技公司已补缴全部税款。张家港市某科技公司、顾某某到案后如实供述了上述犯罪事实、自愿认罪认罚。2021 年 5 月 11 日,张家港市某科技公司签署合规承诺书,自愿接受合规监督考察,7 月 14 日,江苏省张家港市人民检察院决定对该公司适用合规从宽制度并启动第三方监督评估机制。2021 年 12 月 17 日,经第三方监督评估机构评估后,张家港市人民检察院对张家港市某科技公司及顾某某作出不起诉决定。

涉案企业虽系小微企业,但考虑到该企业合规计划类型为财税合规,该公司合规能力不足,而且财税风险领域专业程度要求较高,张家港市人民检察院于 2021 年 7 月 14 日决定启动合规第三方监督考察程序,商请市企业合规监管委员会组建第三方小组对该公司开展监督考察,第三方小组由 1 名律师、1 名会计师组成,考察期 3 个月。合规考察期间,该公司聘请律师制订财税风险领域合规计划并提交第三方小组审核。第三方小组针对合规计划提出 3 条修改完善的意见,并进行监督考察。2021 年 12 月 10 日,第三方小组在该公司进行现场验收评估,顾某某及合规律师、专门聘请的财务人员介绍了公司开展财税合规整改的基本情况。在财税合规方面,该公司制订了《虚开发票风险防控指南》,建立了财税管理制度、仓库管理制度,严格进发货流程,做到票流、物流、资金流一一对应。在合规机制层面,制订了财税方面的合规纲领、员工手册、财务合规管理制度等;在合规文化建设方面,完成合规管理制度上墙。第三方小组查看了企业合规工作台账,询问了财税合规相关问题。2021 年 12 月 15 日,经第三方小组独立评议,作出评估意见认为该公司完成合规计划整改要求,具有实效性,可以通过验收,建议跟踪监督期间持续督促企业消除财税风险。

以上两个案例中的涉案企业都是小微企业,检察机关在开展合规监督考察工作中,综合考虑涉罪风险的复杂性、企业合规能力的匹配度以及对监督考察人员的专业需求分别采取了检行联合模式和第三方监管模式。即对安全生产合规领域的监督考察,考虑到企业已经初步完成整改,紧抓验收环节,充分依托行政机关安全生产检查的专业性完成合规验收;对财税合规领域的监督考察,考虑财税风险领域的专业性,抽取会计师组成专业的第三方监督评估小组,对企业财税风险进行全面排查、阶段考察、跟踪监督,体现了合规监督考察模式选择的灵活性和实效性。我国刑事司法实践中大多数涉嫌犯罪的企业都是中小微企业,最高人民检察院法律政策研究室主任高景峰指出,涉案企业合规改革的企业范围,既包括国有企业,也包括民营企业;既包括大中型企业,也包括小型企业;既包括上市企业,也包括非上市企业。[①] 在小微企业合规试点监督考察模式的选择上,不应只考虑企业规模一个因素,还要具体问题具体分析,在节约资源、提高效率的同时保证合规监督考察的有效性。

---

① 参见陈瑞华、高景峰、孙国祥、李勇、李本灿:《关于企业合规制度争议焦点的讨论》,载《民主与法制》(周刊)2021 年第 40 期。

第二节　合规监管人的选任与管理

一、合规监管人的选任

在《关于建立涉案企业合规第三方监督评估机制的指导意见(试行)》的基础上，2021 年 11 月 22 日最高人民检察院等 9 部门印发了《〈关于建立涉案企业合规第三方监督评估机制的指导意见(试行)〉实施细则》(以下简称《指导意见实施细则》)、《涉案企业合规第三方监督评估机制专业人员选任管理办法(试行)》(以下简称《选任管理办法》)两个配套文件，分别就第三方监督评估机制管委会的职责，第三方监督评估组织的性质、程序启动和运行，以及第三方监督评估组织专业人员的选任、日常管理、工作保障作出更为细致的规定，指导司法实践。

(一)入库主体的性质

《选任管理办法》第 5 条第 1 款规定，名录库以个人作为入库主体，不得以单位、团体作为入库主体。企业合规改革试点实践初期，部分地区检察机关在组建第三方监督评估组织雏形时，以单位入库的形式建库。试点实践中一直有个人入库还是单位入库的争议。从世界范围来看，第三方监管人一般由独立的第三方中介机构专业人员担任。最高人民检察院张军检察长在调研张家港市企业合规改革试点座谈会上指出，第三方监管人才库必须精准到个人，否则选任的律师可能并不是实际参与监督考察的律师，无法保证第三方监督考察工作的专业性。《选任管理办法》明确个人入库。个人入库的好处在于，一是入库的专业人员在开展监督考察工作时，能够比较真实地评价企业合规计划完成情况，不受外界因素的干扰，突出监督考察工作的独立性和专业性。二是以个人名义签字，个人对评估意见负责，类似司法鉴定人员出具鉴定意见，便于操作也较为合理。特别是在一些行政机关业务骨干担任专业人员履职过程中，要求其以个人名义出具监督考察报告容易操作，如果是单位入库，要求某家行政机关对监督考察评估意见负责,难免产生是行政执法活动还是监督考察活动的争议,显然不合理,实践中也难以操作。

(二)专业人员的来源

《选任管理办法》第1条规定,第三方监督评估机制专业人员主要包括律师、注册会计师、税务师、企业合规师、相关领域专家学者以及有关行业协会、商会、机构、社会团体的专业人员。生态环境、税务、市场监督管理等政府工作部门中具有专业知识的人员可以被选任确定为第三方机制专业人员,或者可以受第三方监督评估机制管委会邀请或受所在单位委派参加第三方组织及其相关工作,其选任管理具体事宜由第三方监督评估机制管委会与其所在单位协商确定。有关政府部门所属企事业单位中的专业人员可以被选任确定为第三方机制专业人员,参加第三方组织及其相关工作。可见,《选任管理办法》并未限制专业人员的来源,原则上根据监督考察工作实际需要,选择合适的专业人员类型。同时,需要注意的是,由于我国企业合规起步较晚,企业合规监督考察方面的专业人才较少,很多律师、会计师对企业合规也比较陌生,能否有效完成合规监管工作面临质疑。2021年3月18日,人力资源和社会保障部才将企业合规师纳入《中华人民共和国职业分类大典》,使企业合规师正式成为一种新职业,目前全国企业合规师少之又少。

《选任管理办法》明确政府工作部门中具有专业知识的人员可以被选任确定为专业人员,同时规定可以以委派的形式参与监督考察工作。《选任管理办法》对行政机关工作人员参与第三方监督考察工作的形式、人员性质规定得比较灵活,可以个案协商。这主要考虑到合规改革试点实践中行政机关工作人员参与监督考察工作的复杂性,如监督考察活动与行政执法活动的区别、出具考察意见的性质、履行经费保障等问题,为在一定程度上消除这类人员履职的障碍和顾虑,各地可以自行选择符合本地实际的方式开展工作。

(三)分类组建名录库

《选任管理办法》第5条第2款规定,名录库应当分类组建。人员数量、组成结构和各专业领域名额分配可以由负责组建名录库的第三方监督评估机制管委会根据工作需要自行确定,并可以结合实际进行调整。分类组建专业人员名录库是抽取第三方监督评估小组,实现专业化、针对性的基础。市、县层面第三方监督评估机制管委会在确定第三方监督评估组织专业人员名录库各类别人员数量、组成结构和各专业领域名额时,需要对当地一定时间段内涉企犯罪案件进行专题调研,在统计涉企犯罪案件件数、罪名分布、处理结果、合规风险点等数据的基础上,分析涉企犯罪原因、企业管理主要漏洞、可能需要的合规计划类型等,为确定第三方监督评估小组专业人员数量、组成结构和比例提供数据支撑,综合考虑地区第三方监督评估中介机构专业人员数量、资质以及专家学者资源,确定名录库专业人员数量、结构。

以张家港市企业合规监管委员会组建第三方监督评估组织专业人员名录库为例。第一步,对 2017 ~ 2020 年涉企犯罪案件进行统计分析。239 件涉企犯罪案件涉及企业 203 家、企业人员 312 人,涉案企业多为中小型民营企业,大型民营企业和高科技企业仅有 9 家,涉及行业主要集中于贸易、进出口、纺织、化纤、木料加工等。涉及罪名有 14 个,主要集中在虚开增值税专用发票罪、涉安全生产类犯罪(包括重大责任事故罪、重大劳动安全事故罪)、贪腐类犯罪(包括职务侵占罪、挪用资金罪)、涉知识产权犯罪(包括假冒注册商标罪、销售假冒注册商标的商品罪)、污染环境罪,反映出企业主要涉罪风险是财务管理风险、安全生产管理风险、诚信管理风险、知识产权管理风险和环境保护风险。第二步,在案件涉罪风险分析的基础上,初步确定了安全生产、环境保护、知识产权、环境保护 4 个重点合规领域。通过个人申请和组织推荐相结合的方式,从全市 30 余家行政部门、20 余家律师事务所、10 余家会计师事务所和税务师事务所分两批次选取了共计 100 名合规监管人,包括 24 名律师、8 名会计师、7 名税务师、61 名行政机关业务骨干。行政机关业务骨干中市应急管理局、市生态环境局、市市场监督管理局、市税务局各 5 名,其他部门各 2 ~ 3 名。另外,通过个人申请选任了 3 名合规领域的专家学者。专业人员名录库按照分类与综合相结合的原则,对应合规有效性审查"1 + 4"的标准,即合规审查与安全生产、环境保护、财税管理、知产管理审查。律师和专家学者负责对企业合规管理体系整体的有效性进行审查,不进行专门分类,在组建第三方监督评估小组时至少抽取 1 名律师。选取的行政机关专业人员、会计师、税务师结合自身业务范围划分到 4 个专业化小组,满足上述 4 个重点领域合规监督考察工作需要。在个案抽取中,根据涉案企业合规计划类型抽取对应风险领域的专业人员。

(四)选任的条件

《选任管理办法》第 6 条规定了专业人员的选任条件,包括:(1)拥护中国共产党的领导,拥护社会主义法治;(2)具有良好道德品行和职业操守;(3)持有本行业执业资格证书,从事本行业工作满三年;(4)工作业绩突出,近三年考核等次为称职以上;(5)熟悉企业运行管理或者具备相应专业知识;(6)近三年未受过与执业行为有关的行政处罚或者行业惩戒;(7)无受过刑事处罚、被开除公职或者开除党籍等情形;(8)无其他不适宜履职的情形。《选任管理办法》规定的条件,除第3项、第4项规定了硬性要求外,其他的条件都比较原则性,需要审核主体具体把握。实际操作中,可能存在符合选任条件的人员比较多,如何进一步筛选的问题。笔者认为,可以就第5项条件规定的熟悉运行管理或者具备相应专业知识方面加以细分,具化条件,如需提供既往与企业合规管理相关的研究成果或开展企业管理工作的实践案例经验等,便于审核主体在资格审查时有参照的标准和依据,也可以提升选任结果的科学性和公信力。

（五）选任的程序

《选任管理办法》第7条至第12条规定了选任专业人员的程序,即第三方监督评估机制管委会一般应当按照制定计划、发布公告、本人申请、单位推荐、材料审核、考察了解、初定人选、公示监督、确定人选、颁发证书等程序组织实施第三方监督评估机制专业人员选任工作,并就重点环节的具体操作作出详细规定,各地参照执行即可。在第三方监督评估机制专业人员选任工作上,可以由司法行政机关牵头负责专业人员的选任,会计师、税务师的选任可以听取财政局、税务局等行政主管部门的意见。检察机关应当对选任的程序进行监督,可以在第三方监督评估机制管委会内部设置审核监督程序,如要求审核材料向检察机关备案,检察机关指派专人进行审查,重点审查公示异议处理是否妥当,必要时可以采用抽查、访谈的方式核实人员选任是否依法有据。

二、合规监管人的日常管理

合规监管人的日常管理包括业务指导、履职培训、考核评价、奖惩机制、出库管理等内容。《选任管理办法》对上述内容都作了规定,但提出的很多工作要求较高,尽管全国多地的第三方监督评估机制管委会按照该办法也制定了符合本地实际的文件加以落实,但要实现合规监管人日常管理的规范化、制度化还有很长的路要走。

（一）业务指导和培训

《选任管理办法》第15条第1款规定，第三方监督评估机制管委会应当结合涉案企业合规第三方监督评估工作的情况，定期组织第三方机制专业人员进行业务培训、开展调研考察和座谈交流，总结推广经验做法。在企业合规试点探索过程中，各地第三方监督评估机制管委会普遍都会组织入门培训，如邀请全国知名律师事务所合规团队专门律师或高校专家学者开展培训，组织到合规建设较早、建设情况较好的企业实地观摩等。但这类培训往往是围绕国外合规案例或者国内大型企业、跨国公司合规建设案例的学习，针对性不强，缺乏系统性，无法满足中小企业合规建设实际需要。企业合规师成为新职业后，一些社会机构开始涌入合规师培训市场，合规专业培训缺乏指导、标准和体系，需要加大投入，完善机制，笔者建议可以从以下几个方面加强指导：

1. 建立企业合规分级分类培训体系。例如，安全生产领域有三级安全教育培训，即新入厂职员与工人的厂级安全教育、车间级安全教育和岗位安全教育。第三方监督评估组织专业人员的培训也可以设计三级培训方案，包括入库培训、分类专项培训以及第三方监督评估小组针对性培训。入库培训可以包含两大类：一类是合规基础技能培训，如培训合规基础知识、合规有效性审查操作技能。目前，实践中开展的培训基本以这类培训为主，培训内容包括合规基础理论、合规管理价值、合规建设标准、合规考察评估的风险和流程。另一类是第三方监督考察技能培训。培训内容以涉案企业合规监督考察的程序、方法、考察评估标准等为主。可以以文件解读的方式将《关于建立涉案企业合规第三方监督评估机制的指导意见（试行）》及配套文件的内容，结合地方制订的具体实施方案进行培训，增强培训的可操作性和实效性，便于专业人员快速掌握第三方监督考察工作技能。分类专项培训主要是指在专业人员分组的基础上，对照不同小组专业人员监督考察的专项合规管理体系，制订专项合规管理体系评估指标并组织专项培训，可以邀请各专项领域合规专家、行政机关相关职能部门具有专门知识的人等进行专题培训，如安全生产合规培训、大数据保护合规培训、反商业贿赂合规培训等。第三方监督评估小组针对性培训是指专业人员经随机抽取成为某一家涉案企业合规第三方监督评估小组成员后，由办理案件的司法机关工作人员，如办案检察官、侦查人员，就涉案企业基本情况、主要涉罪风险、可能存在的合规薄弱环节进行指导培训，帮助第三方监督评估小组合理确定涉案企业合规计划类型、合规建设方向和重点。

2. 开展调研考察和座谈交流。第三方监督考察实践专业性强，但基础薄弱，新问题层出不穷，疑难问题较复杂，需要边实践边调研。一方面，可以组织专业人员到打造完善合规体系的企业考察学习，加强学习的深度；另一方面，及时汇总监督考察工作中的疑难问题，通过组织专题讨论会、召开专家论证会等形式，探讨疑难问题的解决方法和途径，而且可以与其他先行先试地区座谈交流，吸收借鉴优秀的经验做法。

3. 组织培训考试。入库培训和分类专项培训后可以组织考试，通过考试的方式帮助专业人员巩固合规知识和专业技能，同时为调整完善培训的方式方法及培训内容提供参考。此外，按照《选任管理办法》第 19 条的规定，培训考试的成绩可以作为对专业人员考核的重要参考。

4. 规范培育企业合规师。企业合规管理是对企业法律、财务、审计、进出口、劳动环境等多方面进行合规管控，具有较强的综合性、独立性和技术性。目前，市场上出现一些中介组织、公司开展各种类型的企业合规师培训活动，经过简短培训即颁发各种企业合规师证书，但是拿到这些证书的人员未必具备企业合规师所应具备的能力和知识。企业合规师培训市场亟待规范。据了解，人社部已委托中国贸促会商事法律中心制订相关标准，待相关标准出台后，应及时规范培训市场，选取有资质的培训机构，培育真正有专业知识和能力的企业合规师。

（二）考核评价

《选任管理办法》第 16 条规定，第三方监督评估机制管委会可以通过定期考核、一案一评、随机抽查、巡回检查等方式，对第三方监督评估机制专业人员进行考核评价。考核结果作为对第三方机制专业人员奖励激励、续任或者调整出库的重要依据。实践中，对第三方监督评估组织专业人员的考核评价工作可以与培训、监督工作相结合，在监督中考核，在考核中监督。第三方监督评估机制管委会可以制订专业人员考核积分明细，设置考核积分正向和反向指标，如参加培训次数、培训考试成绩、监督考察实质化程度、检察机关飞行检查情况、巡回检查小组监督情况等，每项设定分值，确定合理的考核期间和奖惩分数区间，计算考核分数，以量化的方式规范考核工作。出现《选任管理办法》第 21 条规定的四种情形，考核结果直接评定为不合格，不进行当年度考核积分。四种情形包括：无正当理由，不参加履职工作或不接受分配工作任务；履职中出现重大失误，造成不良影响；履职中行为不当，造成不良影响；其他造成不良影响或损害第三方组织形象、公信力的情形。该条款未明确考核不合格的后续处理方式，仅是在第22条中规定考核评价结果两次确定为不合格的，第三方监督评估机制管委会应当及时将其调整出库。实践中，地方第三方监督评估机制管委会可以依法就后续处理作出规定，如一定时间内不被启用、暂扣履职报酬等。

（三）建立名录库禁入名单

《选任管理办法》第23条第1款规定，第三方监督评估机制管委会应当建立健全第三方机制专业人员名录库禁入名单制度。对于依照本办法第22条规定被调整出库的第三方监督评估机制专业人员，应当列入名录库禁入名单。此外，要设定一般退出机制，应当允许专业人员在特定情况下的调整，允许其自愿申请退出。

（四）搭建智能管理平台

专业人员日常管理工作需要动态调整，冗杂耗时，业务培训、考核评价、出库管理等工作之间有很大的关联性，需要信息畅通。对此，人力毕竟有限，可以发挥科技网络的优势，实现系统性、规范化的管理。具体而言，可以开发"一站式"的智能管理系统，设置人性化的界面和数据导入路径，在资质审核、入库管理、培训考试、考核评价、出库管理以及禁入名单等方面实现全面覆盖、互通互联、全程留痕，为科学公正开展第三方监督评估提供技术支撑。

三、合规监管人分类随机抽取

第三方监督评估小组成员结构科学合理是第三方监督评估小组独立、专业、公正履职的前提和基础。《指导意见实施细则》第21条第1款规定，第三方监督评估机制管委会收到人民检察院商请后，应当综合考虑案件涉嫌罪名、复杂程度以及涉案企业类型、规模、经营范围等因素，从专业人员名录库中分类随机抽取人员组成第三方组织。该细则第23条第1款规定，第三方组织一般由3～7名专业人员组成，针对小微企业的第三方组织也可以由2名专业人员组成。抽取小组人员结构、分类随机抽取可以通过智能管理系统来实现，最大限度降低人为因素的干扰。例如，江苏省张家港市人民检察院研发了第三方监督评估组织智能管理平台，保证涉案企业合规第三方监督评估机制良性运行，实现分类随机抽取的公平公正。将专业人员分类导入系统，系统可根据企业合规监管进度动态显示专业人员工作状态,并进行导入、查询、添加、更新和删除等操作。该平台具体有以下几项功能。

(一)科学随机抽取功能

在抽取规则的设计上,平台初步设置两大参数:一个是企业规模,根据合规调查评估阶段掌握的企业营业收入、从业人员、资产总额等录入数据,按照国家权威部门企业规模划分标准智能运算,自动获取企业规模等数据;另一个是合规风险领域,根据案件中暴露出的企业涉罪风险,结合企业合规承诺整改内容,确定安全生产、环境保护、税务管理、知识产权管理等一个或多个领域合规整改方向。平台再根据企业规模和合规风险领域自动确定第三方监管组织人员结构,分类随机匹配专业人员。平台设置一般规则和特别规则,第三方组织一般由 2 ~ 7 名专业人员组成。一般规则是根据风险领域个数匹配对应名录库专业人员,人员数量一般在 4 人以下,小微企业一般控制为 2 人。特别规则的配置条件是企业规模、税务风险,企业规模为大中型的,可以选用专家学者;在勾选税务风险的情况下,结合企业规模,也可选择会计师。平台设置了详细、具体的匹配规则,确保每一个涉案企业第三方组织成员抽取结果有理有据,专业人员组成尽可能科学、合理。

(二)公平公正保障功能

智能化抽取还可以综合考虑企业合规监管状态、专业人员工作状态的动态调整,以及专业人员某个时间段被分配的次数等方面,避免出现第三方组织专业人员被抽取机会不均等、工作量不均衡的问题。此外,合规监管人抽取要考虑利益冲突的问题,抽取的专业人员不得与涉案企业及企业负责人、董事或其他管理人员存在利益关系或者其他可能影响公正履职的事项。平台还设置登录权限、角色分配、抽取人填录、全程留痕等规则,如果因专业人员回避、人工变更等特殊情况需要重新抽取,则要填录详细原因,最大限度降低人为干预的可能性。根据第三方监管机制的运行需求,系统可以拓展风险领域、多层级人才库,实现专业化抽取、跨区域抽取。

(三)结果同步公示功能

平台随机抽取组建第三方监管组织后,可自动导出公示人员名单和公示模板,通过工商联、检察院等所属微信公众号进行公示。同时,平台具有公示意见后台数据管理功能，可对社会公众提交的意见进行提示、查询、回复等操作，实现闭环管理。

（四）统计分析决策功能

平台还设置了统计功能，实现对被监管企业规模、风险领域、监管情况等数据的统计，以及对专业人员需求量、监管频次、监管效果等数据的统计，可分类形成季报、年报，为专业人员的更新、调整、考核等提供依据，还可为本地区企业合规整体建设提供决策参考。下一步，平台还可以增加专业人员日常管理功能，提升第三方监督评估工作整体的规范化水平。

比如，涉案企业江苏某金属公司启动合规监督考察，涉罪风险领域为安全生产，抽取人在智能管理平台录入企业信息，系统识别出该企业规模为小型企业，默认第三方组织人员结构为 1 名律师、1 名安全生产领域专业人员，抽取人勾选了专家学者，生成抽取结果。该公司第三方组织由 3 名专业人员组成，包括 1 名律师、1 名应急管理局业务骨干、1 名某大学合规专家。后抽取人通过系统在市工商联微信公众号进行公示。

第三节 合规监管人的职责

企业合规制度有效运行的核心环节是合规监督考察。合规监督考察工作的实质化需要第三方监督评估组织专业人员提供称职的工作来保障。第三方监督评估组织专业人员的履职工作贯穿第三方监管机制运行的全过程,《关于建立涉案企业合规第三方监督评估机制的指导意见(试行)》及配套的《指导意见实施细则》对专业人员的履职工作都作了规定,并不断细化。下文将具体介绍合规监管人的主要职责。

一、了解涉案企业合规现状

《指导意见实施细则》第 27 条第 1 款规定,第三方监督评估组织成立后,应当在负责办理案件的人民检察院的支持协助下,深入了解企业涉案情况,认真研判涉案企业在合规领域存在的薄弱环节和突出问题,合理确定涉案企业适用的合规计划类型,做好相关前期准备工作。第 28 条第 1 款规定,第三方监督评估组织根据涉案企业情况和工作需要,应当要求涉案企业提交单项或者多项合规计划,对于小微企业可以视情简化。实践操作中,检察机关可以在商请第三方监督评估机制管委会组建第三方监督评估小组时,将涉案企业调查评估报告作为附件移送,便于第三方监督评估小组及时掌握涉案企业基本情况、合规风险;第三方监督评估小组成立后可以与办案检察官及时座谈交流,进一步详细了解情况,并听取检察官的意见建议;第三方监督评估小组可以实地走访企业,与企业负责人交流,了解企业合规风险自查情况。第三方监督评估组织针对涉案企业涉罪风险点,结合企业合规承诺确定以专项合规为重点的合规计划类型。比如,污染环境罪的涉案企业合规计划类型应当是环境保护专项合规计划,若企业还有较明显的财税风险,在企业自愿的基础上,可以建议企业增加财税合规管理,但这不是合规监管的重点。

需要注意的是，应当对企业提交合规计划的期限作出规定，避免久拖不决，影响合规监督考察工作的开展。《指导意见实施细则》未对涉案企业提交合规计划的期限作出规定，建议可以规定：涉案企业一般应当在第三方小组提出要求之日起15日内完成合规计划，对于涉案企业合规风险较为重大复杂的，可以视情延长至1个月。

二、审查涉案企业合规计划

《指导意见实施细则》第29条规定，第三方监督评估组织应当对涉案企业合规计划的可行性、有效性与全面性进行审查，重点审查以下内容：（1）涉案企业完成合规计划的可能性以及合规计划本身的可操作性；（2）合规计划对涉案企业预防治理涉嫌的犯罪行为或者类似违法犯罪行为的实效性；（3）合规计划是否覆盖涉案企业在合规领域的薄弱环节和明显漏洞；（4）其他根据涉案企业实际情况需要重点审查的内容。第三方组织应当就合规计划向负责办理案件的人民检察院征求意见，综合审查情况一并向涉案企业提出修改完善的意见。《指导意见实施细则》规定的合规计划审查重点比较原则，主要强调可操作性、实效性和全面性，实践中还需要进一步细化。

笔者认为，审查合规计划的可操作性，需要重点关注涉案企业合规计划中列明的完成进度安排、合规经费投入以及合规资源配置等是否符合合规建设需求。审查合规计划的实效性，需要重点关注合规整改的针对性措施是否有效。涉案企业进行整改，首先要进行“制度纠错”和“管理修复”，针对自身发生犯罪的制度原因，提出填补制度漏洞的方案，阻断企业犯罪发生的因果联系。针对性措施是否有效要以是否排除涉罪风险因素、避免再次犯罪为标准。最高人民检察院专家咨询委员会委员、北京大学教授陈瑞华提炼了制度纠错和管理修复的六大要素：（1）对公司治理结构的改造；（2）撤销或改造存在隐患的业务、产品、经营方式、商业模式；（3）对企业经营管理模式的改造；（4）对财务管理机制的改造；（5）改变对员工、第三方和被并购企业放任自流的管理模式；（6）打破企业封闭和集权的管理模式，引入外部独立的专业机构。[①]审查合规计划的全面性，并不是要求合规计划面面俱到，“大而全”的合规计划一直被理论界诟病。按照《关于建立涉案企业合规第三方监督评估机制的指导意见（试行）》及《指导意见实施细则》的精神，合规计划除了涉罪风险整改外，还需要针对其

---

① 参见陈瑞华：《企业有效合规整改的基本思路》，载《政法论坛》2022年第1期。

他合规领域薄弱环节和突出问题进行整改。其他合规领域的整改同样也要求具有针对性。

关于审查合规计划的流程,《指导意见实施细则》第29条第2款规定,第三方组织应当就合规计划向负责办理案件的人民检察院征求意见,综合审查情况一并向涉案企业提出修改完善的意见。第30条规定,第三方组织根据案件具体情况和涉案企业承诺履行的期限,并向负责办理案件的人民检察院征求意见后,合理确定合规考察期限。因此,在审查合规计划的同时需要同步审查合规计划完成时限是否合理,并据此确定合规考察期限。梳理上述内容,可以设定审查合规计划的流程包括企业涉罪风险排查,合规计划可行性、有效性和全面性分析,合规考察期限确定,听取检察机关意见,提出合规计划修改意见,提交合规监管委员会审核。可以制作涉案企业合规计划审查表,由第三方监督评估小组以表格的形式进行填录。此外,各地第三方监督评估机制管委会可以就第三方监督评估组织审查合规计划的期限作出规定。

关于合规考察期限,应当规定可以视情调整。一方面,由于实践中企业合规计划执行可能出现多种多样的问题,有些问题在最初制订合规计划时是难以预料的,或者说是容易忽视的。在合规计划执行期间,随着合规整改的深化,第三方监督评估组织也可能发现企业新的合规风险点。另一方面,合规监督考察工作也不排除提前完成的可能。因此,合规考察期间第三方监督评估小组可以对合规考察期限调整提出建议。合规考察期限可以根据企业合规整改情况延长或缩短。例如,第三方监督评估小组认为涉案企业合规计划履行尚未完成且有继续履行的可能,在听取办理案件的检察机关、涉案企业等相关人员意见的基础上,可以视情况提出延长合规考察期限的建议,提交合规监管委员会审核。

为了增强合规计划审查的专业性,江苏省南京市建邺区人民检察院建立了“双听证”模式。除了在验收评估环节召开专家听证会外,在合规计划审查环节即组织专家听证。具体来说,在大型涉案企业建立合规计划的初期(3个月),检察机关可以主导召开一次专家听证咨询会,邀请合规领域的专家,对企业已经建立的合规计划进行咨询、论证,提出具有针对性的改进措施,要求涉案企业按照专家的意见,全面修改完善合规计划。在一些大中型企业合规计划审查中,由于合规计划的专业性、复杂性高,组织专家听证会可以有效解决审查中的难点、重点问题,为合规计划执行环节的监督考察工作创造条件,值得借鉴。

三、监督合规计划的执行

监督合规计划执行是促进涉案企业实质化整改的关键环节，需要实质监管，避免走形式、走流程。《指导意见实施细则》第 31 条规定，在合规考察期内，第三方监督评估组织可以定期或者不定期对涉案企业合规计划履行情况进行监督和评估，可以要求涉案企业定期书面报告合规计划的执行情况，同时抄送负责办理案件的人民检察院。第三方监督评估组织发现涉案企业执行合规计划存在明显偏差或错误的，应当及时进行指导、提出纠正意见，并报告负责办理案件的人民检察院。根据上述条款的规定，第三方监督评估小组可以采取主动和被动相结合的方式开展监督考察工作。第三方监督评估小组可以通过实地走访、检查业务原始资料、问卷调查等方式主动监督，也可以要求企业在一定时间内提交书面报告。监督考察期限不满 6 个月的，可以要求企业每月提交书面报告；超过 6 个月的，可以要求企业每 2 个月提交书面报告。

监督合规计划执行初期，第三方监督评估小组可以结合企业制订的合规计划编制考察方案，便于有计划地开展监督考察工作。考察方案可以包括以下内容：一是确定小组成员分工，小组成员可以根据考察工作需要，单独或共同开展工作；二是需要企业提交的开展经营活动的相关凭证、原始数据等；三是监督考察需要采取的措施、方法以及准备工作；四是监督考察工作台账记录方式；五是需要涉案企业或者检察机关办案人员提供的工作便利条件等。监督考察工作应当全程留痕，采用工作日志、台账记录等方式记录，并向负责办理案件的检察机关备案。

关于监督考察的方法，《指导意见实施细则》第 35 条规定，监督评估方法应当紧密联系企业涉嫌犯罪有关情况，包括但不限于以下方法：（1）观察、访谈、文本审阅、问卷调查、知识测试；（2）对涉案企业的相关业务与管理事项，结合业务发生频率、重要性及合规风险高低进行抽样检查；（3）对涉案企业的相关业务处理流程，结合相关原始文件、业务处理踪迹、操作管理流程等进行穿透式检查；（4）对涉案企业的相关系统及数据，结合交易数据、业务凭证、工作记录以及权限、参数设置等进行比对检查。这些都是第三方监督评估小组实际工作中可能用到的监督考察的方法、途径，需要注意工作留痕，通过对比分析得出专业意见，发现企业合规建设存在问题或疏漏的地方及时提出修改完善的意见，引导企业向好的整改方向发展。

关于“坐班式”监管的问题。国外刑事监管人制度中司法机关会派驻经验丰富的检察官担任涉案企业合规监督员,由其直接领导企业开展整改工作。监管人的主要职责应当是基于协议条款来评估和监察企业的合规情况,包括在大多数情况下评估公司的内部控制和企业道德及合规制度等,监管人只有在那些特定案件中某些事实和情形下才得以适用。监管人应当向政府和企业同时作出书面的监管报告。[①] 这种"坐班式"监管方式有利于监管人全面掌握企业合规整改情况,监管的实质化程度比较高。我国第三方监督评估组织不等同国外的监管人,第三方监督评估组织不直接参与或者领导企业进行合规整改,那么,我国第三方监管机制是否有必要采用"坐班式"监管呢?笔者认为,我国第三方监督评估组织的职责不同于国外的监管人,"坐班式"监管需要企业支付高昂的监管费用,而我国涉案企业普遍是中小企业,企业无力承担高昂的监管费用。因此,可以考虑采取"坐班式"和抽查相结合的方式,常规动态跟踪、提供指导,关键环节重点把关、解决问题。

比如,前文提到的张家港市某科技公司及顾某某虚开增值税专用发票案中,第三方监督评估小组针对合规计划提出 3 条修改完善的意见:一是进行财务专项审计,审核企业财务管理情况;二是建立库存台账制度;三是完善采购、销售制度。此外,涉案企业结合财务专项审计再对具体的合规计划作出适当修改、完善。按照合规计划要求以及时间进度安排,该公司负责人顾某某作出合规承诺,对企业财税合规风险进行自查;制订了合规纲领、财务合规管理制度、员工合规手册等;完成财务专项审计,并将财务合规管理制度等上墙。合规考察期限届满前,第三方监督评估小组审核企业提交的定期书面报告、现场检查台账记录、财务账套等,结合财务审计报告,发现该公司记载的一笔 30 多万元暂估款存在税务风险,提出进一步整改的建议。考虑到企业无法在考察期完成合规整改,但具备完成整改的可能性,从帮助挽救企业的角度,经征求涉案企业和办案检察机关意见,第三方监督评估小组向企业合规监管委员会提出延长考察期限两个月的建议。经慎重研究讨论,企业合规监管委员会决定延长考察期限两个月。张家市某科技公司按照第三方监督评估小组监管要求,更换专业财务人员负责公司财务记账工作,规范公司现金流使用,采取恰当措施消除暂估款的涉税风险。考察期限届满,第三方监督评估小组经现场验收,出具了通过验收的评估意见。

---

① 参见韩旸、王嘉铭:《合规前沿|从第三方监管人的视角谈企业合规不起诉制度构建》,载微信公众号"金杜研究院"2021 年 4 月 21 日,https://mp. weixin. qq. com/s/LicxWloFjD0UIhuaMn2JQw。

四、验收评估

《关于建立涉案企业合规第三方监督评估机制的指导意见(试行)》第 13 条规定:第三方组织在合规考察期届满后,应当对涉案企业的合规计划完成情况进行全面检查、评估和考核,并制作合规考察书面报告,报送负责选任第三方组织的第三方监督评估机制管委会和负责办理案件的人民检察院。实践操作中,制作合规考察报告前第三方监督评估组织可以组织现场验收,第三方监督评估小组成员按照各自专业领域,分别对企业的合规承诺以及合规计划确定的一项或多项合规内容完成情况进行现场验收,并召开现场验收会。现场验收会可以由第三方监督评估机制管委会工作人员或第三方监督评估组织专业人员主持,邀请检察机关办案人员、巡回检查小组成员参加,进行现场监督。现场验收一般包括以下环节:(1)企业相关人员介绍合规计划内容及执行情况;(2)第三方监督评估小组对企业相关人员发问,并查阅相关证明资料;(3)第三方监督评估小组开展验收评估需要的程序、方法;(4)巡回检查小组对合规监督考察工作提出意见、建议,可向企业相关人员或第三方监督评估小组成员发问或调查核实。需要注意的是,办案检察官可以参加会议监督合规验收评估的过程,但不得对合规验收通过与否发表意见。

五、出具监督考察报告

现场验收后,第三方监督评估小组结合企业提交的合规计划,对照合规有效性审查标准就合规计划完成情况进行独立评议,出具评估意见并制作监督考察报告。《指导意见实施细则》第 33 条第 2 款规定,合规考察书面报告一般应当包括以下内容:(1)涉案企业履行合规承诺、落实合规计划情况;(2)第三方组织开展了解、监督、评估和考核情况;(3)第三方组织监督评估的程序、方法和依据;(4)监督评估结论及意见建议;(5)其他需要说明的问题。第 34 条规定,合规考察书面报告应当由第三方组织全体组成人员签名或者盖章后,报送负责选任第三方组织的第三方监督评估机制管委会、负责办理案件的人民检察院等单位。第三方组织组成人员对合规考察书面报告有不同意见的,应当在报告中说明其不同意见及理由。关于监督考察报告的形成,《指导意见实施细则》进行了比较详细的规定,解决了实践中报告签名的问题,以及存在不同意见的处理。

实践中,可以就监督考察报告出具的时限作出规定。例如,考察期限届满后 5 日内,第三方监督评估小组应当制作监督考察报告,报送企业合规监管委员会和负责办理案件的检察机关审核。此外,根据具体工作开展的需要,合规监督考察期间,第三方监督评估小组可以制作阶段性合规考察书面报告,提交第三方监督评估机制管委会,便于第三方监督评估机制管委会及时掌握情况,作出处理决定,如重大阶段性验收成果、建议延长、缩短合规考察期限、中止监督考察等。

六、发现犯罪事实的报告义务

《关于建立涉案企业合规第三方监督评估机制的指导意见(试行)》规定,第三方监管组织发现涉案企业或其人员尚未被办案机关掌握的犯罪事实或者新实施的犯罪行为,应当中止第三方监督评估程序,并向负责办理案件的人民检察院报告。但该条款未明确检察机关的处理原则、处理方法。“中止”而不是“终止”第三方监督评估程序,是否意味着符合特定条件还是可以重启该程序?这里存在两个问题:一个问题是合规监管人报告企业违法犯罪行为的范围,是限于可能涉嫌犯罪的事实,还是包括违法事实,或者违反行业规范、合规制度的都要汇报?汇报的范围越广,对合规监管人工作的要求越高,企业的顾虑越多,可能不利于监管工作的推进、深入。另一个问题是合规监管人向合规委员会或者检察机关报告企业违法犯罪行为后,检察机关该如何处理,哪种情况下应该终止合规考察,提起公诉?哪种情况下可以继续进行合规监督考察?是否还要考虑其他更加稳妥的处理方式?《指导意见实施细则》未就这些问题进行明确。建议完善发现涉案企业违法犯罪行为处置程序,建立不当行为分级处置制度,对被监管企业违规、违法、犯罪行为作区分处理,明确规定监管人发现企业违法、犯罪行为必须报告。但对于企业违规行为,应当明确什么样的违规行为要向合规监管委员会报告。例如,可能损害安全、环保等公共利益的行为,可能严重损害公司利益的行为以及其他可能带来重大损害的违规行为应当报告;而对于一些一般违规行为,如企业员工轻微违规行为,监管人可以自主决定是否向合规第三方监督评估管委会报告,但应及时向企业合规组织机构报告并督促整改。

第四节　合规监管人履职的保障

一、组织保障

（一）沟通协调

《指导意见实施细则》第 27 条第 2 款规定，第三方监督评估机制管委会可以根据工作需要，指派专门人员负责与选任组成的第三方监督评估组织及负责办理案件的人民检察院、涉案企业联络沟通，协调处理第三方监督评估机制启动和运行有关事宜。指派专门人员负责沟通协调工作非常重要，是第三方监督评估组织能够正常履职的基础。合规监督考察全过程都需要专人负责第三方监督评估组织与第三方监督评估机制管委会、办案检察机关、涉案企业各方沟通协调。一是组织第三方监督评估组织与办案检察官沟通确定涉案企业适用的合规计划类型；二是组织第三方监督评估组织与涉案企业沟通提交合规计划的事宜以及提交的时限；三是在合规计划审查环节，为第三方监督评估组织开展调查核实工作提供便利，组织第三方监督评估组织与办案检察机关交流，听取意见；四是在监督合规计划执行环节，定期了解监督考察工作进度并向第三方监督评估机制管委会报告；五是在评估验收环节，组织召开现场验收会，协助第三方监督评估组织完成现场验收。专门人员可以从第三方监督评估机制管委会成员单位工作人员中指派，可以是工商联或者司法局工作人员，但不宜是办理案件检察机关工作人员，以免影响第三方监督评估组织的独立性。

（二）多重监督

一是保障企业的控告权利。在对企业进行合规时，检察机关应向涉案企业送达权利义务告知书，告知涉案企业、人员，如第三方监管人有违法或者不当行为的，可以向检察机关控告、举报。此外，将对第三方监管人的廉洁监督作为检察机关飞行检查的必要内容,通过填写问卷、座谈等方式进行检查。

二是加强对第三方监管人的监督。具体如需要签订保证书,第三方监管人保证自己在履职过程中遵守保密要求、公正客观执法、不乱收费、不干扰企业正常经营等,否则将承担相应后果。这些也可以在三方监管协议中约定。例如,江苏省南京市建邺区人民检察院在监管过程中,检察机关与监管人、涉案企业签订三方监管协议,协议写明保密及廉洁纪律。

三是加强指导监督。第三方监督评估机制管委会对第三方监管人进行必要的培训和指导,明确职权清单,对第三方机构工作开展情况进行跟踪抽查。对第三方监督评估小组成员不当行为的处置方式如下:(1)行为不当、违反职业操守的,合规监管委员会及时向有关主管机关、协会等提出惩戒建议。(2)严重违纪违法的,及时向监管委员会、公安机关移交线索。

四是设置巡回检查小组。借鉴"巡回检察"的模式,督促第三方监督评估组织依法、公正、客观履职。根据《关于建立涉案企业合规第三方监督评估机制的指导意见(试行)》的规定,组建巡回检查小组成员库,成员主要考虑退休的法官、检察官、行政机关人员,人大代表、政协委员也可以纳入;建立专门制度明确巡回检查小组组建的流程,包括程序启动、智能抽取组建巡回小组、准备工作、监督方法和要求以及处理结果。建议规定随机抽取组建第三方监督评估组织的同时组建巡回检查小组,巡回检查小组成员不得少于2人,每次开展监督工作不得少于2人,监督考察一般不少于2次,巡回检查小组应当参加现场验收并制作检查记录。对检查发现的问题应当区分情况进行处理,轻微违规情况、履职不尽责、工作漏洞等问题可以口头纠正,严重违反规定的给予劝诫或免除其监管人资格,构成犯罪的,依法追究刑事责任。

二、业务保障

首先,确立合规监督考察的原则。最高人民检察院检察理论研究所所长谢鹏程提出关于合规管理体系有效性的评估和审查的六大原则:(1)合规管理体系建设与合规风险相适应原则。涉案企业应当建立怎样的合规管理体系,既不以检察机关的意志为转移,也不是依照某个国际标准或者国家标准来建立一个大而全的合规管理体系,而是根据涉案企业合规风险的情况来决定的。(2)全面评估审查与重点评估审查相结合的原则。(3)过程评估审查与结果评估审查相结合的原则。(4)主观评价与客观内容相结合的原则。(5)评估和审查的标准保持明确性和一致性的原则。(6)评估和审查的结论保持可证实性和可比性的原则。①

其次,制订合规验收基本标准。企业合规指标体系应立足于涉案企业完成合规建设的目标,即主要围绕与企业犯罪有密切联系的企业管理问题而确立的相关整改标准。涉案企业存在的风险领域不同,对应的参考指标不同。同时,涉案企业生产经营的规模不同,合规达标要求也不同。大型企业合规审查标准应当接近央企标准,具备参考指标明确的全部要素;对于中小微企业,可以适度放低标准,但应当具备合规管理体系的核心要素。对于具有多个合规风险领域的企业,无论规模大小,都需建立完整的合规管理体系,并且要将开展的专项合规要素在完整的合规管理体系中体现。比如,江苏省张家港市人民检察院针对张家港市中小民营企业合规需求,确定了以"1+4"为核心内容的合规有效性审查办法和参考指标体系。"1"是指对企业合规管理的审查,"4"是指安全生产、环境保护、财税管理、知产管理4个分类指标体系,合规管理审查嵌入上述4个指标体系中。并且,制订个性化考察指标体系。第三方监督评估组织不仅要对企业的合规计划落实情况进行监督,还要对照参考指标对合规计划本身是否完整、是否具有可操作性进行初评,此时可以结合企业实际情况对参考指标进行调整完善。因此,第三方监督评估组织对企业合规计划进行审查时,应当同步制订有效性审查方案。即根据企业合规计划确定的合规整改内容,综合考量企业的公司结构、经营规模、业务和产品线的运营管理模式等因素,对照参考指标体系进行初评,形成符合企业实际的合规整改指标体系。在合规监督考察期间,根据合规计划的调整以及企业合规建设情况,第三方监督评估组织可以对指标体系进行微调。

三、经费保障

第三方监督评估成本费用谁支付、给多少、怎么管,是关系监督评估科学合理、公平公正的关键因素,也是企业合规改革试点需要重点解决的关键问题。《选任管理办法》第27条规定,第三方监督评估机制专业人员选任管理工作所需业务经费和第三方监督评估机制专业人员履职所需费用,试点地方可以结合本地实际,探索多种经费

① 参见《企业合规监督考察研讨会实录(5万字)》,载微信公众号"悄悄法律人"2021年10月19日,https://mp.weixin.qq.com/s/y1Ko_hG_7QD78Psr1NFOEg。

保障模式。目前，主要有两种模式：第一种模式是地方财政拨款。例如，江苏省张家港市人民检察院在试点过程中，对第三方监督评估成本费用进行测算后，协调当地财政部门设立专项资金，列入年度财政预算，并由当地工商联负责账户管理、薪酬发放、日常支出等具体工作，保障第三方监管评估机制良性运行。第二种模式是涉案企业承担。例如，江苏省南京市建邺区人民检察院在试点过程中，按照企业合规具有代替制裁和惩罚的属性，明确由涉案企业承担监督评估费用。关于第三方监督评估组织专业人员的履职激励，采取分类激励模式。对于选任的行政机关的业务骨干，严格遵守公职人员廉洁纪律要求，采取合规履职与公务员考核、评先评优等工作相结合模式；对于选任的社会中介机构专业人员，由企业合规监管委员会确定报酬总额，按照规定流程确定报酬方案、报酬比例和收取时间。

第
七
章

企业合规的评估验收

第一节　合规评估验收的主体

企业合规始终面临一些灵魂拷问:合规计划能够有效地阻止和预防违法犯罪行为吗?如何确保合规计划是真正有效的?如何防止合规计划只是企业为了逃避处罚和制裁而制作的"装饰门面的合规"或"纸面合规"?这是改革试点能否成功的根本性问题。

企业合规的评估验收主体负责对涉案企业合规的有效性进行评估验收。评估验收是以监管为前提的,所以评估验收与合规监管是一体两面的关系。我国在企业合规试点过程中逐步形成了5种监管模式,即检察官自行监管模式、委托独立监管人监管模式、委托行政机关监管模式、第三方监管委员会模式、检察主导下的协同监管模式。第三方监管委员会模式与检察主导下的协同监管模式本质是相同,本书第六章第一节已经进行了详细阐述,这里不再赘述。2021年6月3日,最高人民检察院、司法部、财政部等9个单位发布的《关于建立涉案企业合规第三方监督评估机制的指导意见(试行)》采取的是第三方监管委员会模式,在此过程中,检察机关要发挥主导作用。而江苏省南京市建邺区人民检察院在此基础上突出检察主导作用,提出检察主导下的"协同监管模式"。在企业合规的监管过程中,有几个关键词值得注意:"监管"(monitor),强调执法机关及委托的第三方监管人对涉案企业合规有效性进行监管;"审核(审计)"(audit),包括涉案企业自身相关人员和部门对合规计划实施的审核;"审查"(review),包括企业自身相关人员和部门对合规计划的审查,也可以涵盖执法机关及其委托的第三方的审查。探索构建中国特色的检察主导下的"协同监管模式"对于确保企业合规改革成效至关重要。协同监管模式中评估验收的主体包括以下方面。

一、检察机关是评估验收的主导方

最高人民检察院等发布的《关于建立涉案企业合规第三方监督评估机制的指导意见(试行)》第1条规定,涉案企业合规第三方监督评估机制,是指人民检察院在办理涉企犯罪案件时,对符合企业合规改革试点适用条件的,交由第三方监督评估机制管理委员会选任组成的第三方监督评估组织,对涉案企业的合规承诺进行调查、评估、监督和考察。实际上,就是检察机关在办理涉案企业合规时协同其他行政机关、部门组成第三方进行监管。第三方监管人员开展监管工作实际上是对检察机关负责,受检察机关委托。因此,检察机关在此过程中发挥主导作用是逻辑的必然结果。由于企业合规本质上是一种合作型司法,对于企业犯罪治理来说,属于协商治理模式,协同监管是企业合规计划有效性监管的最佳方式。在协同监管框架下,政府监管机构与企业和社会共同分担监管职能,实现政策目标,在一定程度上将管理权力从国家政府机构移交给附属机构和民间社会行动者。需要指出的是,这种协同监管与检察机关主导作用是不矛盾的,检察机关不过多干预具体的监管过程,但是对监管员的选任、监管员提供的报告、有效性审查都必须起主导作用。这种主导体现在以下五个方面:(1)严把第三方机制的启动关,依职权或依申请启动第三方机制时,必须审查是否符合企业合规试点及第三方机制的适用条件。(2)严把第三方组织人员的选任关,如果发现明显不当的,必须向第三方机制管委会提出意见和建议,并作出调整。对于监管人员的选任,检察机关必须发挥主导作用,确保符合"三性"要求,即独立性、专业性和公开性。(3)严把合规计划有效性审查关,对涉企业合规计划执行、第三方组织合规考察书面报告等提出审查意见。(4)引导第三方机制管委会建立合规有效性监管评估的标准、方法,防止"纸面合规"和"纸面监管"。(5)对第三方监管人员的监管、评估工作进行监督。《指导意见实施细则》第13条第1款规定,第三方机制管委会办公室牵头组建巡回检查小组,邀请人大代表、政协委员、人民监督员、退休法官、退休检察官以及会计、审计、法律、合规等相关领域的专家学者担任巡回检查小组成员,对试点地方第三方机制管委会和相关第三方组织及其组成人员的履职情况开展不预先告知的现场抽查和跟踪监督。这里的巡查小组组建也是在检察机关主导下进行的。例如,江苏省南京市建邺区人民检察院在办理某集团公司案件中,在合规监管三方协议里明确,第三方组织在履职过程中不得泄露商业秘密,不得索取、收受贿赂或者非法侵占涉案企业财物,不得干扰正常生产经营活动等,并牵头第三方监管委员会成立巡回检查小组,对第三方组织的工作情况进行监督,一旦发现有违法违规行为,即将其列入监管人"黑名单"。

就企业合规有效性评估验收而言,检察机关应发挥主导作用,承担主导责任:(1)对合规计划运行过程及结果有效性的验收评估的责任。从合规计划启动到最终合规计划有效性的监管评估验收,检察机关始终起主导作用,并最终对有效性与否作出终局性决定,以此作为案件处理决定的依据。(2)对第三方的评估报告的审查责任。第三方监管本质上是检察机关委托第三方机构或人员进行监管。检察机关是委托方,第三方机构或人员是受托方,检察机关必须履行委托方的主导责任。第三方机构或人员本质上是协助检察机关、受检察机关委托履行监管责任。检察机关要对第三方监管人员出具的评估报告履行审查责任。《指导意见实施细则》第 37 条规定,负责选任第三方组织的第三方机制管委会和负责办理案件的人民检察院收到第三方组织报送的合规考察书面报告后,应当及时进行审查。(3)在合规监管阶段,检察机关不是交给第三方监管小组就"一放了之",而是也要自行对合规计划的实施情况进行评估。检察机关要到企业进行实地走访、调查、访谈等,对合规计划的运行效果、有效性进行评估。(4)检察机关是对合规计划评估验收作出终局性结论的主体。涉案企业合规计划是否有效,是否通过验收,能否作为案件从宽处理的依据,是由检察机关最终作出决定的。

二、第三方监管人是评估验收的直接主体

在第三方监管模式下,对涉案企业的合规部门进行监管、评估验收的直接主体是第三方监管人。第三方监管人的职责和性质决定了其是涉案企业评估验收的直接主体。根据《指导意见实施细则》第 16 条、第 33 条的规定,第三方组织是试点地方第三方机制管委会选任组成的负责对涉案企业的合规承诺及其完成情况进行调查、评估、监督和考察的临时性组织。第三方组织在合规考察期届满后,应当对涉案企业的合规计划完成情况进行全面了解、监督、评估和考核,并制作合规考察书面报告。这份评估报告是检察机关对涉案企业合规计划有效性进行判断的基本载体。

第三方监管人作为评估验收的直接主体,作为主导方的检察机关要给予相关的监管评估职权。根据《指导意见实施细则》等相关规定,第三方监管人有权对涉案企

业人员开展访谈、问卷调查、知识测试;可以调阅涉案企业的相关业务处理流程的原始文件,可以查阅涉案企业的相关系统及数据、业务凭证、工作记录等。

三、企业是合规评估验收的配合方

企业是合规计划的运行主体,是合规计划评估验收的核心利益攸关方。在合规验收评估过程中,企业作为配合方,应发挥好配合作用,主要体现为以下两个方面:

一是对检察机关以及第三方监管人的评估验收工作的配合。《指导意见实施细则》第 36 条第 1 款规定,涉案企业及其人员对第三方组织开展的检查、评估应当予以配合并提供便利,如实填写、提交相关文件、材料,不得弄虚作假。第三方监管人以及检察机关对涉案企业开展调阅档案、访谈、测试等评估验收活动时,企业应当全力配合。

二是涉案企业是合规计划的运行主体,同时其自身也要开展评估工作,确保合规计划持续有效,并将企业自身开展的内部评估及时向第三方监管人以及检察机关报告,协同开展好评估验收工作。根据 ISO 37301:2021《合规管理体系 要求及使用指南》的规定,企业也持续开展合规计划的评估审查工作,具体来说:(1)企业实施控制以管理其合规义务和相关合规风险。企业应对这些控制措施进行维护、定期评审和测试,以确保其持续有效。(2)企业应对合规管理体系进行监视,评价合规绩效及合规管理体系的有效性,以确保合规目标的实现。具体内容包括确定需要被监视和测量的对象,适用的监视、测量、分析和评价方法,何时应实施监视和测量,何时应对监视和测量的结果进行分析和评价。(3)企业应策划、制订、实施和维护一个或多个审核方案,包括频次、方法、职责、策划要求和报告,并界定每次审核的目标、准则和范围;合理选择审核员并实施审核,以确保审核过程客观公正,将审核结果报告给相关管理者和管理层。管理层应组织合规管理体系的评审,以确保合规管理体系持续的适用性、充分性和有效性。

第二节　合规评估验收的标准

2021年6月3日，最高人民检察院、司法部、财政部等9个单位印发《关于建立涉案企业合规第三方监督评估机制的指导意见（试行）》，规定由检察机关授权委托第三方监督评估组织对涉案企业的合规计划进行调查、评估、监督和考察，标志着我国涉案企业合规改革试点工作进入更加关注合规有效性的新阶段。但是《关于建立涉案企业合规第三方监督评估机制的指导意见（试行）》并未就如何评估验收合规计划的有效性进行详细规定，从我国合规制度产生的背景和实践试点情况来看，其仍有很大的研究空间。下文借鉴ISO 37301:2021《合规管理体系　要求及使用指南》（以下简称ISO 37301国际标准）的有效性标准，结合江苏省南京市建邺区人民检察院的相关经验和做法进行阐述。

一、有效合规计划的基本属性

有效的合规计划既是企业形成合规管理体系的日常标杆，也是企业争取司法机关对其作出从宽处理的重要参考依据。在严防“纸面合规”的同时，我们也需要杜绝“纸面评估”，做到客观、公正、科学地评估、验收涉案企业合规计划及整改是否有效，确保真监管、真评估、真合规。有效的合规计划应当具备以下属性：

一是针对性。考虑到涉案企业犯罪原因和合规风险点不尽相同，且合规考察时间一般为6个月至1年，时间有限，压力较大，故涉案企业建立的合规计划不可能整齐划一，存在差异化。涉案企业应当在精准揭示出犯罪原因的前提下，进行有针对性的制度纠错，“量身打造”有限的合规专项体系，努力消除犯罪隐患，实现犯罪治疗和犯罪预防有机统一。需要注意的是，专项合规是指与涉嫌犯罪相关联的专项，一定是一类罪，而不是个罪，如被作为合规样本的西门子合规计划建立的就是“反海外贿赂合规计划”。

二是适应性。对于涉案企业来说,合规计划可能要求企业进行部分“权利放弃”,如预先支付高额罚金等。部分企业忽视合规计划成本与收益的落差,无区分地进行合规建设、制订合规计划,导致滥用现象产生,不仅影响企业自身经营,而且折损制度权威。因此,一方面,合规建设的启动和合规计划的制订是司法机关和企业双向选择的过程,企业要根据自身的能力进行选择;另一方面,涉案企业的合规计划应与企业需求相匹配,并与其资产规模、经营范围、业务特点等相适应。①

三是具体性。涉案企业设置的专门独立的机构或合规专员应当充分履职,坚持以问题为导向建立合规计划,无论是合规目标的确定,还是合规措施的实施,严禁“假大空”,要求具体翔实、要素完备。根据《关于建立涉案企业合规第三方监督评估机制的指导意见(试行)》第11条的规定,应当主要围绕与企业涉嫌犯罪有密切关系的企业内部治理结构、规章制度、人员管理等方面存在的问题展开合规,做到实用可行、便于操作。

四是动态性。合规风险是动态的,不可能一蹴而就,涉案企业的合规计划应当持续改进,根据其内部战略发展和外部监管要求等,及时修订、更新合规计划。通过关注重点领域、重点环节和重点人员,作为执行合规计划的风向标,将合规风险管控进行制度化,对已发现或潜在的风险、发生的原因及其危害后果等进行全面监测、预防、处置,以便将企业合规落到实处。

二、ISO 37301 国际标准合规有效性主要指标

2021年4月13日,ISO 37301国际标准正式发布实施。ISO 37301国际标准的制定对于各类组织的合规管理能力建设、政府监管活动、国际贸易交流、沟通合作改善等具有重要意义。ISO 37301国际标准规定了组织建立、运行、维护和改进合规管理体系的要求,并提供了使用指南,适用于全球任何类型、规模、性质和行业的组织。合规管理体系通用要素的框架如图1所示。

① 参见王焰明、张飞飞:《企业刑事合规计划的制定要把握四个特性》,载《检察日报》2021年7月13日,第7版。

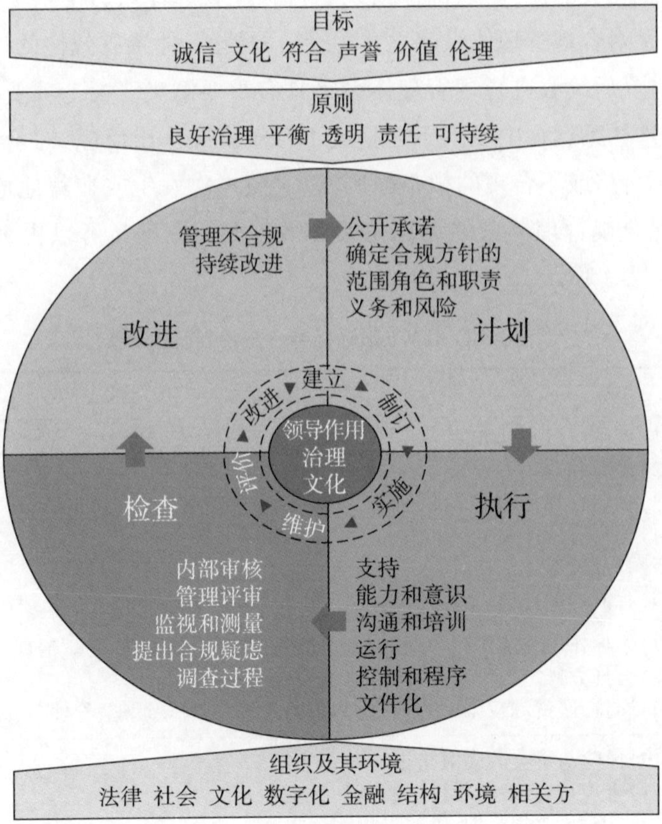

图1 合规管理体系通用要素

ISO 37301 国际标准中的合规管理体系通用要素主要内容包括 7 项。第一项要素是组织环境。组织所处的环境构成了组织赖以生存的基础。这些环境既涉及法律法规、监管要求、行业准则、良好实践、道德标准,又涉及组织自行制订或公开声明遵守的各类规则,因此,建立合规管理体系首先要对组织所处的环境予以识别和分析。第二项要素是领导作用。领导是合规管理的根本,对于整个组织树立合规意识、建立高效的合规管理体系具有至关重要的作用。第三项要素是策划。策划是为了预测潜在的情形和后果,对于确保合规管理体系实现预期效果,防范并减少不希望产生的影响,实现持续改进具有重要作用。第四项要素是支持。支持是合规管理的重要保障,对于合规管理体系在各个层面得到认可并保障合规行为实施具有重要的支持作用。第五项要素是运行。运行立足于执行层面,策划、实施和控制满足合规义务和战略层面与规划的措施相关的流程，以确保组织运行合规管理体系。第六项要素是绩效评价。绩效评价是对合规管理体系建立并运行后的绩效、体系有效性的评价，对于查找可能存在的问题、后续改进合规管理体系等具有重要意义。第七项要素是改进。改进是对合规管理体系运行中发生不合格或不合规情况作出反应，评价其是否需要采取措施，消除不合格或不合规的根本原因，以避免再次发生或在其他地方发生，并持续改进，以确保合规管理体系的动态持续有效。七大要素又可以再细分为 26 个元素，具体内容如表 1 所示：

表 1　ISO 37301 国际标准合规计划基本要素

7 要素	26 元素
1. 组织环境	(1)理解组织及其环境 (2)理解利益相关方的需要和期望 (3)确定合规管理体系的范围 (4)合规管理体系 (5)合规义务 (6)合规风险评估
2. 领导作用	(7)领导作用和承诺(治理机构和最高管理者、合规文化、合规治理) (8)合规方针 (9)岗位、职责和权限(治理机构和最高管理者、合规职能、管理者、人员)
3. 策划	(10)风险与机会的应对措施 (11)合规目标和达到目标的策划 (12)针对修改的策划
4. 支持	(13)资源 (14)能力(通则、雇佣过程、培训) (15)意识 (16)沟通 (17)文件化信息(通则、文件化信息的创新和更新、文件化信息的控制)
5. 运行	(18)运行的策划和控制 (19)建立控制和程序 (20)报告疑虑 (21)调查过程
6. 绩效评价	(22)监视、测量、分析和评价(通则、合规绩效的反馈来源、指标的制定、合规报告、记录保存) (23)内部审核(通则、内部审核方案) (24)管理评审(通则、管理评审输入、管理评审结果)
7. 改进	(25)持续改进 (26)不符合与纠正措施

不难看出，ISO 37301国际标准是一个具有广泛适用性的合规管理体系，也是一个最低限度的国际标准。其最大的特点是融入了企业文化，将合规渗透到企业的文化和员工的行为态度中，使其成为企业核心价值和公司治理的组成部分。

三、“双层次”评估标准

有效的合规计划应当具备一些必不可少的制度要素，根据我国本土企业的实际情况，南京市建邺区人民检察院探索出“以企业文化为核心”的“双层次”有效性评估验收标准，对合规计划进行个性化判断。“双层次”标准包括技术指标和文化指标，企业合规计划的终极目标是将合规融入企业文化。其中，技术指标是显性形式要件和基础标准，文化指标是隐性实质要件和核心标准，技术指标是实现文化指标的必要非充分条件，二者是阶层递进的关系。①

（一）评估验收企业合规计划有效性的技术指标

1. 评估验收涉案企业有无建立合规预防体系

所谓“合规预防体系”，是指企业建立防御违法犯罪风险的体系。该方面评估验收的主要内容包括但不限于以下方面：

（1）政策程序。一是企业是否设置专门独立的机构或合规专员，按照一定的程序参与制订和实施合规计划，并在广泛征求意见的基础上经常更新；二是企业是否设计具有适应性、针对性、具体性和可操作性的流程，借助审计、法务等职能，监督保障合规计划的高效执行；三是企业是否通过适当的方式确保所有员工及相关第三方认可、理解合规计划，使其清楚应当关注哪些不当行为及如何上报问题。例如，在南京市建邺区人民检察院办理的A公司串通投标案中，第一次评估时，发现该公司的合规政策和程序仅仅是照搬照抄行业道德准则，停留在“严禁……严禁……”等口号上，过于空洞，没有嵌入投标业务的具体流程中，不具备有效性。经听取专家意见和检察机关建议后，A公司从投标禁止行为、投标关注重点、海外投标环境评估等9个方面，修订完善了《集团公司投标专项合规行动计划》，成效明显。

---

① 参见李勇：《涉罪企业合规有效性标准研究——以A公司串通投标案为例》，载《政法论坛》2022年第1期。

(2)管理层承诺。一是企业领导层、高级管理层是否准确无误地传达了公司的道德标准,并以身作则引领合规建设;二是企业中级管理层是否在日常工作中通过自身言行鼓励合规,强调合规标准及其重要性;三是企业管理层是否在竞争利益或商业目标面前,对任何合规风险均持零容忍态度。例如,在南京市建邺区人民检察院办理的A公司串通投标案中,涉案企业修改公司章程,确立合规管理条款,使其成为具有最高效力的合规准则,这是企业合规计划得以运行的前提和基础。通过将合规写入公司章程,确立基本的合规组织和管理结构,涉案企业向全社会作出了合规承诺,并使各项合规管理制度具有了规范效力。[①]

(3)组织架构。一是企业内部是否设置专门独立的机构或合规专员,负责合规计划的执行和实施;二是合规机构或专员是否拥有足够的资源,如是否有足够的人手执行必要的审计、文件审查和分析等工作;三是合规机构或专员是否拥有足够的自主权,如可以直接向董事会或审计委员会报告合规事务。例如,在南京市建邺区人民检察院办理的A公司串通投标案中,涉案企业在董事会之下设立合规管理委员会,由纪委书记担任负责人,董事长、总裁、各分管领导、主管部门负责人、合规管理专职人员、法律顾问等为委员会委员,确保合规委员会的权威性和独立性;并建立"合规一票否决"制,即首席合规官、合规部门对公司业务决策进行合规审查,拥有一票否决权,企业中高层不得越过董事会向首席合规官下达指令或者干涉首席合规官的决策行为。

(4)培训与沟通。一是企业是否为内部员工和商业伙伴提供常态化的有针对性的培训;二是企业是否根据人员性质和岗位职责的不同,以符合受众规模、认知水平和专业的方式进行精准培训;三是企业培训是否对以往违规案例进行剖析,通过对员工测试进一步衡量培训的有效性;四是当企业员工因不当行为被惩戒时,管理层以何种沟通方式让其知晓企业的立场。例如,在南京市建邺区人民检察院办理的A公司串通投标案中,涉案企业建立了合规月度培训制度,通过该方式将合规制度和理念传达到每一位企业成员,确保合规计划发挥实质作用,而非"一纸空文"。

2. 评估验收涉案企业有无建立合规监控体系

所谓"合规监控体系",是指企业建立随时监测、识别并区分违法犯罪风险的体系。该方面评估验收主要内容包括但不限于以下方面:

(1)日常监控机制。一是企业是否建立完善的风险管理流程,有效收集、利用各

---

① 参见陈瑞华:《大型企业的有效合规计划》,载《民主与法制》2022年第7期。

种信息或指标识别、监测、分析已出现或潜在的风险；二是企业是否对监测到的风险进行等级划分，在管控中高风险和低风险时，合理配置时间和资源，实现经济效益最大化；三是企业的风险评估制度是否现行有效，能够结合已发现的问题或以往的经验教训作出调整。例如，在南京市建邺区人民检察院办理的A公司串通投标案中，涉案企业合规管理部门负责针对业务立项、业务开展、内部管理等，对照相应法律法规进行日常全流程监控，并提交合规风险报告。

（2）举报机制。一是企业是否建立可信赖的匿名举报机制，使员工可以毫无压力地报告违反企业行为准则、政策规定的可疑或已经存在的不当行为；二是企业是否健全举报人保护措施，严禁对举报人打击报复，对因举报而遭受损失的举报人给予一定的补偿；三是企业是否设立向举报人反馈调查进度和答复最终结果的流程，尽到回应义务。例如，在南京市建邺区人民检察院办理的A公司串通投标案中，涉案企业保障包括员工、客户、股东、合作方、信息使用者在内的所有利益相关方，可以通过电话或信函等方式正常行使举报违法违规行为的权利，首席合规官、合规管理部应当对此保密。①

（3）第三方管理机制。一是企业是否了解第三方合作伙伴的资质和关系，是否被作为隐瞒不法行为的代理人、顾问或分销商；二是企业是否了解第三方合作伙伴的信誉，以及在交易中需要对方的理由；三是企业是否对第三方合作伙伴进行尽职调查，若发现危险信号，是否及时解决并持续监控。该机制的积极意义在于，可以实现企业内部最佳管理，还可以将企业责任与第三方责任进行切割分离。一项有效的合规计划，可以证明企业不仅没有参与第三方的违法违规行为，而且对此不存在失职或管理不当等问题。②

（4）内部审核机制。一是企业是否自上而下地定期或不定期巡视合规计划的执行情况；二是企业是否进行合规计划执行的偏离分析，以确定是否存在未充分关注的特定风险领域，从而调整合规计划。事实上，要实现真正有效的合规主要须依靠企业自身力量。企业只有自我诊断“排毒”，才能步入合规经营、长效发展的轨道。

（5）审计机制。一是企业是否按照科学的办法有计划地定期开展内部合规审计工作；二是经审计发现存在不当行为时，是否已将审计结果以及补救进展向企业管理

---

① 参见陈瑞华：《大型企业的有效合规计划》，载《民主与法制》2022年第7期。

② 参见陈瑞华：《企业合规基本理论》（第2版），法律出版社2021年版，第263页。

层和董事会进行汇报。展开来说,合规审计是对合规管理工作进行全面评价和监督的重要手段,应重点审查合规体系的运行情况、合规程序的执行情况以及对财务控制和其他内控手段的实施情况。合规审计可以保障公司合规制度得以遵守,预防违法违规行为发生。合规审计可分为:全面合规审计与专项合规审计;定期合规审计、临时合规审计和后续合规审计。合规审计应当遵循独立原则、客观原则和公正原则。[①]

3. 评估验收涉案企业有无建立合规应对体系

所谓"合规应对体系",是指企业建立对监测到的风险以及已经出现的风险作出反应的体系。该方面评估验收主要内容包括但不限于以下方面:

(1)调查不当行为。一是企业是否快速响应,设定合理的调查期限,并实时跟踪调查进度,确保调查结果的可靠性;二是企业是否组织合格的人员在适当范围内进行独立、客观的调查,并作相应记录和归档;三是企业是否定期对举报内容和调查结果进行监控、分析,查处相关责任人,排查合规系统漏洞,完善合规管理制度。在实际操作层面上,对于违法违规行为,合规管理机构可独立展开调查,也可以经董事会批准后委托其他机构调查,并向最高决策层汇报,同时提出解决方案。

(2)奖励与惩戒。一是企业是否对部门及员工进行考核,并将考核结果作为干部任用、薪资待遇确定等的重要依据;二是企业是否基于考核结果建立奖惩机制,对依法依规经营、防范合规风险、避免企业遭受损失的部门或员工给予激励,对隐瞒合规风险、违法违规的部门或员工给予惩处;三是企业实施的奖惩机制在内部是否得到公正的执行,不因职务高低而有所区别对待。例如,在南京市建邺区人民检察院办理的A公司串通投标案中,涉案企业全面修改绩效考核细则,并组织每季度考核一次,将考核结果与晋升、奖金等挂钩,以达到激励合规、惩治违规的效果。

(3)分析与纠正。一是企业是否对重大合规事件的发生原因进行了周密分析,制订整改方案;二是企业是否针对重大合规事件果断采取适当的纠正措施,如补救挽损、缴纳罚款、赔偿被害人等,并修订合规计划,以避免此类不当行为再次发生;三是企业是否对责任人进行查处问责,涉及违法犯罪行为时,将其移送行政机关或司法机关,并配合调查。具体而言,经调查认为存在违法行为或者事实时,合规管理机构应及时向最高决策层报告,并建议向执法或者司法机关披露。合规管理机构应与调查机关充分进行合作,合作方式包括主动承认违法事实、提供相应证据或者证人、接受

---

① 参见李玉华:《有效刑事合规的基本标准》,载《中国刑事法杂志》2021 年第 1 期。

制裁、赔偿损失、恢复原状等。①

(4)持续改进。一是企业是否经常对其制订的合规计划进行"回头看",根据监管要求作相应调整;二是企业是否对合规计划的执行进行动态跟踪,排查障碍和问题,持续修复与更正。我国 GB/T 35770—2017《合规管理体系　指南》第 3.6 条规定,发生以下情形时,宜对合规风险进行周期性再评估:(1)新的或改变的活动、产品或服务;(2)组织结构或战略改变;(3)重大的外部变化,如金融经济环境、市场条件、债务和客户关系;(4)合规义务改变;(5)不合规。因此,有效合规计划的标志在于,企业对合规计划的改进和发展应当与时俱进,根据经验和教训对合规计划进行修订;采取合理措施,以便确保遵守企业的合规和道德程序,包括监控和审计,以发现犯罪行为,以及定期评估合规计划实施的有效性。②

(二)评估验收企业合规计划有效性的文化指标

合规免疫系统要实质地发挥效果就需要形成"免疫记忆",将技术指标转化为企业文化。企业文化具有抽象性、模糊性,但并非不可把握,可以从态度、习惯、氛围 3 个维度进行综合考察。③

1. 评估验收涉案企业有无树立合规态度

从态度维度考察,是指评估企业全体人员是否对合规经营保持积极正面的态度,树立起"做正确的事"的态度。该方面评估主要内容包括但不限于以下方面:一是企业是否将合规作为全体员工行为准则,渗透到各项业务流程,覆盖关联单位及人员;二是企业是否将合规计划编入员工手册,并附负面清单和先进典型事例等,宣传普及企业合规文化;三是企业全体人员是否对合规计划均作出绝对支持和执行的承诺,自觉抵制不当行为。

员工更看重管理层的行为是否真正致力于合规,当企业基调适配于所声明的共同价值观时,便有助于推动这些价值观在企业中的接受程度和嵌入程度。高层是最具影响力的企业合规基调制定者,语气不能含混不清。当高层奖励不当行为

---

① 参见周振杰:《合规计划有效性评估的核心问题》,载《国家检察官学院学报》2022 年第 1 期。

② 参见陈瑞华:《有效合规计划的基本标准——美国司法部〈公司合规计划评价〉简介》,载《中国律师》2019 年第 9 期。

③ 参见李勇:《涉罪企业合规有效性标准研究——以 A 公司串通投标案为例》,载《政法论坛》2022 年第 1 期。

实施者或自身实施犯罪时,员工很容易识别出高层对企业文化的虚假承诺。当高层发出混淆信号时,员工便很难评估高层的态度。[①] 实践表明,这种态度是具有可测量性的,如在南京市建邺区人民检察院办理的A公司串通投标案中,采取匿名问卷调查、员工随机访谈、特殊合作伙伴访谈等方式衡量涉案企业员工的合规态度。

2. 评估验收涉案企业有无养成合规习惯

从习惯维度考察,是指评估企业是否通过相应的一系列合规技术措施,促使合规转化为企业员工的行为习惯。该方面评估主要内容包括但不限于以下方面:一是企业合规计划实施后,从管理层到员工,以往不规范的行为习惯是否得到改观;二是企业是否通过场景测试,考察员工有无坚守合规承诺,并分析测试结果,形成文件化信息。

人员是合规管理的关键,决定合规计划实施的成效。企业应当基于业务及管理需求,按照"横向到边、纵向到底"的原则,在各部门、子公司设置合规联络人,负责推动相应的合规管理工作。企业亦需对合规人员开展培训,建立岗位素质模型,提升合规人员的专业能力。企业可以通过建立制度化、常态化培训机制和测试机制,确保所有人员理解、遵循企业合规战略及具体要求,养成合规行为习惯,践行依法合规、诚信经营的价值观,营造健康和谐的经营环境。[②]

3. 评估验收涉案企业有无营造合规氛围

从氛围维度考察,是指评估企业是否形成依法合规、守法经营的价值观,营造人人合规的文化氛围。该方面评估主要内容包括但不限于以下方面:一是企业采取何种方式努力营造合规光荣、不合规可耻的氛围;二是企业是否存在不当行为,采取何种措施去发现并纠正不当行为;三是企业员工是否对合规达成共识,合规已成为一种美德信念在企业内传播和流行;四是企业有无增强可持续发展能力。

有效的合规计划应当营造一种互相尊重、程序正义的企业氛围。当企业遇到难关时,员工能够彼此理解尊重,保障他人的合法利益不受侵犯。只有兼顾决策过程的公开透明和合规计划公平运行时,员工才会相信管理层的权威,进而督促员工对企业组织文化的遵从。例如,在南京市建邺区人民检察院办理的A公司串通投标案中,孙

---

① 参见王志刚、覃已:《论刑事合规计划的实质有效性》,载《西南石油大学学报(社会科学版)》2022年第1期。

② 参见郭小明、刘润兴:《如何设计有效的刑事合规计划》,载《检察日报》2021年10月18日,第3版。

某作为工程投标负责人,带头实施串通投标行为,并安排经营开发部的部长助理郑某邀约其他投标单位“商量”投标价格。侦查人员问郑某为何不反对这种行为,郑某回答“这是公司甚至行业的惯例和潜规则”。这说明串通投标已成该公司的一种不良氛围,重建合规计划的目标就是重塑一种排斥、鄙视串标、围标的氛围。

第三节　合规评估验收的方法

2022 年 1 月 4 日，最高人民检察院、司法部、财政部等 9 个单位在《关于建立涉案企业合规第三方监督评估机制的指导意见（试行）》的基础上，印发《指导意见实施细则》。《指导意见实施细则》第 35 规定："……监督、评估方法应当紧密联系企业涉嫌犯罪有关情况，包括但不限于以下方法：（一）观察、访谈、文本审阅、问卷调查、知识测试；（二）对涉案企业的相关业务与管理事项，结合业务发生频率、重要性及合规风险高低进行抽样检查；（三）对涉案企业的相关业务处理流程，结合相关原始文件、业务处理踪迹、操作管理流程等进行穿透式检查；（四）对涉案企业的相关系统及数据，结合交易数据、业务凭证、工作记录以及权限、参数设置等进行比对检查。"鉴于以上规定较笼统，结合前文所述，笔者认为，评估验收涉案企业的合规计划是否具有有效性，基本方法是从形式到实质，从技术指标到文化指标，可以通过"1 + 1 + 2"［常规审查、飞行检查（Unannounced Inspection）、问卷与访谈、场景测试］模型逐项对涉案企业合规整改进行评分，全面审查涉案企业有无建立合规屏障。

一、评估验收企业合规计划的思路与原则

（一）评估验收企业合规计划的思路

首先，应当从企业合规义务出发，运用个体思维，对涉案企业管理制度的主要内容进行审查，从而不断发现、排除或者修改、完善有可能导致企业违反合规义务的条款内容。其次，应当从企业运行的整体视角和系统思维出发，全面审查不同制度之间是否存在不一致或者相互冲突的问题，针对其内在矛盾冲突，提出科学合理的完善建议。最后，应当从企业发展的全局思维出发，重点审查涉案企业现有制度对于其合规管理体系可能造成的各种影响，主要是不利影响，从而及时提出修改和完善的合规

建议。

(二)评估验收企业合规计划的原则

第一,合规审查的全面性。突出合规审查的全面性,并非要求“凡事必查”,而是应当结合企业的合规义务和合规风险科学确定该审查过程中的重点问题和难点问题,不断提升合规审查的针对性和有效性,防止出现“盲目审查”的问题。[①] 既要从实体角度对企业合规计划进行审查,也要从程序角度对企业合规计划开展审查,包括对合规管理体系的设计、运行和成果 3 个主要环节的评估。

第二,合规审查的系统性。企业合规可划分为日常性合规体系建设和专项合规整改制度重建。涉案企业应当在查明犯罪原因的基础上,针对特定风险点建立具有专门性的制度纠错和管理修复,进而为预防同一类犯罪确立整体的、全面的和长远的合规计划。合规审查既要注重对某项企业制度进行单个审查,也要对整个企业管理体系开展系统审查,确保企业合规计划在制订与实施的程序层面上实现良好的无缝衔接。

第三,合规审查的可量化。合规审查的标准应当具有明确性和一致性,可以根据办案需要和涉案企业特点,设置便于实际操作的一系列量化指标体系和评估工作程序,在评估工作结束之前,与被评估企业就有效性评估结果进行必要沟通,核实评估过程中发现的问题,给予被评估单位解释和反馈的机会,以保证评估结果具有可证实性,评估材料足以支持评估报告的结论。评估报告内容至少应包括:评估依据、评估范围和对象、评估程序和方法、评估内容、发现的问题及改进建议、涉案问题的整改情况等。

二、评估验收企业合规计划的具体方法

1. 常规审查。常规审查方法侧重于合规有效性的技术指标,主要通过调阅企业的档案、文件、财务资料等,审查企业的合规计划是否满足基本要素等技术指标。

2. 飞行检查。飞行检查是跟踪检查的一种形式,是指事先不通知被检查部门便实施的现场检查。飞行检查作为一种突击性检查,具有秘密性、突击性、迅速性和被

---

① 参见陈坚:《企业合规改革研究》,法律出版社 2022 年版,第 258 页。

检查项目内容不确定性等特点,有利于强化企业的自律意识和守法自觉性,是检测企业合规计划是否有效实施、是否融入企业员工内心、是否潜入经营的各个方面和环节、是否成为一种企业文化的重要手段。飞行检查与下述问卷与访谈、场景测试相结合,能够兼顾合规有效性的技术指标和文化指标。

3. 问卷与访谈。问卷与访谈是了解企业管理人员及员工对合规的态度、习惯以及有无形成一种文化氛围的有效手段。该方法的关键在于,设计合理且有针对性的"调查问卷"和"访谈提纲"。例如,审查合规培训沟通实施情况,仅检查培训记录甚至是"逢训必考"的试卷,也未必能真正审查出其有效性,因为这些技术性指标容易"作假"。如果对参加过培训的员工进行匿名访谈,通过几个提问,就能确切地知道有无培训及培训的效果如何,并进一步确定员工有无从内心接受培训内容,并内化为工作中坚守的态度和习惯。南京市建邺区人民检察院在办理一件企业合规案件的评估验收过程中,组织团队研究"问卷调查表"和"访谈提纲",问题设计遵循从技术指标到文化指标逐步递进的原则。在飞行检查中,其随机在公司花名册中抽取经营开发部的中层及一线员工进行访谈,并临时召集100名员工进行匿名问卷调查。例如,针对文化指标中的"态度"设计问题:投标项目通过资格预审后,其他公司找到你称:"为了节约成本,大家商量一个报价浮动区间,然后公平竞争,这样对大家都好",你会怎么做?选项:A. 向领导汇报;B. 直接拒绝;C. 不知道怎么办;D. 写下你自己的办法。并在访谈中,进一步追问:如果你的上级要求你去联系其他投标单位,你会怎么做?是先执行再汇报,还是向合规部举报,或者你有其他办法吗?针对文化指标中的"习惯"设计问题:资格预审通过后,接下来你会做哪些工作?根据其回答,检测其开展业务流程是按照以往的惯例执行,还是按照新的合规流程执行,以此检测合规制度有无转化为行为习惯。针对文化指标中的"氛围"设计问题:庞某被选为"合规标杆员工"并当选党代表,你觉得她当选的原因是什么?对她身边的其他员工有什么影响?这是从正面角度检测合规氛围的形成。另外,从负面角度设计了这样的问题:如果你和你身边的同事知道某经理通过串通报价而中标,超额完成当季度业绩,他及其所带领的团队获得丰厚奖金,你会怎么做?选项:A. 羡慕;B. 祝贺;C. 让他们请客;D. 鄙视;E. 举报。再通过对回收的样本进行统计分值,按照不达标、达标、良好、优秀进行分级评估,以确定有无形成"环顾四周,所见之处,员工都在做正确的事"的态度、习惯和氛围。

4. 场景测试。企业合规的场景测试有点类似"钓鱼执法"。例如,一个涉案企业的合规计划中禁止员工收受旨在对其工作施加不当影响的宴请或礼品，那么为了检测这一合规条款是否实际产生效果，就可以实际测试业务员是否会拒绝礼品或宴请邀约。例如，可以抽查投标项目，监管人员假装是另一家投标公司的人员，在投标报价前的“敏感期”，打电话邀约 A 公司负责该项目的人员出来吃饭，测试其态度。

三、评估验收企业合规计划的等级划分与处理决定

笔者认为，在评估验收过程中应当遵循逐项打分、分级评估的原则。前文所述的常规审查、飞行检查、问卷与访谈及场景测试 4 种评估方法，每项评估的满分均为 100 分，应结合具体评估标准对每次评估进行量化打分，从而计算出 4 项评估的各自平均分值。根据 4 项评估分值及其他具体情形，评估认定的结果可以划分为不合格、合格、良好、优秀 4 个等级，具体标准参照如下几方面：(1)涉案企业在合规考察期内，发生任何犯罪行为，合规均视为不合格。(2)涉案企业在合规考察期内，发生与原犯罪事实相关的违法行为，合规视为不合格；发生与原犯罪事实无关的违法行为，可根据其他合规整改情况予以综合评价。(3)4 项评估中若有任何一项得分在 70 分以下，合规视为不合格；4 项得分均在 70 分以上，合规视为合格；4 项得分均在 80 分以上，合规视为良好；4 项得分均在 90 分以上，合规视为优秀；4 项得分不在同一计分档次的，以最低分所在层级计算。

检察机关对第三方组织的评估过程和评估报告具有审查职责，必要时可以对涉案企业合规管理工作和第三方组织的评估活动进行调查和督导，若经调查发现第三方组织违反诚实、信用、谨慎、勤勉等义务，就有权不采纳评估结论，或者提请第三方监督评估机制管理委员会决定，重新组建第三方组织并进行评估。检察机关应结合真实可信的评估结果、第三方组织的考察情况以及听证情况，经检察委员会讨论研究后，对涉案企业作出相应的处理决定：若评估结果为不合格，可以视情况延长考验期或提起公诉；若评估结果为合格以上，可以作为提出从宽量刑建议或不起诉的依据。

第八章

企业合规不起诉

第一节 合规不起诉的内涵

在《刑事诉讼法》尚未对企业合规作出规定的情况下，合规不起诉其实是针对企业犯罪的相对不起诉。即检察机关在办理涉企犯罪案件时，对符合企业合规适用条件的案件，结合犯罪所暴露的合规薄弱环节和突出问题，督促涉案企业作出合规承诺并积极整改落实，依托第三方监督评估机制对涉案企业合规整改进行调查、评估、监督和考察，最终将考察结果作为依法处理案件的重要参考。对于企业合规整改成效良好，符合《刑事诉讼法》规定的相对不起诉条件的案件，可对涉案企业作出相对不起诉处理。

一、合规不起诉的本土化历程

企业合规不起诉制度的基本理念旨在要求企业建立有效的合规计划，当企业涉嫌犯罪时，以合规计划作为寻求不起诉、作出无罪抗辩、获得减免刑罚乃至与监管机构签署暂缓起诉或不起诉协议的依据，企业由此可以最大限度地减少损失。[①] 其核心内容是涉嫌犯罪的企业与检察官达成一种特殊的协议，要求涉案企业或员工缴纳高额罚金并承诺在一定期间内建立合理的合规计划。如果在协议规定的期限内，企业按时缴纳罚金，且其合规计划通过审核，那么检察官不再起诉。[②]

2020 年 3 月起，最高人民检察院在 4 个省市的 6 家检察院（分别是上海市浦东新区人民检察院、上海市金山区人民检察院、江苏省张家港市人民检察院、广东省深圳市宝安区人民检察院、广东省深圳市南山区人民检察院、山东省郯城县人民检察院）

① 参见陈瑞华：《企业合规制度的三个维度——比较法视野下的分析》，载《比较法研究》2019 年第 3 期。

② 参见陈瑞华：《〈美国海外反腐败法〉与刑事合规问题》，载《中国律师》2019 年第 2 期。

开展了涉案企业合规改革试点工作,正式开启了建立刑事合规不起诉制度的探索。2021 年 3 月,最高人民检察院决定扩大试点范围,在北京、辽宁、上海、江苏、浙江、福建、山东、湖北、湖南、广东 10 个省市进一步开展为期一年的第二期试点工作。该 10 个省市共选取了 27 家市级人民检察院和 165 家基层人民检察院开展改革试点工作。截至 2021 年 11 月底,第二轮企业合规改革试点单位已扩大至 61 家市级人民检察院、381 家基层人民检察院,共办理涉案企业合规案件 608 件,其中,适用第三方监督评估机制案件 327 件,绝大部分通过合规整改验收的涉案企业都已获得不起诉处理。

从目前最高人民检察院发布的两批 10 个涉案企业合规典型案例来看,涉企合规案件呈现以下三个方面的特点:一是涉案罪名相对分散。10 个典型案例涉及 9 个罪名,除 2 个典型案例均涉及串通投标罪外,其余 8 个案例罪名分别为:虚开增值税专用发票罪、污染环境罪、假冒注册商标罪、销售假冒注册商标的商品罪、对非国家工作人员行贿罪、重大责任事故罪、走私普通货物罪、掩饰、隐瞒犯罪所得罪。二是重罪案件占一定比例。在 10 个典型案例中,有 6 个案件是重罪案件,只有 4 个案件适用 3 年以下法定刑幅度,涉及串通投标、污染环境、对非国家工作人员行贿罪,其余 6 个案件从事实来看均可能适用 3 年以上刑罚,且个别案件的法定刑档次为 10 年以上。例如,上海市 A 公司、B 公司、关某某虚开增值税专用发票案,涉及税款金额特别巨大,但因为具备自首、立功、认罪认罚、主动赔偿等法定、酌定情节,且基于企业经营状况、具备合规整改条件的综合考量,纳入合规试点。当然,因为重罪案件适用企业合规更具典型性,所以在最高人民检察院发布的典型案例中,重罪案件占了较大比重,但从全国范围来看,大部分开展企业合规的案件,都是轻罪案件。三是大部分典型案件作了不起诉处理。从 10 个典型案例来看,合规整改后企业均享受了刑事激励措施,70% 的案件作不起诉处理,1 个案件公安机关撤案(证据不足),只有 2 个案件被提起公诉,最终也是适用缓刑(具体见表 2)。

表 2　最高人民检察院企业合规典型案例处理结果

处理结果	是否行政处罚	数量/个
不起诉	否	3
不起诉	是	4
撤销案件	是	1
缓刑	否	2

二、合规不起诉制度的背景

最高人民检察院开始启动涉案企业合规改革试点工作，探索建立合规不起诉制度，是与当前的经济发展形势和社会治理方式改革密切相关的。

一是营商环境的优化与民营企业的特殊保护。"起诉一个企业，等于宣告其死刑"，合规不起诉制度的兴起肇因在于避免刑罚的"水波效应"，即起诉和惩罚单位不仅会给企业带来商业伙伴流失、生产经营停滞、上市资格被取消、营业执照被吊销等灾难性的附带后果，而且会严重损害公司的投资者、雇员、养老金领取者、客户等无辜第三人的利益。从优化营商环境、保护民营企业、激发市场经济活力的角度出发，检察机关自定位为服务保障民营经济健康发展的"老娘舅"，大力推进了企业合规不起诉改革。

二是国家治理能力现代化与检察机关积极参与社会治理。检察机关推行的合规不起诉制度，属于充分发挥检察职能引入刑事合规机制来参与社会治理的最新探索。检察机关从单纯的犯罪追诉者变成企业治理结构的改造者，企业在检察机关的推动下搭建起具有犯罪预防功能的现代合规管理体系，营造合法合规经营的企业文化，实现违法违规行为的自我防范、自我监控、自我整改，社会治理方式完成从国家外部压制型规制转向企业内部管理型治理的现代化跃升，由此促进国家治理体系和治理能力现代化。

三是单位犯罪治理模式的转型与最优犯罪预防。合规不起诉是企业犯罪治理的新模式。传统的企业犯罪治理模式单一，负面效果明显。针对企业犯罪的策略，预防远比惩治重要。将合规计划纳入企业犯罪治理体系可以回避社会中"创新就可能犯罪"的风险，因为它是出罪与入罪处理的中间路线，通过综合衡量多方面利益，体现了以企业自治为基石的特殊预防理论。作为一种预防性法律规则，合规计划推动了企业犯罪的规制视角由事后规制转向事前预防，更聚焦激励而非威慑的规制策略，从而引导企业进行自我管理和犯罪预防。

三、合规不起诉的法理正当性

最高人民检察院推行的涉案企业合规改革试点工作，以及探索建立的合规不起诉制度,符合当前的司法工作发展趋势和刑事司法政策。

一是司法轻缓化的趋势。总结世界范围内单位犯罪暂缓起诉协议制度的兴起,企业犯罪已经度过了实体立法数量增加、司法打击力度增强的时期,进入司法轻缓化阶段。我国已通过一系列政策性文件,从企业产权保护和企业家人身权利保护两方面落实司法轻缓化,而合规不起诉改革的推行更是顺应司法轻缓化的时代产物。

二是少捕慎诉慎押的刑事司法政策。随着2021年中央全面依法治国委员会将少捕慎诉慎押刑事司法政策列入年度工作要点,少捕慎诉慎押从刑事司法理念上升为刑事司法政策。合规不起诉改革与少捕慎诉慎押政策相伴而生,使"厚爱"与"严管"相结合。检察机关通过合规不起诉制度对依法可不捕、不诉、不判实刑的涉案企业及责任人,不是"一放了之",而是积极推进涉案企业合规管理工作,促其践行可管控的整改措施,深化诉源治理。

三是宽严相济的刑事政策。刑事合规属于一种预防型刑事政策,能够软性地倡导、鼓励企业治理朝着合规的方向努力,为重刑主义下的单位犯罪"松绑",所发挥的企业治理效益是事半功倍的。合规不起诉改革与宽严相济的刑事政策高度契合,刑事合规具有有利于预防和惩治犯罪、贯彻宽严相济刑事政策、优化司法资源配置、化解社会矛盾、促进社会治理等价值。

四、合规不起诉的法律性质

在当前涉案企业改革试点的语境下,合规不起诉中的"不起诉",并不是"当然的不起诉",而是一种附合规考察条件的相对不起诉。根据《刑事诉讼法》和《人民检察院办理未成年人刑事案件的规定》的规定,检察机关作出不起诉决定有5种情形。第一种是绝对不起诉,又称法定不起诉。根据《刑事诉讼法》第177条第1款的规定,犯罪嫌疑人没有犯罪事实,或者存在不追究刑事责任的法定情形(情节显著轻微、危害不大,不认为是犯罪的;犯罪已过追诉时效期限的;经特赦令免除刑罚的;依照刑法告诉才处理的犯罪,没有告诉或者撤回告诉的;犯罪嫌疑人、被告人死亡的;其他法律规定免予追究刑事责任的),检察机关应当作出不起诉决定。也就是说,绝对不起诉针对的是不存在犯罪事实或法定不追究刑事责任的情形。第二种是相对不起诉,又称酌定不起诉。根据《刑事诉讼法》第177条第2款的规定,对于犯罪情节轻微,依照刑法规定不需要判处刑罚或者免除刑罚的(犯罪嫌疑人在我国领域外犯罪,依照我国刑法应当负刑事责任,但在外国已经受过刑事处罚的;犯罪嫌疑人又聋又哑,或者是盲人的;犯罪嫌疑人因正当防卫或紧急避险过当而犯罪的;为犯罪准备工具、制造条件的;在犯罪过程中自动中止犯罪或者自动有效防止犯罪结果发生,没有造成损害的;在共同犯罪中,起次要或辅助作用的;被胁迫参加犯罪的;犯罪嫌疑人自首或有重大立功表现或者自首后又有重大立功表现的),检察机关可以作出不起诉决定。也就是说,相较绝对不起诉而言,相对不起诉的犯罪嫌疑人存在犯罪情节,只是根据其轻微程度可以不受刑罚或免除刑罚,是否起诉要结合案件的具体情况具体分析。第三种是存疑不起诉,又称证据不足不起诉。根据《刑事诉讼法》第 175 条第 4 款的规定,对于二次补充侦查的案件,检察机关仍然认为证据不足(据以定罪的证据存在疑问,无法查证属实的;犯罪构成要件事实缺乏必要的证据予以证明的;据以定罪的证据之间的矛盾不能合理排除的;根据证据得出的结论具有其他可能性的),不符合起诉条件的,应当作出不起诉的决定。也就是说,这种不起诉,主要适用于案件没有查证清楚,没有达到事实清楚、证据充分的起诉条件。第四种是未成年人附条件不起诉。根据《刑事诉讼法》第 282 条第 1 款的规定,对于未成年人涉嫌《刑法》分则第四章、第五章、第六章规定的犯罪,可能判处 1 年有期徒刑以下刑罚,符合起诉条件,但有悔罪表现的,人民检察院可以作出附条件不起诉的决定。根据《刑事诉讼法》第 283 条、第 284 条的规定,在附条件考验期,遵守相关规定的,考验期满后作出相对不起诉决定。如果违反相关规定,则人民检察院应当撤销附条件不起诉的决定,提起公诉。第五种是特殊不起诉。《刑事诉讼法》第 182 条第 1 款规定:“犯罪嫌疑人自愿如实供述涉嫌犯罪的事实,有重大立功或者案件涉及国家重大利益的,经最高人民检察院核准,公安机关可以撤销案件,人民检察院可以作出不起诉决定,也可以对涉嫌数罪中的一项或者多项不起诉。”这是 2018 年《刑事诉讼法》修改过程中增加的认罪认罚的特殊不起诉。

就合规不起诉而言,由于涉案企业并非没有犯罪,故不属于第一种情形的绝对不起诉;涉案企业或者企业负责人也不属于未成年人,故也不属于第四种情形的附条件不起诉;涉案企业据以定罪的证据如果无法查清,那么就无法进行认罪认罚,而开展企业合规整改的前提就是涉案企业要认罪认罚,故合规不起诉也不属于第三种情形的存疑不起诉。因此,从现行法律和相关规定来看,合规不起诉的法律性质应归于相对不起诉。当然,特殊案件也可能归于认罪认罚的特殊不起诉。

五、合规不起诉与认罪认罚、刑事和解的关系

合规不起诉作为一项正在试点开展的制度，不可避免地要与认罪认罚制度、刑事和解制度进行比较和区分，这也有助于我们进一步了解合规不起诉制度的本质。

（一）与认罪认罚的关系

认罪认罚从宽制度是近年来司法工作中的一大亮点。根据最高人民检察院、最高人民法院、公安部、国家安全部、司法部出台的《关于适用认罪认罚从宽制度的指导意见》的规定，所谓认罪，是指犯罪嫌疑人、被告人自愿如实供述自己的罪行，对指控的犯罪事实没有异议。所谓认罚，是指犯罪嫌疑人、被告人真诚悔罪，愿意接受处罚。但认罪认罚并不必然从宽，而是可以从宽，需要结合犯罪嫌疑人、被告人的悔罪态度和悔罪表现来确定。认罪认罚从宽制度可以适用于各刑事诉讼阶段，公检法均可参与其中，检察机关虽然可以依据犯罪嫌疑人认罪认罚而签订的具结书提出量刑建议，但量刑的最终决定主体是人民法院，即法院需要依据犯罪事实和法律规定，对最终是否应当采纳检察机关的量刑建议作出决定。而合规不起诉则是检察机关决定启动及在考察期满后决定是否对涉案企业起诉。二者虽然有很大区别，但在实践中也存在关联，即合规不起诉的前提是涉案企业认罪认罚，即承认犯罪并认可、接受刑罚，然后检察机关才可能给予合规整改的机会，并进一步作出是否起诉的决定。

（二）与刑事和解的关系

刑事和解，是指根据《刑事诉讼法》第 288 条至第 290 条的规定，对于特定类型犯罪（因民间纠纷引发，涉《刑法》分则“侵犯公民人身权利、民主权利罪”“侵犯财产罪”的犯罪案件，可能判处 3 年有期徒刑以下刑罚的；除渎职犯罪外的可能判处 7 年有期徒刑以下刑罚的过失犯罪案件。但犯罪嫌疑人、被告人在 5 年以内曾经故意犯罪的不适用），如果犯罪嫌疑人、被告人真诚悔罪，通过向被告人赔偿损失、赔礼道歉等方式获得被害人谅解并自愿和解的，则当事人可以进行刑事和解。对于达成刑事和解协议的，公安机关可以向检察机关提出从宽处理的建议，检察机关也可以向法院提出从宽处罚的建议；对于犯罪情节轻微，不需要判处刑罚的，检察机关还可以作出不起诉决定。

由此可见,从诉讼模式上来说,合规不起诉与刑事和解虽然都属于合作型诉讼模式,但二者还是存在比较明显的区别的。刑事和解是指犯罪嫌疑人、被告人与被害人双方之间达成和解,进而公安机关、检察机关及法院可以给予从宽处理,而合规不起诉并不以刑事和解为必要条件。当然,对于一些涉及被害人的涉企犯罪案件,检察机关在对涉案企业决定合规不起诉时,应听取被害人的意见,责令企业赔偿被害人的损失。

第二节　合规不起诉的适用对象与范围

按照最高人民检察院的相关文件精神，对各类市场主体，无论其性质、类型、规模，凡符合适用条件的，均可开展企业合规。但可开展企业合规，并不代表就可以进行合规不起诉，在司法实践中，需要把握好合规不起诉的适用对象与范围。

一、合规不起诉的适用对象

（一）适用企业合规的对象

要明确合规不起诉的适用对象，首先要了解可开展企业合规的案件类型。按照相关规定，可适用企业合规的案件，主要是指涉企犯罪案件，即公司、企业等市场主体在生产经营活动中涉及犯罪的案件，包括公司、企业等实施的单位犯罪案件，也包括公司、企业实际控制人、经营管理人员、关键技术人员等实施的与生产经营活动密切相关的犯罪案件。

在司法实践中，对于具有下列情形之一的涉企犯罪案件，一般不适用企业合规：(1)个人为进行违法犯罪活动而设立公司、企业的；(2)公司、企业设立后以实施犯罪为主要活动的；(3)公司、企业人员盗用单位名义实施犯罪的；(4)涉嫌危害国家安全犯罪、恐怖活动犯罪、涉黑涉恶犯罪的；(5)因犯罪严重损害国家利益、社会公共利益，导致开展合规可能引发不良社会影响的。

（二）合规不起诉的对象

对于上文中可以适用企业合规的案件，涉嫌犯罪的企业如果犯罪事实清楚、证据确实充分，且认罪认罚，一般来说，具有下列情形之一的，可以通过合规整改，经第三方组织考察通过及检察机关审查决定后作不起诉处理：(1)直接负责的主管人员和其他直接责任人可能判处3年有期徒刑以下刑罚,但犯罪情节较轻的;(2)直接负责的主管人员和其他直接责任人可能判处3年有期徒刑以上、10年有期徒刑以下刑罚,但如果对涉案企业提起公诉,可能给企业带来生产经营困难、关键生产经营环节无法运行、重大项目停滞、知识产权创新项目中断等重大风险影响的;(3)其他对企业作相对不起诉处理,更有利于公共利益实现的。

从司法实践来看,如果涉案企业具有下列情形之一,一般不得作不起诉处理:(1)曾因同一性质行为受过刑事或者行政处罚的;(2)是共同犯罪中的主犯,而从犯已被提起公诉或者已被判处刑罚的;(3)犯罪行为给国家或者集体造成重大经济损失或者有恶劣社会影响的;(4)涉黑涉恶的;(5)其他不应当作不起诉处理的。

二、合规不起诉的适用范围

从当前各地检察机关的试点工作情况来看,由于试点时间不长,各地所选的案件都是相对较小、比较轻微的案件。通过合规整改作不起诉处理的案件,一般也是比照个人犯罪,将适用范围设定在3年以下有期徒刑的轻罪案件。但也有部分地区,对一些可能判处3年以上有期徒刑的案件,也适用了合规不起诉,如江苏省昆山市人民检察院在办理一起污染环境罪的重案中,探索"二元化"责任追究制度,对企业主管人员、直接责任人员依法提起公诉,但对有效落实合规计划的涉案企业,则作不起诉处理。从各地做法来看,对合规不起诉的适用范围,主要把握了以下几个方面。

(一)合规不起诉主要适用于轻罪,但也不排除重罪

企业合规不是简单的对轻罪的原谅,而是企业犯罪的一种新兴的治理方式。对涉轻罪的涉案企业适用合规不起诉,只是合规不起诉制度在实施中的一种结果呈现,并不必然排除对涉重罪的涉案企业适用合规不起诉。从司法实践来看,合规不起诉也不是对重罪企业的放纵,而是通过使企业付出合规整改的代价后获得重生,这从上文中最高人民检察院发布的10个典型案例的最终处理情况也可看出。从域外实践来看,企业合规不起诉的适用也没有仅限于轻罪,很多也适用于重罪。对一些涉嫌重罪的企业,在国际上通过合规不起诉也能够获得一个相对从轻的处罚,但是都伴随巨大的合规代价,如巨额罚款、更换领导层、任命合规监督官、加大合规投入、改进并落实合规计划等。例如,西门子公司、汇丰银行等都是付出巨大代价才通过合规考察

的。所以,很难说对重罪适用合规不起诉就是“放纵”,准确地说,无论涉案企业是轻罪还是重罪,合规不起诉就是“付出代价+强制改造+实现重生”。

(二)合规不起诉主要适用于企业,但也适用于个人

从域外实践来看,合规不起诉都是适用于企业的,且秉持了一个原则,即“放过企业,严惩个人”,对涉案企业里面涉案的高管,一般都是要追究责任的。但是在我国本土实践中,涉案企业合规改革试点工作主要是在基层检察院进行,而基层检察院办理的案件基本上都是轻罪,很多涉案企业都是小微企业。小微企业大多呈现“人企合一”的模式,个人与企业的关联度非常大,即使是放过企业严惩个人,实际上也严惩了企业。所以在企业合规的中国本土化过程中,大部分合规不起诉案件都不仅适用于企业,还适用于个人。但随着涉案企业改革试点工作的深入推进,对一些涉重罪的大型企业开展合规整改后,必然会出现不少对合规企业作不起诉处理,而对涉案企业负责人提起公诉的“二元化”处理情形。

(三)合规不起诉对于大中型企业和小微企业均适用

在我国涉案企业合规改革试点工作中,大部分开展合规整改的企业都是小微企业。原因在于:一是试点工作刚开始都是在基层人民检察院启动的,基层人民检察院办理的案件通常都比较小,涉案企业的规模也比较小;二是合规不起诉的初始目的,就是尽可能地保住企业,而在后疫情时代,我国经济发展面临压力,很多小微企业也有合规从轻的需求。一些学者认为,只有大企业才能合规,因为大企业的社会影响面大,一旦涉案,“水波效应”比较大,对上下游、雇员、社会稳定的影响比较大。并且,合规需要花费的费用比较高,只有大企业才能承担。但是,这些不能成为阻碍小微企业开展合规整改的理由,因为从中国本土化实践中可以看到,小微企业是有合规必要性的。在特定情况下,小微企业也会产生“水波效应”,特别是在当前形势下,小微企业对社会稳定和就业的贡献巨大,并且很多小微企业都有强烈的合规意愿,对它们开展合规整改,进而帮助它们建立现代企业制度,更加健康地发展,也是国家和社会的共同期待。

第三节　合规不起诉的操作程序

根据最高人民检察院等9部委制定的《关于建立涉案企业合规第三方监督评估机制的指导意见(试行)》《指导意见实施细则》,以及最高人民检察院印发的《关于开展企业合规改革试点工作方案》《关于加强涉案企业合规案件办理工作的通知》等相关文件精神,检察机关在办理合规不起诉案件时,可从以下几个方面进行规范化操作(鉴于本书第三章对企业合规操作流程已经作了详细阐述,而合规不起诉的流程是企业合规操作流程的重要组成部分,二者之间有重叠交叉,因此,这里仅作简单介绍)。

一、办理合规不起诉案件应坚持的原则

(1)企业自愿。检察机关要充分告知涉案企业合规的权利义务,保障涉案企业适用合规不起诉的自愿性。(2)平等适用。对各类市场主体,无论其性质、类型、规模,凡符合适用条件的,均可开展企业合规。(3)依法办案。检察机关办案程序和实体决定要于法有据,未经立法授权,不得突破法律规定。(4)实质整改。对涉案企业制订、执行合规计划应进行实质审查、实质监管、实质评估,督促企业实质整改,杜绝"纸面合规""虚假合规"。(5)检察主导。检察机关对涉案企业合规不起诉、第三方监督评估机制运行负有主导职责,要协同多方共同推进。

二、企业合规的申请与审批

(一)合规告知

检察机关办理涉企犯罪案件,应在受理案件3日内告知企业在合规整改中的权

利与义务:(1)企业合规的内涵,即企业及其员工的经营管理行为要符合国家法律、行政法规、国际公约、行业准则、商业道德,以及企业内部的规章制度、管理制度;(2)企业可以自愿开展合规建设并自愿适用第三方监督评估机制;(3)企业合规整改全过程需要接受第三方监督评估组织的调查、评估、监督和考察;(4)第三方组织对合规整改结果的考察结论将作为检察机关作出处理决定的重要参考;(5)企业进行有效整改的,可以依法从宽处理;(6)企业未履行合规承诺、未落实合规计划的,将不能获得政策激励;(7)其他需要告知的合规相关规定。

(二)合规申请

涉案企业有开展合规建设意愿的,可以向检察机关提出申请,并书面承诺以下内容:(1)积极配合司法机关的调查和追诉;(2)采取退赃退赔、补缴税款、修复环境等措施,修复受损法益;(3)制订并实施有效的企业合规计划;(4)定期汇报合规整改情况;(5)在合规整改过程中愿意接受调查、评估、监督和考察;(6)其他需要承诺事项。

(三)办案影响评估

检察机关对提出合规申请的涉案企业,要开展办案影响评估工作,重点对犯罪嫌疑人基本情况、企业经营状况、企业与犯罪嫌疑人之间的依存关系、办案可能引发的风险等内容进行评估,为作出检察决定提供参考。

(四)听取被害方意见

检察机关在办理有被害方的涉企犯罪案件时,还应听取被害方对涉案企业开展合规建设的意见,并告知如涉案企业有效整改的,可能依法获得从宽处理。被害方有不同意见的,检察机关应审查所提意见的具体理由与依据,并记录在案,做好释法说理工作。需要说明的是,被害方的意见是合规不起诉的考量因素,但不是决定性因素。

(五)听取其他意见

检察机关在办理涉企犯罪案件时,可以就合规意愿听取涉案企业负责人的意见,就合规可行性听取属地政府、行业主管部门等的意见,并将意见记录在案。相关部门提出不同意见的,检察机关应与相关部门了解沟通。相关意见作为合规不起诉的考量因素。

（六）审查申请

办案检察官应在收到企业的合规申请 10 日内，结合案件材料重点审查以下内容：(1)涉案企业、个人是否认罪认罚；(2)是否具备一定生产经营规模；(3)接受相关处理后，能否维持正常生产经营；(4)涉案企业是否因管理制度不健全、不完善、不落实的情形，存在违法犯罪隐患；(5)涉案企业是否具备建立健全合法经营内部控制体系的基础条件；(6)涉案企业申请开展合规意愿的真实性；(7)其他需要审查的内容。

（七）审批程序

办案检察官认为涉案企业符合相关规定，可以开展企业合规整改的，一般应由分管检察长决定；案情复杂的，应经检察长或者检委会决定。如果上级检察院有规定，对涉企案件开展合规整改，还需逐级层报至上级检察院审核把关。目前，在试点期间，开展合规不起诉的案件需要层报到省一级人民检察院审核把关。

三、对第三方机制运行的支持与监督

（一）商请启动

检察机关同意涉案企业开展企业合规整改，可以商请第三方监督评估机制管理委员会（以下简称第三方机制管委会）启动第三方机制，组成第三方组织。

第三方组织是一个临时性组织，其组成人员由第三方机制管委会根据涉企案件涉嫌罪名、复杂程度以及涉案企业类型、规模、主营业务等因素，从专业人员名录库中分类随机抽取。专业人员名录库中没有相关领域专业人员的，第三方机制管委会可以采取协商邀请的方式，商请有关专业人员参加第三方组织。同一个第三方组织一般负责监督一个涉案企业。同一案件涉及多个涉案企业的，或者涉案企业之间存在明显关联关系的，可以由同一个第三方组织负责监督评估。

第三方组织一般由 3 ~ 7 名专业人员组成，针对小微企业的第三方组织也可由 1 ~ 2 名专业人员组成。同一名专业人员在不存在利益关系、保障工作质量的条件下，可以同时担任一个以上第三方组织的组成人员。第三方机制管委会应当根据工作需要，指定第三方组织牵头负责人，也可由第三方组织组成人员民主推举负责人，并报第三方机制管委会审定。第三方组织组成人员名单应向社会公示,接受社会监督,公示期限由第三方机制管委会根据情况来决定,但不得少于5个工作日。

(二)审查组成人员名单

检察机关收到报送备案的第三方组织组成人员名单后,应结合第三方机制管委会的公示情况、组成人员的承诺书等进行审查。未提出不同意见的,应及时通报第三方机制管委会。发现组成人员存在以下明显不适当情形的,应及时向第三方机制管委会提出意见建议:(1)系案件当事人或者当事人的近亲属;(2)系涉案企业投资人、实控人、负责人、员工或者与涉案企业有其他利益关联的;(3)本人或者其近亲属与案件有利害关系;(4)担任过案件的证人、鉴定人、辩护人、诉讼代理人的;(5)与涉案企业、人员有其他关系,可能影响公正处理的。

(三)提示合规风险

检察机关在案件办理过程中,发现涉案企业在预防违法犯罪方面制度不健全、不落实,管理不完善等,存在违法犯罪隐患的,可以向企业书面提示风险,供涉案企业制订合规计划时参考。

(四)审查合规计划

第三方组织成立后,应当在负责办理案件的检察机关的支持协助下,深入了解企业涉案情况,认真研判涉案企业在合规领域存在的薄弱环节和突出问题,合理确定涉案企业适用的合规计划类型,并根据涉案企业情况和工作需要,要求涉案企业提交单项或者多项合规计划。涉案企业提交的合规计划应当具有针对性、可操作性。主要针对与企业涉嫌犯罪有密切联系的企业内部治理结构、规章制度、人员管理等方面存在的问题,制订可行的合规管理规范,构建有效的合规组织体系,完善相关业务管理流程,健全合规风险防范报告机制,弥补企业制度建设和监督管理漏洞,防止再次发生相同或者类似的违法犯罪。

第三方组织应当就合规计划向负责办理案件的检察机关征求意见。检察机关收到第三方组织征求意见通知后,应在7日内审查企业提交的合规计划,并提出修改完善意见。审查重点围绕以下几个方面:(1)合规计划的可行性,即涉案企业完成合规计划的可能性,以及合规计划本身的可操作性;(2)合规计划的有效性,即合规计划对涉案企业预防治理涉嫌的犯罪行为或者类似违法犯罪行为的实效性;(3)合规计划的全面性,即合规计划是否覆盖涉案企业在合规领域的薄弱环节和明显漏洞;(4)考察期限的合理性,即在承诺的合规考察期限内,涉案企业是否可以完成合规计划的履行。一般而言,合规考察的期限不得少于3个月。检察机关可以采用实地走访、咨询专家意见、听证论证等方式审查合规计划。

(五)监督合规计划的执行

在合规考察期内,第三方组织可以定期或者不定期对涉案企业合规计划履行情况进行监督和评估,可以要求涉案企业定期书面报告合规计划的执行情况,同时抄送负责办理案件的检察机关。第三方组织发现涉案企业执行合规计划存在明显偏差或错误的,应当及时进行指导、提出纠正意见,并报告负责办理案件的检察机关。检察机关应协调、配合、监督第三方组织对涉案企业合规计划实施情况开展考察。检察机关可指导第三方机制管委会,组建由人大代表、政协委员、人民监督员、退休法官、检察官,以及会计、税务、审计等领域的专家组成的巡回检查小组,对涉案企业合规计划履行的情况和第三方组织的履职情况,开展不预先告知的现场抽查和跟踪监督。检察机关接收第三方组织抄送的涉案企业定期书面报告、指导纠正意见等材料后,结合巡回检查小组反馈的情况,认为考察不到位、执行有偏差的,应及时向第三方组织反馈意见。

(六)现场调查

合规考察期内,检察机关可以联合第三方组织对涉案企业合规计划实施情况开展现场调查,必要时也可以单独调查。现场调查可以包括但不限于以下方法:(1)观察、访谈、文本审阅、问卷调查、知识测试;(2)对涉案企业的相关业务与管理事项,结合业务发生频率、重要性及合规风险高低进行抽样调查;(3)对涉案企业的相关业务处理流程,结合相关原始文件、业务处理踪迹、操作管理流程等进行穿透式检查;(4)对涉案企业的相关系统及数据,结合交易数据、业务凭证、工作记录以及权限、参数设置等进行比对检查。现场调查应形成书面材料,由调查方和涉案企业签字确认。

(七)异地协作

涉案企业不在办案检察机关所在地的,办案检察机关可以通过企业所在地检察机关与当地第三方机制管委会沟通协调，委托当地成立第三方组织对企业合规建设进行调查、评估、监督和考核；也可以通过第三方机制管委会成员单位及其所属或者主管的行业协会、协会、机构的异地协作机制，协助开展调查、评估、监督和考核。

（八）审查考察报告

第三方组织在合规考察期届满后，应当对涉案企业的合规计划完成情况进行全面了解、监督、评估和考核，并制作合规考察书面报告。合规考察书面报告一般应当包括以下内容：(1)涉案企业履行合规承诺、落实合规计划情况；(2)第三方组织开展了解、监督、评估和考核的情况；(3)第三方组织监督评估的程序、方法和依据；(4)监督评估结论及意见建议；(5)其他需要说明的问题。

办案检察官应结合案件事实、证据以及企业相关情况，对第三方组织报送的合规考察书面报告进行审查，重点审查以下内容：(1)犯罪造成的损害是否已弥补；(2)合规计划所列风险隐患是否已消除；(3)合规计划所列整改措施是否已落实到位；(4)涉案企业是否已建立防范类似犯罪再次发生的预警机制；(5)合规考察评估的依据是否科学、标准是否适当、程序是否规范。检察机关可以采取书面审查与实地走访相结合的方式进行审查，作出审查结论前，一般至少应实地走访一次。检察机关对第三方组织出具的合规考察书面报告没有不同意见的，应通报第三方机制管委会；有不同意见的，应向第三方机制管委会提出意见建议，必要时可以自行调查核实。

（九）中止监督评估的处理

第三方组织发现涉案企业或者其人员故意隐瞒尚未被办案机关掌握的犯罪事实或者新实施犯罪行为的，应当中止第三方监督评估程序，并及时向负责办理案件的检察机关报告。检察机关收到第三方组织中止监督评估的报告后，应综合考量涉案企业及其人员尚有遗漏犯罪事实或者新实施犯罪行为的具体情形，从以下方面决定可否继续合规整改：(1)与原涉嫌的罪名是否属同类罪名；(2)与企业生产经营活动是否密切相关；(3)犯罪情节是否严重。

检察机关发现涉案企业及其人员故意隐瞒尚未被办案机关掌握的犯罪事实或者新实施犯罪行为的，应及时将相关情况通知第三方组织，综合判断可否继续合规整改，认为不宜继续的，可建议终止合规监督评估。

（十）建议延长考察期限

对于因不可抗力或其他客观原因，导致涉案企业无法在原定合规考察期限内完成合规计划的，检察机关可以建议第三方组织视情况延长合规考察期限。

（十一）惩戒建设和权利救济

负责办理案件的检察机关发现第三方组织或其组成人员故意提供虚假报告或者提供的报告严重失实的，应当依照相关规定及时向有关主管机关、协会提出惩戒建议；涉嫌违法犯罪的，应及时向有关机关报案或者举报，并将其列入第三方机制专业人员名录库禁入名单。检察机关在收到涉案企业、人员对第三方组织或者其组成人员检查、评估行为不当或者涉嫌违法犯罪的申诉、控告后，应及时调查、核实情况，并答复有关人员。

四、对合规结论的审查与处理

（一）审查意见

办案检察官应将合规过程、对合规考察书面报告的审查意见在案件审查报告中专项列明。合规计划、合规考察书面报告等合规材料，作为办案检察官依法作出批准或不批准逮捕、起诉或不起诉以及变更强制措施等决定，提出量刑建议或者检察建议、检察意见的重要参考。

（二）公开听证

检察机关在对涉案企业作出不起诉决定之前，可以邀请人大代表、政协委员、人民监督员或者专家学者等，以及侦查机关、被害人及其法定代理人、诉讼代理人、犯罪嫌疑人、涉案企业负责人、辩护人等相关人员，就涉案企业合规整改的效果，以及案件最终的处理进行听证，听取人大代表、政协委员、人民监督员、专家学者和涉案各方的意见，并制作笔录附卷。

（三）作出处理决定

检察机关应综合考虑案件的事实、证据、犯罪情节以及企业合规情况，作出以下审查决定:(1)对犯罪情节轻微、社会危害不大,且有效合规整改的犯罪嫌疑单位,可以作出不起诉决定;对有效合规整改,但犯罪情节严重、社会危害大,符合起诉标准的犯罪嫌疑单位,应依法提起公诉,并提出从宽量刑建议。(2)涉案企业仅作合规承诺,没有开展有效整改,合规评估验收不合格的,依法追究刑事责任。(3)关于单位犯罪中责任人的处理,可将涉案企业与责任人"二元化"分案处理。具体操作方法参见本书第四章第三节。

(四)加强刑行衔接

检察机关对涉案企业、人员作出不起诉决定后,认为需要给予行政处罚的,应提出检察意见,连同不起诉决定书、企业合规相关材料一并移送有关行政机关,作为行政处罚的参考依据。

(五)推进行业治理

检察机关办理合规不起诉案件后,对于涉案企业暴露的行业共性问题或者具有行业特点的风险隐患,可以通过制发检察建议的方式,延伸检察职能,推动行业治理。

(六)跟踪回访

检察机关作出合规不起诉决定后,可以视企业风险、案件情况,通过调查访谈、实地走访等方式,在一定期限内对企业合规机制运行状况进行跟踪回访。

(七)防范廉政风险

办理企业合规不起诉案件,检察人员应严格落实重大事项记录报告制度,不得以"合规办案"为名,办理"关系案""人情案""金钱案"。此外,检察机关还应要求知悉案情的第三方组织组成人员,参照执行防止干预司法"三个规定",防止不当干预。

上述操作程序,是笔者根据最高人民检察院相关的规定而设计的,具体到司法实践中,各试点地区的做法并不一致。目前处于改革试点阶段,各地可以结合实际进行探索。

附件:合规不起诉文书

合规不起诉是一项改革创新工作,目前虽没有立法,但各试点地区检察机关结合最高人民检察院的要求,探索、制作了一系列合规不起诉决定书。在现行的法律框架下,合规不起诉决定书本质上就是相对不起诉决定书,可以在相对不起诉决定书的格式基础上,依托认罪认罚从宽制度,在认罪认罚内容的基础上,添加合规考察的相关内容。笔者在此分类摘编几份,便于司法一线学习、借鉴。

1. 涉嫌污染环境罪合规不起诉决定书

×××人民检察院
不起诉决定书

×检×部刑不诉〔×××〕×××号

被不起诉人张某某,男,1971年××月××日出生,居民身份号码3205211971××××××××,汉族,大专文化,系张家港市××有限公司(以下简称××公司)法定代表人,住张家港市××镇××小区××幢××室。被不起诉人张某某因涉嫌污染环境罪,于2020年6月10日经张家港市公安局决定被取保候审,同年8月10日经本院决定被取保候审。

本案由张家港市公安局侦查终结,以被不起诉人张某某涉嫌污染环境罪,于2020年8月7日向本院移送审查起诉。

经本院依法审查查明:

2018年下半年,被不起诉人张某某在实际经营张家港市××公司期间,伙同他人在××公司未取得环保部门环境评价的情况下,在公司内建设酸洗池并于2019年2月私设暗管,将含有镍、铬等重金属的酸洗废水排放至生活污水管中,造成环境严重污染。

2020年2月27日,经张家港市环保局现场检测,××公司排放井内积存水样中总镍浓度为29.4mg/L、总铬浓度为29.2mg/L,分别超过《污水综合排放标准》(GB 8978－1996)表1标准的29.4倍和约19.5倍。

2020年6月10日,被不起诉人张某某主动向张家港市公安局投案,后如实供述了上述犯罪事实,自愿认罪认罚。2020年10月16日,××公司主动提供书面合规承诺,制订合规计划,进行合规建设,经评估合格。

认定上述事实的证据如下:

1. 物证:含酸洗池内废液的大桶、含氢氟酸的小桶(照片);

2. 书证:建设项目环境影响申报表、磅码单及发票、环境污染违法犯罪案件调查报告等;

3. 证人陈某某、杜某某、管某某等人的证言;

4. 被不起诉人张某某的供述和辩解;

5. 监测报告、合规评估报告;

6. 张家港市公安局制作的搜查笔录、侦查实验笔录等。

本院认为,张某某实施了《中华人民共和国刑法》第三百三十八条规定的行为,但犯罪情节较轻,有自首情节、自愿认罪认罚,且案发后立即采取有效措施进行了整改,并主动申请开展企业刑事合规监督考察,经评估合格。根据《中华人民共和国刑法》第三十七条的规定,不需要判处刑罚。依据《中华人民共和国刑事诉讼法》第十五条、第一百七十七条第二款的规定,决定对张某某不起诉。

被不起诉人如不服本决定,可以自收到本决定书后七日内向本院申诉。

2020 年 12 月 18 日

2. 涉嫌组织、领导传销活动罪合规不起诉决定书

×××人民检察院

不起诉决定书

××检刑不诉〔×××〕×××号

被不起诉人李某甲,男,1983 年××月××日出生,居民身份证号码 3621371983×××××××××,汉族,大学文化程度,工作单位为浙江××网络技术有限公司(以下简称××公司),户籍所在地为浙江省杭州市,住址为杭州市余杭区××街道××小区××幢××室。李某甲于 2019 年 11 月 9 日被杭州市公安局西湖区分局刑事拘留,经本院批准,于同年 12 月 16 日被依法逮捕,2020 年 4 月 26 日被取保候审,后于 2021 年 4 月 26 日被本院取保候审。

本案由杭州市公安局西湖区分局侦查终结，以被不起诉人李某甲涉嫌组织、领导传销活动罪，于2020年6月17日向本院移送审查起诉。本院受理后，已告知被不起诉人有权委托辩护人，依法讯问了被不起诉人，审查了全部案卷材料。

经本院依法审查查明：

2015年5月19日，××公司成立，住所地位于杭州市西湖区××中心××幢××室。××公司先后开发和运营“××捕手”“××买手”“××会员”电商购物平台，平台为商家和会员提供商品交易服务，向商家收取平台技术服务费和商品推广费。被不起诉人李某甲系××公司创始人，任法定代表人、董事长和CEO，负责公司管理和经营决策。

2017年9月起，经被不起诉人李某甲决策，××公司在运营“××捕手”平台中对礼包商品实行多层级分销返佣的模式，以吸引、发展会员和提升商品销售量。“××捕手”通过“××买手”平台引流会员，新用户在“××买手”购买礼包商品成为“××捕手”会员，会员向非会员分享销售商品可以获取佣金(其中，分享销售礼包商品获取最高比例返佣)，会员按照加入先后顺序组成不同层级，根据销售礼包商品金额满10,000元晋级为服务商、满300,000元晋级为优秀服务商，会员每分享销售一件礼包商品，各层级分别获取礼包商品金额25%～62.5%不等的佣金。

2018年12月，经被不起诉人李某甲决策，××公司开始运营“××会员”平台，“××会员”沿用“××捕手”运营模式，“××捕手”原会员转化为“××会员”平台会员。新用户通过在“××会员”累计购物积分或者购买高积分类礼包商品的方式成为会员，会员向非会员分享销售商品可以获取佣金(其中分享销售高积分类礼包商品获取最高比例返佣)，会员按照加入先后顺序组成不同层级，根据销售商品积分满7500分晋级为服务商、满210,000分晋级为优秀服务商，会员每分享销售一件高积分类礼包商品，各层级分别获取高积分类礼包商品金额25%～62.5%不等的佣金。

至2019年12月，“××会员”平台会员共计856万余人，其中，服务商155,117人、优秀服务商10,148人。经审计，自2017年9月至2019年12月，“××捕手”“××会员”平台总商品销售收入合计220.87亿元，其中，礼包商品销售收入人民币63.1亿元，礼包商品毛利收入人民币3.9亿元。

案发后，被不起诉人李某甲主动向公安机关投案。

认定上述事实的证据如下：

1. 营业执照、工商登记资料及商标注册证、著作权登记证书，证实××公司的工商注册登记情况,被不起诉人李某甲系××公司股东和法定代表人,“××捕手”、“××买手”和“××会员”运营主体分别为杭州××文化创意有限公司、湖南××网络营销有限公司、杭州××电子商务有限公司,实际均由××公司控制。

2. 被不起诉人李某甲的供述,证实其成立××公司,担任法定代表人、董事长,负责经营决策,公司先后开发运营“××捕手”、“××买手”和“××会员”电商平台,为了发展会员,对礼包商品实行多层级分销返佣模式,新用户在平台购买礼包商品成为会员,会员向非会员分享销售礼包商品可以获取返佣,会员按照销售礼包商品金额晋级为服务商、优秀服务商,会员每销售成功一件礼包商品,不同层级可分别获取不等比例的佣金。

3. 同案人员沈某某、屈某某、张某甲、张某乙、林某某的供述以及××公司员工赵某某、刘某甲、刘某乙、黄某甲、江某甲、倪某某、黄某乙、翁某某、金某某、马某某、黄某丙、张某丙、李某乙、谢某某等人的证言,证实××公司的组织架构和业务模式,被不起诉人李某甲系××公司法定代表人和董事长,负责公司管理和经营决策,公司先后运营“××捕手”、“××买手”和“××会员”平台,平台礼包商品采取多层级分销返佣模式。

4. 平台供应商李某丙、王某甲、江某乙、吴某甲、李某丁、陈某某、王某乙的证言以及平台合作协议、委托营销推广协议、委托推广规则,证实××公司与商家的合作经营方式,商家在××公司“××捕手”“××会员”平台销售商品,向××公司支付平台技术服务费和委托推广费用,由××公司负责商品宣传推广,其中礼包商品推广费用按照销售金额的68.75%支付给××公司。

5. 平台会员钱某某、蒋某某、王某丙、郑某某、王某丁、徐某某、俞某某、童某某、盛某某、朱某某、顾某某、张某丁、莫某某、王某戊、吴某乙、王某己等人的证言以及会员账户明细,证实其等人分别系“××捕手”和“××会员”平台的会员、服务商、优秀服务商,平台对礼包商品实行多级分销返佣,须购买礼包商品或者累计购物达到一定金额才能成为平台会员,会员分享销售商品可以获取佣金,其中,分享销售礼包商品可获取25%的佣金,会员晋级为服务商、优秀服务商后,根据团队销售金额获取不同比例的佣金。

6. 平台会员推广制度及会员名单、礼包商品销售数据、远程勘验记录,证实××公司关于平台会员加入、层级以及会员收益返佣等相关规则,案发后公安机关从××公司的××云账户中提取会员信息、商品销售等数据。

7. 审计报告，证实××公司至2019年12月时不同层级会员的人数、平台总商品销售收入和礼包商品销售收入、礼包商品毛利和礼包商品佣金分配模式，以及商品佣金发放情况。

8. 户籍证明及归案经过，证实被不起诉人李某甲的身份情况，具备完全刑事责任能力，案发后其系自动投案。

本院认为，李某甲实施了《中华人民共和国刑法》第二百二十四条之一规定的行为，但犯罪情节较轻，具有以下情节：第一，被不起诉人李某甲组织、领导传销活动是为平台发展会员获客拉新、拓展销售渠道而采取的方法，主观恶性较小；第二，通过传销活动销售的礼包商品金额在平台总商品销售金额中占比不大，涉案情节较轻；第三，××公司在案发后即已对礼包商品的传销活动模式进行整改，目前合规经营情况良好；第四，案发后被不起诉人李某甲自动投案，如实供述事实，系自首，依法可以从轻或者减轻处罚，其中犯罪较轻的可以免除处罚。根据《中华人民共和国刑法》第三十七条的规定，对于犯罪情节轻微不需要判处刑罚的，可以免予刑事处罚。依据《中华人民共和国刑事诉讼法》第一百七十七条第二款的规定，决定对李某甲不起诉。

被不起诉人如不服本决定，可以自收到本决定书后七日内向本院申诉。

2021年8月17日

3. 涉嫌虚开增值税专用发票罪合规不起诉决定书和不起诉理由说明书

×××市人民检察院

不起诉决定书

×××刑不诉〔×××〕×××号

被不起诉单位××电气科技有限公司（以下简称××公司），统一社会信用代码××××××××××××××××××，注册地址××市××镇××街×号，法定代表人冷某某。

诉讼代表人常某某，××公司财务总监。

本案由××市公安局侦查终结，以被不起诉单位××公司涉嫌虚开增值税专用发票罪，于2021年3月21日向本院移送审查起诉。

经本院依法审查查明：

2017年8月间，被不起诉单位××公司在经营期间，为了达到少缴税款的目的，在没有真实货物交易的情况下，以支付价税合计9%的开票费并通过资金走账扣除开票费后回款的方式，通过魏某（已判决）在××贸易有限公司虚开××市增值税专用发票29份给被不起诉单位，价税合计3,300,141元，税额479,507.66元，所虚开的增值税专用发票已被不起诉单位申报抵扣。

2018年8月10日，被不起诉单位××公司法定代表人冷某某向公安机关主动投案，如实供述上述罪行，并于当月将已抵扣的税款进项转出，补缴税款人民币479,507.66元。

认定上述事实的证据如下：

1. 受案登记表、立案决定书、户口摘抄、××市增值税专用发票复印件、增值税纳税申报表、认证结果通知书、清单、银行卡交易明细等书证；

2. 证人魏某、马某某等人的证言；

上述证据收集程序合法，内容客观真实，足以认定指控事实。被不起诉单位××公司对上述事实没有异议，并自愿认罪认罚。2021年7月6日，被不起诉单位××公司法定代表人冷某某自愿签署企业合规承诺书；同年7月14日，本院决定对该公司适用企业合规制度并启动第三方监督评估机制。2022年1月29日，被不起诉单位企业合规整改经评估，验收合格。2022年2月17日，经第三方监督评估机制管委会巡回检查，确认合规整改报告客观、有效。

本院认为，被不起诉单位××公司实施了《中华人民共和国刑法》第二百零五条规定的行为，但具有以下情节：被不起诉单位犯罪以后自动投案，如实供述其罪行，根据《中华人民共和国刑法》第六十七条第一款的规定，是自首，依法可以从轻或者减轻处罚；案发后，被不起诉单位主动补缴税款人民币479,507.66元，可酌定从轻处罚。被不起诉单位认罪认罚，根据《中华人民共和国刑事诉讼法》第十五条的规定，可从宽处理；被不起诉单位能够开展合规整改，经评估通过验收，根据《中华人民共和国刑法》第三十七条的规定，属犯罪情节轻微，不需要判处刑罚。依据《中华人民共和国刑事诉讼法》第一百七十七条第二款的规定，决定对××公司不起诉。

被不起诉单位如不服本决定，可以自收到本决定书后七日内向本院申诉。

2022年2月23日

××市人民检察院
不起诉理由说明书

犯罪嫌疑单位××电气集团有限公司涉嫌虚开增值税专用发票罪一案,本院于2022年2月23日以×××刑不诉〔×××〕×××号不起诉决定书,对××电气集团有限公司作出不起诉决定,主要理由如下:

被不起诉单位××电气科技有限公司实施了《中华人民共和国刑法》第二百零五条规定的行为,但具有以下情节:

被不起诉单位犯罪以后自动投案,如实供述其罪行,根据《中华人民共和国刑法》第六十七条第一款的规定,是自首,依法可以从轻或者减轻处罚;

案发后,被不起诉单位主动补缴税款人民币479,507.66元,可酌定从轻处罚;

被不起诉单位认罪认罚,根据《中华人民共和国刑事诉讼法》第十五条的规定,可从宽处理;

被不起诉单位能够开展合规整改,经评估通过验收,根据《中华人民共和国刑法》第三十七条的规定,属犯罪情节轻微,不需要判处刑罚。故依据《中华人民共和国刑事诉讼法》第一百七十七条第二款的规定,决定对××电气科技有限公司不起诉。

2022年2月23日

第九章

检察官合规从宽量刑建议

从全国企业合规改革的试点情况来看，具有明显的阶段性特征。从开始试点以来，全国共办理了500多件企业合规案件，案件类型不限于不起诉，起诉案件亦占据了一部分。在最高人民检察院发布的第二批指导案例中，“海南文昌市S公司、翁某某掩饰、隐瞒犯罪所得案”就属于对涉罪企业及责任人员提起公诉但提出从宽量刑建议的典型案件。基本案情如下：2015～2016年，海南省文昌市S公司及厂长翁某某为解决生产原料来源问题，在明知石英砂为非法采挖的情况下，仍收购了3.69万吨石英砂，支付砂款共计125万余元。2021年9月，海南省文昌市人民检察院结合企业合规整改情况，以S公司、翁某某涉嫌掩饰、隐瞒犯罪所得罪依法提起公诉，并提出轻缓量刑建议。文昌市人民法院采纳检察机关全部量刑建议，以掩饰、隐瞒犯罪所得罪分别判处S公司罚金人民币3万元；判处翁某某有期徒刑1年，缓刑1年零6个月，并处罚金人民币1万元；退缴的赃款人民币125万余元予以没收，上缴国库。

企业合规改革已进入纵深发展时期，我们的目光不能仅聚焦于合规不起诉。涉罪企业不仅能因有效合规被不起诉，还可能在被起诉后获得从轻处理，合规仍是一种具备吸引力的激励措施。在全球范围内，对企业定罪处罚并不罕见，民众更关注的是如何处理“无灵魂可谴责，无身体可惩罚”的企业，特别是“大到不能关”的企业。“公司定罪应是一种常态，在检察官暂缓起诉的特殊情况下，公司应该缴纳威慑性的罚金并实施严格的合规要求。”①

如果对企业定罪处罚是符合诉讼规律的选择，那么对有效整改的企业进行从宽处罚，则是一种较优做法。对涉罪企业作合规从宽处罚是一个有时代意义的命题，如何在实体以及程序设计上区别于自然人或者责任人，有哪些原则是必须坚持的，都体现了中国司法改革的智慧。对于检察机关来说，仅仅在起诉书后面附上一份量刑建议书是远远不够的。在企业合规的情景下，如何通过检察机关的量刑建议权，进一步贯彻落实宽严相济的刑事政策，落实认罪认罚从宽制度改革、司法责任制改革，促进司法公正，有赖于理论与实践的不断完善。本章探讨的是在现有的法律框架内，检察官对涉罪企业及相关责任人员如何提出合规从宽的量刑建议。

---

① 参见［美］布兰登·L.加勒特：《美国检察官办理涉企案件的启示》，刘俊杰、王亦泽等译，法律出版社2021年版，第21页。

第一节　合规从宽量刑建议的依据

企业合规从宽在现有的法律框架下,依托于认罪认罚从宽制度。《刑事诉讼法》第 15 条规定,犯罪嫌疑人、被告人自愿如实供述自己的罪行,承认指控的犯罪事实,愿意接受处罚的,可以依法从宽处理。这里的犯罪嫌疑人、被告人应当包括自然人和单位,自然人认罪认罚可以从宽,单位承诺合规相当于认罪认罚,也可以获得从宽。因此,合规从宽具有法律依据。[①]

最高人民检察院针对检察机关的量刑建议工作,于 2010 年 2 月下发了《人民检察院开展量刑建议工作的指导意见(试行)》。该意见对量刑建议的定义及性质作了明确规定:"量刑建议是指人民检察院对提起公诉的被告人,依法就其适用的刑罚种类、幅度及执行方式等向人民法院提出的建议。量刑建议是检察机关公诉权的一项重要内容。"检察机关应当根据犯罪的事实、性质、情节和对于社会的危害程度,依照刑法刑事诉讼法以及相关司法解释的规定提出量刑建议。企业合规作为量刑情节,属于检察机关提出量刑建议时必须考虑的因素。与自然人犯罪后改过自新相比,涉罪企业进行有效合规整改能获得从宽处理似乎是必然结果,实际上有更多因素促成企业合规纳入量刑情节考量,并推动量刑规范化进一步发展。认罪认罚从宽制度是企业合规的适用依据之一,而企业合规从宽是认罪认罚从宽制度的进一步发展及延伸。2021 年 12 月最高人民检察院印发《人民检察院办理认罪认罚案件开展量刑建议工作的指导意见》,其中第 1 条规定:"犯罪嫌疑人认罪认罚的,人民检察院应当就主刑、附加刑、是否适用缓刑等提出量刑建议。对认罪认罚案件,人民检察院应当在全面审查证据、查明事实、准确认定犯罪的基础上提出量刑建议。"认罪认罚从宽量刑建议是当前改革试点过程中合规从宽量刑建议的制度基础和法律依据。

① 参见李勇:《检察视角下中国刑事合规之构建》,载《国家检察官学院学报》2020 年第 4 期。

一、量刑规范化改革的制度衍变

“量刑问题不仅是刑法理论的问题,也是刑事诉讼的线路图。”①长期以来,量刑失衡、量刑偏差引起了对于量刑量化与量刑个别化、量刑模式、量刑辩护等问题的广泛讨论,这种广泛的讨论进一步推进了我国量刑规范化的进程。以最高人民检察院、最高人民法院等制定的司法解释、规范性文件为切入点,我国的量刑规范化进程大体可分为三个阶段。

(一)第一阶段(2003～2009年)

该阶段主要为量刑程序的建立及完善。2003年,最高人民法院《人民法院第二个五年改革纲要(2004—2008)》明确提出“研究制定关于其他犯罪的量刑指导意见,并健全和完善相对独立的量刑程序”。2007年8月,最高人民法院在《关于进一步加强刑事审判工作的决定》重申“既要保障法官在法律规定范围内行使自由裁量权,也要注意总结审判经验,完善制度和机制,加强指导和监督,确保量刑均衡,维护司法统一”,强调“制定死刑案件和其他刑事案件的量刑指导意见,建立和完善相对独立的量刑程序”。

2008年8月,最高人民法院结合审判实践,就量刑程序问题制定了《人民法院量刑程序指导意见(试行)》,该指导意见主要分为“量刑的诉讼原则”“量刑的程序规则”“量刑的证据规则”3个部分,对量刑程序的开展、量刑证据的调查及适用作了初步规定,并且就酌定量刑情节的适用进行大胆尝试,明确“在量刑事实的证明过程中,为了查明被告人的主观恶性和人身危险性,人民法院认为有必要时,允许使用能够反映被告人一贯表现或者特定品行、品质的证据”。

2008年11月,中共中央政治局通过的《关于深化司法体制改革和工作机制改革若干问题的意见》,将“规范自由裁量权,将量刑纳入法庭审理程序”纳入重要司法改革项目。2009年3月,最高人民法院《人民法院第三个五年改革纲要(2009—2013)》将“规范自由裁量权,将量刑纳入法庭审理程序”作为改革和完善刑事审判制度的重

① 参见陈兵、古立峰主编:《量刑正义的程序之维:量刑建议的“眉山模式”》,中国检察出版社2012年版,第8页。

要任务,并指出要研究制定人民法院量刑程序指导意见(2010 年 9 月 13 日最高人民法院发布了修订后《人民法院量刑程序指导意见(试行)》)。

(二)第二阶段(2010～2018 年)

该阶段主要是量刑建议改革的全面铺开以及常见犯罪量刑的推行。2010 年 2 月,最高人民检察院制定《人民检察院开展量刑建议工作的指导意见(试行)》,推行量刑建议改革试点。该指导意见对提出量刑建议的原则、条件、建议幅度、审批程序、量刑建议形式、量刑程序等多项内容提出了具体要求,其中针对有期徒刑,要求提出一个相对明确的量刑幅度并对幅度进行了限缩,是量刑规范化的重要体现。2010 年 9 月 2 日,最高人民检察院下发了《人民检察院量刑建议书格式样本(试行)》,要求检察机关根据《人民检察院开展量刑建议工作的指导意见(试行)》在试行量刑建议时使用,对于量刑建议的原则及如何提出量刑建议等,要以上述指导意见为依据,进一步规范了量刑建议工作。2010 年 9 月 13 日,最高人民法院、最高人民检察院、公安部、国家安全部、司法部印发《关于规范量刑程序若干问题的意见(试行)》,总结之前的经验做法,扩大了适用范围。

2010 年 10 月,最高人民检察院下发了《关于积极推进量刑规范化改革全面开展量刑建议工作的通知》,对检察机关进一步做好量刑建议工作提出了具体要求。2010 年 11 月,最高人民法院、最高人民检察院、公安部、国家安全部、司法部《关于加强协调配合积极推进量刑规范化改革的通知》明确,经中央批准同意,从 2010 年 10 月 1 日起在全国全面推行量刑规范化改革,强调要充分认识量刑规范化改革的重要意义,全面、深入开展量刑规范化改革,加强组织协调,确保量刑规范化改革取得实效。2012 年 11 月,最高人民检察院颁布《人民检察院刑事诉讼规则(试行)》(以下简称《诉讼规则》),将试点经验上升为具体规则,并且在量刑方面有了新的发展。依据《诉讼规则》的相关规定,不仅可以提出幅度量刑,还可以提出具体确定的建议,并明确"对于依法应当提起公诉的,人民检察院可以向人民法院提出从宽处罚的量刑建议"。

2014 年,最高人民法院《关于常见犯罪的量刑指导意见》在全国中、基层人民法院正式实施,该指导意见首次明确"以定性分析为主,定量分析为辅"的量刑方法,进一步修改、完善常见量刑情节的适用和个罪的量刑规范。2017 年 5 月,最高人民法院《关于常见犯罪的量刑指导意见(二)(试行)》进一步扩大量刑规范化范围,新增危险驾驶罪、非法吸收公众存款罪、集资诈骗罪等罪名的量刑规则。2016 年 7 月，最高人民法院、最高人民检察院、公安部、国家安全部、司法部联合发布《关于推进以审判为中心的刑事诉讼制度改革的意见》，强调要严格按照法律规定的证据裁判要求，“人民法院作出有罪判决，对于证明犯罪构成要件的事实，应当综合全案证据排除合理怀疑，对于量刑证据存疑的，应当作出有利于被告人的认定”，进一步强化量刑证据的适用。2018 年 6 月，最高人民法院印发《关于加强和规范裁判文书释法说理的指导意见》，强调法官在行使自由裁量权处理案件时，应当充分论证运用自由裁量权的依据，并阐明自由裁量所考虑的相关因素，通过释法说理来实现对量刑自由裁量权的合理规制。2018 年 7 月，最高人民检察院《人民检察院公诉人出庭举证质证工作指引》，对于量刑证据的出示顺序作了原则性规定，强调了量刑情节的重要性，促使公诉人在开庭前就应当重视量刑证据的收集及运用。

（三）第三阶段（2018 年至今）

该阶段为认罪认罚从宽制度的建立以及检察机关量刑权的规范化运行。2018 年 10 月，第三次修订的《刑事诉讼法》将认罪认罚从宽制度写入法律，明确“犯罪嫌疑人认罪认罚的，人民检察院应当就主刑、附加刑、是否适用缓刑等提出量刑建议，并随案移送认罪认罚具结书等材料”。对于认罪认罚案件，法院一般应当采纳检察机关指控的罪名和量刑建议，认为量刑建议明显不当的，可以建议检察机关调整量刑建议，强化了量刑建议的效力，也落实了检察机关精准量刑的主导责任。

2019 年 10 月，最高人民检察院、最高人民法院、公安部、国家安全部、司法部联合发布《关于适用认罪认罚从宽制度的指导意见》，就基本原则、适用范围和适用条件、认罪认罚后“从宽”的把握、辩护权保障等方面作了具体规定，可操作性更强。区别于以往的做法，该指导意见对于“从宽”的情况划分得更细致，如“犯罪嫌疑人认罪认罚没有其他法定量刑情节的，人民检察院可以根据犯罪的事实、性质等，在基准刑基础上适当减让提出确定刑量刑建议”，明确认罪认罚是作为酌定量刑情节予以考量的；“犯罪嫌疑人在侦查阶段认罪认罚的，主刑从宽的幅度可以在前款基础上适当放宽；被告人在审判阶段认罪认罚的，在前款基础上可以适当缩减。建议判处罚金刑的，参照主刑的从宽幅度提出确定的数额”，强调认罪认罚时间对于从宽幅度的影响以及将从宽效果扩大至附加刑。

2020 年 5 月，最高人民检察院下发《人民检察院办理认罪认罚案件监督管理办法》,对检察官在办理认罪认罚案件中如何接触案件当事人、办案中特殊情况须及时报告的情形、量刑建议的提出、调整后的处理方式等内容予以明确,进一步对承办检察官履行职责可能存在的风险点进行了约束和规范。2021 年 6 月,最高人民法院、最高人民检察院联合发布《关于常见犯罪的量刑指导意见(试行)》,明确量刑的指导原则、量刑的基本方法、常见量刑情节的适用和常见犯罪的量刑,将 23 种常见犯罪判处有期徒刑的案件纳入规范范围,同时规范罚金、缓刑的适用。

2021 年 12 月,最高人民检察院下发《人民检察院办理认罪认罚案件开展量刑建议工作的指导意见》,对于认罪认罚案件提出量刑建议的原则及条件、量刑证据审查、意见听取、调查评估、量刑建议调整、量刑监督等方面作了全面规定,并在以往经验做法的基础上提出新的举措。如首次将"同案同罚"纳入原则之中,实现"量刑均衡";对于依法需要判处财产刑的案件,检察机关应当要求侦查机关收集并随案移送涉及犯罪嫌疑人财产状况的证据材料,并以犯罪情节为根据,综合考虑犯罪嫌疑人缴纳罚金的能力提出确定的数额;将是否自愿承担公益损害修复及赔偿责任等,作为从宽处罚的重要考虑因素;检察机关拟提出判处管制、缓刑量刑建议的,一般应当委托犯罪嫌疑人居住地的社区矫正机构或者有关组织进行调查评估,必要时也可以自行调查评估,提高量刑的精准性。

二、企业合规对量刑规范化的"反哺"效应

量刑规范化的制度衍变为企业合规升华为量刑情节提供了理论依据、制度支撑,而企业合规的实践状况也反过来影响了量刑规范化改革的进程。企业合规作为量刑情节,发挥着预防犯罪的功能。惩罚与预防并重是量刑的重要原则,2021 年 6 月最高人民法院、最高人民检察院颁布的《关于常见犯罪的量刑指导意见(试行)》规定,"量刑既要考虑被告人所犯罪行的轻重,又要考虑被告人应负刑事责任的大小,做到罪责刑相适应,实现惩罚和预防犯罪的目的"。其中,"罪行"体现的是报应刑思想,强调惩罚的必要性;"刑事责任"则强调犯罪预防,以社会危险性的大小体现预防的强度,"刑事责任在我国《刑法》中,是作为一种法律后果意义上的责任来适用的"。[①] 检察官对于整改后的涉罪企业及相关责任人员提出从宽处罚的量刑建议,所依据的不仅

---

① 白云飞:《规范化量刑方法研究》,中国政法大学出版社 2015 年版,第 116 页。

是企业合规背后的认罪认罚,还在于有效整改后、消除违法犯罪因子之后的再犯不能,以及基于预防与公共利益考量的法益修复。在轻缓犯罪占据较大比例的实践状况下,惩罚并不是首要目的,“刑罚的目的是面向未来的”,企业合规是降低刑法风险的一种选择,是现代风险刑法的一个结果。[①] 从预防犯罪的角度出发,企业合规成为检察机关等主体参与社会治理的重要方式,已成为一种共识并得到广泛推广。

同时,对于企业的量刑仍存在不透明、不均衡的情况,如果对涉罪企业及相关责任人员作从宽处理,容易引起争议。有学者曾针对单位行贿罪的量刑情况进行统计,发现在 A 省 2016 ~ 2018 年的 113 个判决样本中,无论是对单位还是直接责任人的处罚均明显畸轻。113 个样本中,直接责任人共 119 人,适用缓刑的有 90 人,占比约 75. 63% ;免除刑罚的有 22 人,占比约 18. 49% 。对于涉案单位的处罚,除有 14 个案件未判处单位罚金外,其余 99 个案件共判处罚金 4227. 3 万元,平均每案 42. 7 万元。其中,判处 50 万元以下罚金的案件为 75 件,在判处罚金的案件中占比约 75. 76% 。[②] 如果涉罪企业进行有效的合规整改,那么对其从宽处理便有了正当性依据,也可以更好地防止量刑失衡情况的发生。

依据涉罪企业有效合规整改的情况,提出从宽量刑的建议,符合量刑制度的预防性目的,也是量刑依据的制度回应。其将进一步促进量刑规范化的发展,使以“自然人”为中心的量刑体系衍变为“自然人”与“单位”并重的格局,量刑制度将有更细致的划分以及更明确的操作规则。

---

① 参见孙国祥:《刑事合规的理念、机能和中国的构建》,载《中国刑事法杂志》2019 年第 2 期。

② 参见行江、陈心哲:《单位行贿罪量刑畸轻及其治理思路——基于 A 省 113 份样本的分析》,载《成都理工大学学报(社会科学版)》2019 年第 5 期。

第二节　合规从宽量刑建议的适用范围与条件

一、合规从宽量刑的适用主体

（一）企业

对于企业合规的适用主体，最高人民检察院下发的《关于开展企业合规改革试点工作方案》以及《关于建立涉案企业合规第三方监督评估机制的指导意见（试行）》有初步的规定。《关于开展企业合规改革试点工作方案》并不限制企业的类型，将适用的企业范围扩大至各类市场主体，包括涉罪企业以及与涉罪企业相关联的企业。国企民企、内资外资、大中小微企业，均可列入试点范围。《关于建立涉案企业合规第三方监督评估机制的指导意见（试行）》对适用情形进行细化，要适用该指导意见首先要符合3个入选条件，即涉案企业、个人认罪认罚；涉案企业能够正常生产经营，承诺建立或者完善企业合规制度，具备启动第三方机制的基本条件；涉案企业自愿适用第三方机制。同时，适用上述意见还要符合排除性条件，不属于“个人为进行违法犯罪活动而设立公司、企业的”等5种情形。[①]

（二）自然人

《关于开展企业合规改革试点工作方案》未提及自然人能否适用的问题，但是《关于建立涉案企业合规第三方监督评估机制的指导意见（试行）》第3条规定了企业合规第三方机制适用范围，既包括公司、企业等市场主体在生产经营活动中涉及的经济犯罪、职务犯罪等案件，公司、企业等实施的单位犯罪案件，也包括公司、企业实际控制人、经营管理人员、关键技术人员等实施的与生产经营活动密切相关的犯罪案

---

① 具体阐述参见本书第三章。

件。从这个规定中可以看出，合规量刑从宽也适用于自然人，只不过这里的自然人犯罪应当与企业生产经营活动密切相关。最高人民检察院第二批企业合规典型案例"海南文昌市 S 公司、翁某某掩饰、隐瞒犯罪所得案"中，检察机关以 S 公司、翁某某涉嫌掩饰、隐瞒犯罪所得罪依法提起公诉，并依据企业合规整改等情况提出轻缓量刑建议，最终 S 公司被判处罚金人民币 3 万元，翁某某被判处有期徒刑 1 年，缓刑 1 年零 6 个月，并处罚金人民币 1 万元。从结果来看，企业合规从宽的效果是及于自然人的。

对于自然人获得合规从宽的"优惠"，仍存在一些不同观点，具体可以分为"放过企业，严惩自然人""放过企业，放过自然人""严惩企业，严惩自然人"3 种情形。"放过企业，严惩自然人"最初是基于对企业严格责任的变通以及严格打击白领犯罪的政策要求而产生的，讲究的是对于企业的处理不能因自然人而受阻，严惩自然人才能形成更好的合规激励。"放过企业，放过自然人"实际上是将企业与自然人的处理捆绑在一起处理，这种情形突出表现在符合相对不起诉的情况下，对涉罪企业及责任人员均作不起诉处理。"严惩企业，严惩自然人"强调的是应该由企业承担的刑事责任，不能由自然人替代承担。从中国实际出发，这 3 种观点都具有局限性。我们在处理时应灵活把握。[①] 对于自然人的适用范围，《关于建立涉案企业合规第三方监督评估机制的指导意见（试行）》从案件类型的角度对自然人的适用范围作了大概分类，包括企业实际控制人、经营管理人员、关键技术人员等人员。对于自然人的资格条件，各地都作了细化规定，如辽宁省人民检察院等 10 机关出台的《关于建立涉罪企业合规考察制度的意见》将"直接负责的主管人员和其他直接责任人员系该涉罪企业负责人或实际控制人、核心技术人员等对经营发展起关键作用的人员"作为适用考察制度的条件之一，实际上还是强调自然人对于企业的影响以及是否具备挽救的价值。如果不是上述人员，则不能因合规整改而获得从宽处罚。

二、合规从宽量刑与犯罪类型

除《关于建立涉案企业合规第三方监督评估机制的指导意见（试行）》规定的 5 种情形外，《关于开展企业合规改革试点工作方案》与《关于建立涉案企业合规第三方监督评估机制的指导意见（试行）》对于案件的适用范围并没有明确的限制，只要

① 具体把握参见本书第四章第三节。

涉罪企业认罪并进行合规整改,原则上都可以适用合规量刑从宽。最高人民法院、最高人民检察院、公安部、国家安全部、司法部《关于适用认罪认罚从宽制度的指导意见》明确规定,认罪认罚从宽制度没有适用罪名和可能判处刑罚的限定,所有刑事案件都可以适用,强调“不能因罪轻、罪重或者罪名特殊等原因而剥夺犯罪嫌疑人、被告人自愿认罪认罚获得从宽处理的机会”。合规从宽量刑适用的犯罪类型虽然广泛,但是对于自然人获得量刑从宽的情形应限定在与企业生产经营相关的犯罪,不能因为其系“企业家”这一身份而在故意伤害、危险驾驶等案件中获得从宽处理,这一点应当严格坚守。

对于适用罪名,各地实践在上述两个文件的基础上进行了细化。如广东省佛山市南海区人民检察院《关于办理企业合规案件的工作指引(试行)》规定,重点评估危害税收征管、破坏环境资源保护、侵犯知识产权等 10 类案件;辽宁省人民检察院等 10 机关出台的《关于建立涉罪企业合规考察制度的意见》除设置了可进行合规考察的案件类型,还规定了涉嫌危害国家安全犯罪、恐怖活动犯罪、毒品犯罪、涉众型金融犯罪等案件,不适用合规考察制度。

三、合规从宽量刑与法定刑

由于企业与自然人的关联属性,对于自然人判处的刑罚会直接影响企业从宽与否。在试点初期,部分检察机关将企业合规不起诉的适用范围限制在宣告刑有期徒刑 3 年以下。对于在有期徒刑 3 年以上 10 年以下的案件,如果有法定减轻情节,也有适用合规不起诉的余地,如广州市从化区人民检察院《涉案企业合规考察工作办法(试行)》规定,对于直接负责的主管人员和其他直接责任人员,涉罪法定刑为 10 年以下有期徒刑,且具有自首、立功或者在共同犯罪中系从犯等情节之一,宣告刑可能是有期徒刑 3 年以下的,也可以适用企业合规不起诉。

但是合规从宽量刑的案件范围,不应当以合规不起诉的范围作为适用标准。刑期的长短固然可反映罪行的可谴责程度,但如果仅将目光聚焦刑期,实际上无助于企业与个人责任的分离。如果离开了涉案人员,涉罪企业仍然可以维持运营,那么对于涉案人员判处 3 年有期徒刑以上刑罚,其实并不影响企业合规的适用,也意味着涉罪企业可因合规整改获得从宽量刑的“优惠”。在试点过程中,部分检察机关已经意识到并开始尝试解决这个问题,如江苏省南京市建邺区人民检察院采取单位与责任人

"二元化"处理的模式;《深圳市检察机关企业合规工作实施办法(试行)》也规定,可以先行起诉犯罪嫌疑人,对涉罪企业的处理视合规考察验收情况另行决定。

四、合规从宽量刑与禁止性条件

在适用主体、犯罪类型、法定刑这三方面均满足条件的情况下,是否仍存在阻碍适用合规从宽量刑的情形?我国最高人民检察院出台的《关于开展企业合规改革试点工作方案》与《关于建立涉案企业合规第三方监督评估机制的指导意见(试行)》都将认罪认罚作为启动企业合规的必要条件,不认罪认罚是无法适用企业合规的,也谈不上合规从宽量刑,即认罪认罚是合规从宽量刑的先决条件。那么,前科记录等因素是否会影响合规从宽量刑适用?对此,需要进一步分析。

(一)前科记录

有前科记录肯定会对量刑从宽产生影响,如从宽的幅度变小,但是否排斥适用,不能一概而论。湖北省随州市人民检察院《关于企业犯罪相对不起诉适用机制改革试点工作方案》将"犯罪嫌疑企业(人)因同种类行为受过刑事处罚"作为禁止适用合规考察的情形。佛山市南海区《关于办理企业合规案件的工作指引(试行)》不仅将"犯罪嫌疑企业、犯罪嫌疑人曾因同种类行为受过刑事处罚"设置为禁止性条件,还将禁止性条件扩大至"犯罪嫌疑企业被两个及以上部门列入失信惩戒名单"。无论是"因同种类行为受过刑事处罚",还是多次失信记录,反映的都是社会危险性,属于预防性情节,将其作为禁止性条件具有一定的合理性,但不是绝对排斥适用的理由。以虚开增值税发票为例,涉罪企业在一段时期内为节省成本而多次虚开增值税发票,其后期的虚开行为先被定罪,随后发现前期也有虚开行为而被再次定罪。在此情况下,"因同种类行为受过刑事处罚"就并不是必然的禁止性条件,能否合规从宽量刑需要综合考量。

(二)新增犯罪

对于新增犯罪事实,最高人民检察院等出台的《关于建立涉案企业合规第三方监督评估机制的指导意见(试行)》及实施细则规定,第三方组织发现涉罪企业或其人员新实施的犯罪行为,应当中止第三方监督评估程序,并及时向负责办理案件的检察机关报告,由检察机关依照《刑事诉讼法》及相关司法解释的规定依法处理。《关于建立涉案企业合规第三方监督评估机制的指导意见(试行)》适用于第三方监督考察的场景,属于程序规则,但未使用“终止”这一表述,意味着可能重启第三方监督考察程序。这样的表述是准确的,以实践情况为例,如涉罪企业未实施新的犯罪行为,但责任人再犯新罪,对于涉罪企业,可以考虑继续适用企业合规;或者涉嫌污染环境罪的企业因技术条件限制等原因,在整改初期再次污染环境,并不必然导致禁止对其适用企业合规。

(三)社会影响

部分检察机关将可能引发群体性事件或社会负面影响大、群众反映强烈等情形作为禁止性条件。将这样的社会影响作为禁止性条件虽具有合理性,但是也不能绝对化。如果作过多限制,反而无法发挥企业合规给涉罪企业带来的正向效应,实践中应当根据个案的具体情况进行综合考量。

(四)从业禁止与禁止令

从业禁止源于《刑法》第 37 条之一的规定,是指对利用职业便利实施犯罪或者实施违背职业要求的特定义务的犯罪,除依法判处相应刑罚外,还可以根据犯罪情况和预防再犯罪的需要,禁止被告人自刑罚执行完毕之日或者假释之日起从事相关职业。而禁止令源于《刑法》第 38 条第 2 款的规定,即对于判处管制的,可以根据犯罪情况,同时禁止犯罪分子在执行期间从事特定活动,进入特定区域、场所,接触特定的人。最高人民法院、最高人民检察院、公安部、司法部《关于对判处管制、宣告缓刑的犯罪分子适用禁止令有关问题的规定(试行)》规定,人民法院宣告禁止令,应当根据犯罪分子的犯罪原因、犯罪性质、犯罪手段、犯罪后的悔罪表现、个人一贯表现等情况,充分考虑与犯罪分子所犯罪行的关联程度,有针对性地决定禁止其在管制执行期间、缓刑考验期限内“从事特定活动,进入特定区域、场所,接触特定的人”的一项或者几项内容。从业禁止与禁止令是属于非刑罚性措施,既不是主刑,也不是附加刑。常见的从业禁止包括食品、药品类犯罪,适用对象包括企业及相关人员。从业禁止的时间是从刑罚执行完毕之日或者假释之日开始计算,期限为 3 ~5 年。《关于对判处管制、宣告缓刑的犯罪分子适用禁止令有关问题的规定(试行)》只是限定了适用对象即自然人,没有就罪名设置限制范围,适用面较广,适用禁止令的期限限制在管制执行期间、缓刑考验期限内，最长的期限与从业禁止相同，可为5年。在实践中，对于从业禁止和禁止令的运用并不常见。随着对食药安全、环境安全的重视，适用频率有所提高，甚至出现了因法院未适用从业禁止而检察机关提出抗诉的情形。①

从业禁止包括"应当型"适用与"可以型"适用，而禁止令则是"可以型"。在某些情况下，从业禁止的适用时间要长于禁止令，甚至后果要远远重于禁止令。如《中华人民共和国食品安全法》第135条第2款规定，"因食品安全犯罪被判处有期徒刑以上刑罚的，终身不得从事食品生产经营管理工作，也不得担任食品生产经营企业食品安全管理人员"。如果对涉罪企业及人员适用从业禁止或禁止令，则可能使其无法再继续经营；如果是终身型的禁止职业，那么就根本无法适用企业合规，更谈不上量刑从宽。即使是以缩短禁止年限的方式从宽量刑，但合规的激励也会大大减轻，无形中给适用企业合规设置了限制。笔者认为，对于符合企业合规条件的案件，经评估合规整改有效的，应当从宽适用从业禁止和禁止令，法律规定不是必须适用的不予适用。

---

① 参见田某生产销售有毒有害食品二审刑事判决书(2018)豫01刑终1214号。自2015年1月起，被告人田某在其生产的百糖康胶囊中添加了国家明令禁止在保健食品中添加有毒、有害的非食品原料盐酸苯乙双胍、格列苯脲，经过包装后在荥阳市等多地销售，销售金额达328,142元。郑州市金水区人民法院以生产、销售有毒、有害食品罪，判处被告人田某有期徒刑6年，并处罚金66万元。郑州市金水区人民检察院认为，该一审判决未依法对被告人田某判处从业禁止令，量刑不当，遂提出抗诉。经二审审理，郑州市中级人民法院除维持原判刑罚外，还判令原审被告人田某终身不得从事食品生产经营管理工作，也不得担任食品生产经营企业食品安全管理人员。

第三节　合规从宽量刑建议的方法

真正意义上的企业合规是针对单位犯罪而言的。根据我国刑法的规定，对单位犯罪的刑罚处罚是罚金刑，因此，合规从宽量刑主要是针对单位犯罪的罚金刑而言的。如何把握和测算罚金刑的从宽幅度，是一个难题。另外，单位犯罪中还涉及从业禁止、禁止令等，其在合规从宽中如何运用也是一个新问题。

一、合规从宽量刑的基本步骤

在现行法律框架下，企业合规作为一个酌定从轻量刑情节，属于检察官、法官自由裁量的范围，可以参照认罪认罚从宽的量刑方法。最高人民法院、最高人民检察院联合印发的《关于常见犯罪的量刑指导意见（试行）》规定，量刑时，应当以定性分析为主，定量分析为辅，依次确定量刑起点、基准刑和宣告刑。量刑的基本步骤如下：(1)根据基本犯罪构成事实在相应的法定刑幅度内确定量刑起点；(2)根据其他影响犯罪构成的犯罪数额、犯罪次数、犯罪后果等犯罪事实，在量刑起点的基础上增加刑罚量以确定基准刑；(3)根据量刑情节调节基准刑，并综合全案情况，依法确定宣告刑。尽管该规定是针对自然人的，但是单位犯罪可以参照适用。在参照适用过程中，需要注意以下几点：

第一，企业合规多了“补救挽损 + 合规整改”，完全涵盖了认罪认罚情节，具有独立评价的价值。第二，在应然层面上，从预防效果来看，企业合规的从宽幅度应大于认罪认罚、自首，但小于刑事和解。第三，根据企业合规情节确定幅度范围，再根据坦白等情节选取幅度档位（不需要评价认罪认罚情节）；优先适用自首等可降档量刑的情节，然后再适用企业合规情节，对于重复的“认罪”等部分不再评价。第四，综合企业合规、认罪认罚等多个量刑情节，确定最大的减轻比例。

根据上述分析,企业合规作为酌定量刑情节,其适用情形与其他情节并无不同。因此,对于案件中存在多个量刑情节以及被告人犯数罪的情形,也应该按照《人民检察院办理认罪认罚案件开展量刑建议工作的指导意见》《关于常见犯罪的量刑指导意见(试行)》等相关规定执行,遵循"以定性分析为主,定量分析为辅"的量刑总要求,运用调整基准刑的方法,按照3个量刑步骤确定最终的宣告刑。

二、企业合规与罚金刑

罚金是企业承担刑责的主要方式,对企业判处过高或者过低的罚金都不利于发挥罚金刑的作用,金额过低无法起到预期的惩罚效果,金额过高则可能使企业将支付罚金的成本转嫁给消费者。《刑法》第52条、第53条规定了判处罚金的依据以及罚金的执行方式,明确"判处罚金,应当根据犯罪情节决定罚金数额",罚金可以分期、延期或者免除。从该表述来看,罚金刑的性质更多的是预防性情节,是依附于有期徒刑等主刑的附加刑,而附加刑会对主刑的执行产生影响。

对于判处罚金是否应有明确的数额,随着量刑规范化改革的发展有了新的做法。2010年2月《人民检察院开展量刑建议工作的指导意见(试行)》规定,检察机关建议判处附加刑的,可以只提出适用刑种的建议,即只需要建议判处罚金,无须列明建议判处的金额,也谈不上罚金执行的方式。2021年12月《人民检察院办理认罪认罚案件开展量刑建议工作的指导意见》第12条明确规定,检察机关建议判处罚金刑的,应当以犯罪情节为根据,综合考虑犯罪嫌疑人缴纳罚金的能力提出确定的数额。在实践中,检察官对于自然人犯罪的罚金刑量刑测算尚且缺乏经验,对单位的罚金量刑更加难以把握。除经验不足的问题外,我国单位犯罪罚金刑的情况较复杂,难以形成量化标准。这种复杂性表现为以下几方面:

首先,罚金刑适用情形的多样化。以接受处罚的主体来说,存在3种情形:法律规定判处单位罚金,对责任人并无罚金刑的规定,如走私普通货物罪;法律规定判处责任人罚金,如重大责任事故(不起诉单位);对单位及责任人均判处罚金,如贷款诈骗罪。以罚金计算方式来看,表现为3种情形:无限额罚金,即未设上限,而是设定起点基数以及递增规则,典型表述为"有期徒刑×年以下,判处罚金×元,每增加×年,罚金增加×元";百分比倍比罚金,即以犯罪数额设置罚金的比例幅度,典型表述为"处××数额百分之五以上百分之三十以下罚金";倍比罚金刑,即以犯罪数额等情节设置罚金的倍数幅度,典型表述为"处××数额一倍以上五倍以下的罚金"。以是否选择适用罚金刑来看,可分为应当并处或者可以并处两种情形。

其次,在同种罪名的情况下,将对单位、责任人判处的罚金相比,可能出现量刑不均衡的情况。如虚开增值税专用发票罪,对单位判处无限额罚金,未对责任人判处罚金,在非单位犯罪的情况下对个人判处倍比罚金。而且,对于责任人无罚金刑是否意味着单位替代责任人承担了这部分责任也存在争议。

再次,对于罚金的数额,一般是以销售金额、违法所得、犯罪金额、财产损失为参照标准进行综合考量适用。但是,在司法实践中很多案件无法证明确切的数额,只能进行模糊式量刑。

最后,对于罚金与自由刑的折算缺乏标准,即对自然人判处拘役、有期徒刑或者无期徒刑与罚金的对应关系、对应比例不明。以贷款诈骗罪为例,假设3年以下有期徒刑对应的罚金基数为1万元,那么每增加3个月,罚金增加5000元。这种计算方式仍较粗糙:一是如何得出罚金基数及增加量,并不透明、准确;二是刑期有限,而增加的罚金数额与罪行及犯罪情节并不匹配;三是这种折算的适用对象模糊,未明确是针对自然人的并处罚金刑,还是针对自然人的单处罚金,或是针对单位的罚金刑,抑或3种情况皆有。

根据上述分析,如果将企业合规作为酌定量刑情节适用于罚金刑,最大的问题则在于对哪个主体从宽、从宽的幅度比例如何确定。

在对企业及责任人均要判处罚金的情况下,合规从宽应当优先考虑企业,具体做法如下:

第一,无论是对涉罪企业还是责任人,能否在罚金上获得从宽处罚以及确定从宽幅度的比例,既要考虑案发后的合规整改情况,也应结合案发前企业违规历史等因素进行综合考量,而不是一味从宽。对于罚金的量刑,也应当具有梯度。

第二,涉罪企业的合规整改效果及于罚金的从宽量刑,既包括在幅度内选择较低额的罚金,如在5%~30%的倍比罚金内,可判处涉罪企业犯罪数额10%的罚金,也包括可调整罚金的基准刑,如在10万元的基准罚金上打9折。

第三,对涉罪企业从宽量刑的效果不一定及于责任人,如果对责任人减少罚金或者单处罚金,则需要以企业合规作为先决条件,并且减轻的幅度要小于涉罪企业。如果对责任人在罚金和自由刑上都作从宽处理,那么涉罪企业也应当获得从宽量刑。

第四,对于如何通过评价量刑情节得出精准的罚金,实践中出现了电脑量刑、设置量刑评价体系、提炼计算公式等尝试，基本上是通过数据统计分析和赋权两个步骤来实现对社会危害程度的量化。有学者根据中国裁判文书网的判决数据以及法院的量刑实施细则，得出两种计算公式，即“罚金刑的涉案金额公式”“罚金刑的自由刑公式”。具体来说，罚金刑的涉案金额公式为：罚金金额 = f(涉案金额) × (1 - 修正量刑情节的调节比例) × (1 + 从重责任刑情节的调节比例 - 从轻责任刑情节的调节比例 + 从重预防刑情节的调节比例 - 从轻预防刑情节的调节比例)，其中，f(涉案金额)不等同于具体案件的涉案金额，而是需要乘以特定系数，该系数源于统计过程中得出的涉案金额与罚金刑的回归方程。罚金刑的自由刑公式为：罚金金额 = f(自由刑)，其中，f(自由刑)即为上述罚金刑中自由刑与罚金刑的回归方程。[①] 这种通过数据统计分析得出计算模式的方式，虽然容易出现机械化量刑的问题，但对于如何考量罚金与犯罪数额、刑期等因素的关系，仍有一定的参考意义。企业合规对于单位及责任人的影响是不相同的，在涉案金额等传统的统计因素之间加上企业合规，并设置合理的计算公式，有赖于更多的实践样本及经验总结。

第五，对于罚金与自由刑的折算问题，应以对企业罚金刑的调整为导向。以1999年最高人民法院《全国法院维护农村稳定刑事审判工作座谈会纪要》中对罚金刑适用的相关规定为例，该纪要规定，“对于应当并处罚金刑的犯罪，如被告人能积极缴纳罚金，认罪态度好，且判处的罚金数量较大，自由刑可适当从轻，或考虑宣告缓刑”。上述规定以单一主体为适用对象，且以预防效果为出发点来考量自由刑的从轻情况。对于涉罪企业与责任人两个不同主体的情况，应作变通适用。参照该纪要规定，在不涉及单位与自然人量刑均衡与否的情形下，如果对涉罪企业缩小罚金从宽的幅度，那么该效果也应当及于责任人的罚金从宽幅度，对自由刑可适当从轻。如果放宽涉罪企业的罚金从宽幅度，那么责任人的罚金数额也应当相应减少，对自由刑也可以适当从轻。从流向来说，对责任人从重或者从轻量刑，不能推导出涉罪企业也应被从重或者从轻量刑。

三、企业合规从宽量刑的调整

企业有效合规整改是检察机关提出从宽量刑的依据，企业生产经营是一个动态

---

① 参见文姬：《我国罚金刑裁量方法的改进》，载《清华法学》2021年第6期。

的过程，涉罪企业与责任人的认罪认罚态度可能出现变化，因此，会出现需要调整量刑建议的情况。《人民检察院办理认罪认罚案件开展量刑建议工作的指导意见》第19条明确规定，检察机关可以根据案件实际情况，充分考虑提起公诉后可能出现的退赃退赔、刑事和解、修复损害等量刑情节变化，提出满足相应条件情况下的量刑建议。检察机关依据当时的企业合规整改情况而提出量刑建议，当合规整改等考量因素发生变化时，也应当适时主动调整量刑建议。常见情形有以下几种：一是企业出现经营困难而无法继续整改的，现阶段的合规整改只体现了部分成效；二是在实践中，涉罪企业及责任人特别是实际控制人、经营负责人，为了防止企业被定罪而影响日后的发展，拒绝认罪但愿意继续整改或者是验收合格的；三是起诉后出现再犯新罪等情形，导致合规整改不达标的。

对于上述3种情形，应作具体分析：第一种情形是由于客观原因导致无法继续合规整改，可以根据其已经整改的情况，适当缩减企业合规量刑情节的从宽幅度。针对第二种情形，检察机关应该依据《关于适用认罪认罚从宽制度的指导意见》《人民检察院办理认罪认罚案件开展量刑建议工作的指导意见》等相关规定，建议法院不再适用认罪认罚从宽制度并撤回认罪认罚情节的从宽量刑建议。由于缺乏认罪认罚的前提，对于尚未整改完毕的，应终止适用企业合规，撤回企业合规从宽情节的量刑建议；对于验收合格的，在依据企业合规整改情况提出从宽量刑时，应限制从宽的幅度。针对第三种情形，也要根据新罪的情况分别作处理。如果只是责任人再犯新罪，撤回对责任人的从宽建议，对被告企业的从宽幅度要根据新罪与合规整改的关联性决定是否调整；如果是被告企业再犯新罪，还是要根据新罪与合规整改的关联性，决定是否撤回从宽量刑建议或者限制从宽幅度，对责任人的处理与被告企业同步。

四、合规从宽与禁止令等特殊情形

除自由刑与罚金外，企业合规的自我披露、从业禁止与禁止令等问题，都会影响合规从宽量刑的效果。

1. 自我披露。自我披露作为合规的内容，是一种减轻企业责任的方式。需要注意的是，在企业合规改革试点过程中，虽然暂未出现企业自我披露犯罪事实的情形，但自我披露与量刑从宽的关系仍值得探讨。《关于建立涉案企业合规第三方监督评估机制的指导意见（试行）》及实施细则对漏罪的处理作了初步规定，第三方组织发现涉罪企业或其人员尚未被办案机关掌握的犯罪事实，应当中止第三方监督评估程序，并向负责办理案件的人民检察院报告。从使用“中止”的概念来看，并不意味着拒绝继续适用企业合规。

区别于检察机关将同种类刑事处罚作为禁止适用企业合规的条件，自我披露的重点是办案机关尚未掌握的犯罪事实。自我披露意味着企业的前科记录可能涉嫌犯罪，要对责任人加重处罚，从鼓励消除违法犯罪因子、重塑合规文化的目标来说，原则上，对于同种罪行可继续适用企业合规，但不排除因增加犯罪事实而升格法定刑，从而导致无法适用的情形；对于不同种罪行，需要综合考量后确定是否继续适用企业合规以及从宽幅度。即使不适用企业合规，涉罪企业及责任人仍可以基于自首情节而获得从宽处理。在自我披露可从宽量刑的基础上，涉罪企业自我披露的时机会直接影响从宽的幅度。在被追诉之前披露犯罪事实，可整体认定为自首；在被追诉后披露遗漏的犯罪事实，可认定为坦白。无论是自我披露后构成自首还是坦白，基于两个以上的犯罪事实，都应当减小从宽的幅度。

2. 从业禁止与禁止令。2020 年 11 月最高人民检察院等下发的《关于规范量刑程序若干问题的意见》第 4 条规定了从业禁止与禁止令的提出主体、时间及要求。首先，侦查机关在移送审查起诉以及检察机关在提起公诉时，可以提出宣告禁止令和从业禁止的建议，将提出主体扩大至侦查机关，提出时间也提前至移送审查起诉时。被告人及其辩护人、被害人及其诉讼代理人也可以提出意见，并说明理由。其次，检察机关提出宣告建议的，应当根据被告人的犯罪原因、犯罪性质、犯罪手段、悔罪表现、个人一贯表现等，充分考虑与被告人所犯罪行的关联程度，有针对性地决定禁止从事特定的职业、活动，进入特定区域、场所，接触特定的人等。

对于涉企类案件，是否在量刑建议中提出从业禁止或禁止令，需要根据不同情况进行处理。提出禁止令的目的主要在于，强化对犯罪分子的有效监管，促进其教育矫正，防止再犯。对罪行虽然比较严重，但是几乎没有再犯可能的，不应当适用禁止令。① 检察机关是否提出宣告禁止令的量刑建议，应该从有利于维护企业经营以及防止责任人再犯的角度出发。对于责任人与涉罪企业关联性不大的情形，可以提出宣告禁止令的建议；对涉罪企业的生产经营有重大影响的责任人，应当慎重提出宣告禁

① 参见《张军在全国法院刑事审判工作座谈会上指出　加强对适用禁止令监督指导　根据犯罪分子人身危险性决定是否适用》，载《人民法院报》2011 年 5 月 11 日，第 1 版。

止令的建议。

是否提出宣告从业禁止建议的情形要比禁止令复杂得多。《刑法》第 37 条之一对于从业禁止作了原则性规定,并明确"其他法律、行政法规对其从事相关职业另有禁止或者限制性规定的,从其规定",如《中华人民共和国食品安全法》《关于办理危害食品安全刑事案件适用法律若干问题的解释》《关于办理环境污染刑事案件有关问题座谈会纪要》。在实践中,从业禁止既可能适用于责任人,也包括涉罪企业,行政执法机关、法院均可以作出从业禁止的决定。从业禁止分为"应当适用"与"可以适用"两种类型,是否提出从业禁止的建议以及从宽建议的内容,还是要结合企业生产经营状况、再犯可能等因素作综合判断。对于"应当适用"类型,检察机关应依法提出建议,根据是否有选择的幅度空间提出相应建议。对于"可以适用"类型,与禁止令的适用情形一致。

第十章

法官对企业合规案件的审理与裁判

第一节　法官审理涉企业合规案件的理念与方法

由于在司法实务中的角色不同，法院与检察院之间对待企业合规的理念和态度并不完全一致，作为裁判者，相对来说，法院对待企业合规案件的态度更加保守。因此，有必要从法院视角出发，考察法官在处理企业合规案件时的态度以及应当秉持的司法理念和基本方法。

一、法官对企业合规应持积极开放的态度

企业合规从宽问题主要存在于单位犯罪案件之中，与单位犯罪的归责原则、出入罪标准、司法效果等密切相关。当前，经常被讨论的单位犯罪司法实务面临的问题主要包括：单位犯罪处罚的罪责刑不均衡、单位犯罪中单位意思如何界定、“双罚制”的责任形态是否合理、新型系统性犯罪如何认定、如何真正有效营造良好营商环境的问题等。那么，企业合规制度能否解决以上问题？

我国刑法对单位犯罪实行“双罚制”，法院认定单位构成犯罪后，对单位处以罚金，并对主管人员和其他直接责任人员单独科处刑事处罚。其中，对单位的处罚除罚金外，还可能有没收违法所得等。但是，无论是科处罚金刑还是追缴涉案财物，都属于以单位的财产性利益弥补其犯下的过错，并没有附带追究犯罪单位的其他法律责任，如行政处罚等。但实际上，某些行政处罚，如“责令停业整顿”“吊销营业执照或许可证”等对单位的威胁远远高于罚金刑。由此带来的首要问题是，对单位犯罪处罚的罪责刑不均衡，产生了“违规企业被严厉处罚，犯罪企业受到轻缓处理”的现象。同时，只对企业的财产性利益进行剥夺并未对企业以后的经营带来任何实质性的良性改变。有的企业虽然知道犯罪可能被处罚，但仍怀着侥幸心理行犯罪之事。当前对单位犯罪的处罚方式无法督促其公布犯罪事实、犯罪原因，并制订弥补制度漏洞的计

划,无法有效消除企业再犯罪的可能,使犯罪企业在缴纳罚金后被“一放了之”。[①] 对单位犯罪的预防只能依靠公安、检察机关对单位犯罪的高压查处力度,但这是一种成本巨大的营造良好营商环境的方法。

我国《刑法》第30条对单位犯罪的规定为:公司、企业、事业单位、机关、团体实施的危害社会的行为,法律规定为单位犯罪的,应当负刑事责任。这一规定并未明确单位犯罪的归责原则究竟是替代责任还是组织体责任,抑或是实质上的自然人个人犯罪。[②] 在司法实践中,通常都是根据直接责任人员的行为和罪错以及行为的受益人来认定是否为单位的行为和罪过,较少从单位的规章、制度、行为规范等方面独立确定单位的犯罪意图。由此带来的后果是,对于那些由企业高层管理人员经无记名投票表决通过的犯罪行为,以及在系统性犯罪中难以确定直接责任人员的犯罪行为,难以被认定为单位犯罪行为。同时,在单位主观意志的认定上,除单位决策层集体讨论决定的情况外,在单位内部自然人实施犯罪行为的情况下,如何区分单位责任与高管责任、单位责任与员工责任、单位责任与分公司责任、单位责任与第三方责任,成为亟待解决的问题。[③]

企业合规制度的优势在于,其提供了从刑法理论到司法实务的一整套思路来解决以上问题:确立组织体责任归责原则(最好是推定法人责任论)—区分单位责任与自然人个人责任(单位犯罪不以自然人存在犯罪行为和意图为前提)—完善单位犯罪的出入罪模式(以企业独立意志理论为基础归责,若企业无故意或过失则可以出罪)—企业合规不起诉和企业合规从宽—激励企业构建有效合规计划—进一步预防犯罪,打造良好营商环境。

对于单位犯罪,企业合规从底层概念到具体操作都作了适当调整。首先是将单位视为具有独立行为和独立主观意志的法律主体,进一步明确单位构成犯罪的前提之一是单位具有主观罪过,可能是犯罪故意,也可能是疏忽大意或过于自信而具有过失,这种主观罪过并非单位对内部自然人主观过错的替代承担,也并非通过单位内部自然人的意志推导出的结论,而是通过单位内部的规章、制度、决策、风险防范举措等实实在在地去考察单位自身的主观意志,也可以说是企业的合规责任。[④] 这一调整带

---

① 参见黎宏:《完善我国单位犯罪处罚制度的思考》,载《法商研究》2011年第1期。

② 参见张克文:《拟制犯罪和拟制刑事责任——法人犯罪否定论之回归》,载《法学研究》2009年第3期。

③ 参见陈瑞华:《企业合规基本理论》(第2版),法律出版社2021年版,第234页。

④ 参见刘艳红:《企业合规不起诉改革的刑法教义学根基》,载《中国刑事法杂志》2022年第1期。

来的直接影响是，改变了传统刑法理论将单位内部自然人的行为视为单位构成犯罪的基础和前提的观点，将单位犯罪与自然人犯罪独立起来，对于找不到特定犯罪人员的单位犯罪来说，可以单独由单位构成犯罪并予以处罚，即调整了当前刑法规定的“双罚制”结构。紧接着，围绕单位主观意志的识别来判断单位是否构成犯罪，并由此建立企业合规不起诉及企业合规从宽的激励机制，使越来越多的企业能够从自身开始更加注重犯罪的预防，早期发现和制止犯罪，从而在社会效果上达到遏制单位犯罪的目的，实现司法的法律效果和社会效果的统一。

想要打破单位犯罪目前的从理论到实务的种种僵局，急需一把锋利的“手术刀”从内部剖开单位犯罪的内核并对之加以改造。越来越多的学者认为，唯有借鉴最新的组织责任理论，强调单位具有独立于自然人的刑事归责资格，才能走出制度和实践中的困境。[①] 单独、直接地对归责理论进行改变无疑是困难的，而企业合规则能够作为一种机制，连接归责理论的内核和司法实务，既能直指单位犯罪的症结所在，又能作为实践向导给出具体的解决方案。从这个层面看，企业合规是完善我国单位犯罪理论与实务的必经之路，也是最便捷、代价最小的道路。因此，法官也应当积极关注和研究企业合规问题，对企业合规持积极开放的态度。

二、法官看待企业合规案件的基本理念

进入审判程序的涉及企业合规案件面临的主要问题是，对在犯罪时尚未建立完善的合规计划，但在检察机关公诉阶段建立或承诺建立企业合规计划的单位能否从宽量刑以及以何种标准从宽。在目前尚无明确法律及司法解释指引的情况下，解决以上问题最好的方法是从刑法基本原则和刑罚基本功能入手，以其为大前提，逐步推论出审判企业合规案件时的基本方法。在我们看来，企业合规从宽问题应当基于以下两点理念进行考量：一是是否有利于刑罚预防犯罪功能的实现；二是是否符合刑法责任主义原则。

（一）企业合规从宽应当有利于预防犯罪目的的实现

早期的刑法理论主张刑罚的报应刑论，即认为刑罚是对犯罪的报应，基于恶有恶

---

① 参见陈瑞华：《企业合规基本理论》（第 2 版），法律出版社 2021 年版，第 236 页。

报的古老正义观点，根据报应的原理对产生危害的犯罪施以痛苦的刑罚进行报应，就体现了正义，这便是刑罚的正当化根据。但是新派的理论更强调刑罚的目的刑论，即认为刑罚本身并没有什么意义，只有在为了实现一定目的即预防犯罪的意义上才具有价值。因此，在预防犯罪所必要且有效的限度内，刑罚才是正当的。[①] 当前理论通说采用折中的观点，即认为刑罚的正当化根据既是为了满足恶有恶报、善有善报的正义要求，也是防止犯罪所必需且有效的，应当在报应刑的范围内实现一般预防与特殊预防的目的，也被称为相对报应刑论。

在预防犯罪目的的实现上，理论学说上也存在不同声音。早期的刑法理论强调"威慑"对犯罪的预防效果，即通过对犯罪分子施加刑罚，以预防其再犯（特殊预防），同时借助其威慑效果对潜在的犯罪人起到阻遏犯罪的效果（消极的一般预防）。这种威慑作用往往是针对犯罪行为发生之后的预防，此时，妨害国家、社会、被害人的行为已经产生了不可磨灭的结果。晚近以来，这种消极预防理念受到越来越多的质疑。与之相对的是积极预防理念，即以面向未来的视角实现刑罚的预防犯罪目的，考虑如何通过刑罚功能的发挥来教导人们遵守法律，"以刑罚来确认与强化公民对规范忠诚的价值信念"。[②] 消极预防理念转向积极预防理念是基于当前社会风险频发，"从刑法角度规制日益增高的社会风险并维护社会安全秩序成为刑法的主要目标"。[③] 从近年来我国出台的《刑法修正案》看，预防性刑法立法活动在近来刑法修正中相继有序展开，以积极预防为导向的刑法理念正在发展。

企业合规从宽理念与积极预防的刑法观念具有天然的关联性和一致性。企业合规的提出是为确保企业的规范运行，使企业及员工行为符合刑法的规范要求，防范经营中可能出现的违法犯罪行为。将企业合规引入刑法，并作为量刑从宽的依据，其实质上可以"通过刑罚的威慑和激励，帮助企业改变日常行为习惯，达到在企业内部发现、预防和制止企业内部违法犯罪的预期目标"。[④] 理想的预防机制为：规定企业合规为从宽情节—激励企业建立有效的合规计划—企业主动避免犯罪行为的发生；次一级预防机制为：规定企业合规为从宽情节—激励企业建立有效的合规计划—企业

① 参见张明楷：《刑法学》（第4版），法律出版社2011年版，第453页。

② [德]米夏埃尔·帕夫利克：《目的与体系：古典哲学基础上的德国刑法学新思考》，赵书鸿等译，法律出版社2018年版，第102页。

③ 刘艳红：《积极预防性刑法观的中国实践发展——以〈刑法修正案（十一）〉为视角的分析》，载《比较法研究》2021年第1期。

④ 万方：《企业合规刑事化的发展及启示》，载《中国刑事法杂志》2019年第2期。

主动举报员工个人的犯罪行为+企业出罪;再次一级预防机制为:规定企业合规为从宽情节—企业实施了犯罪行为—起诉中企业建立起有效的合规计划—从宽处罚+预防下次犯罪(特殊预防)。如果没有企业合规从宽的规定,那么将无法对企业起到建立合规计划的激励作用,对单位犯罪的预防将会回到"威慑"预防的原初状态。可以说,助力刑罚积极预防犯罪和预防该企业今后犯罪是企业合规从宽最大的合法性来源,也是法院愿意对企业合规进行从宽量刑的内在原因。

因此,在企业合规案件中如何对预防刑进行裁量是合规从宽的主要问题,并不是只要规定了企业合规从宽就可以获得预防犯罪的效果,过于宽松的或者虚假的企业合规可能带来相反效果。一旦企业发现在犯罪之后只要承诺建立企业合规计划就能实现从宽量刑的结果,那么刑法的严肃性将大打折扣,企业合规从宽也就从预防犯罪的"网"变成了帮助犯罪逃脱的"网"。

一般来说,裁量预防刑时应当重点考虑特殊预防,即以已经发生或者已经存在的反映犯罪人的再犯罪危险性的事实为根据进行裁量。① 对于自然人犯罪来说,特殊预防一般需考虑犯罪人犯罪前的一贯品行、是否为累犯、有无前科,以及犯罪后是自动投案还是畏罪潜逃、是主动坦白还是嫁祸于人、是积极退赃还是隐藏赃物、是对被害人赔礼道歉还是扬言报复,等等。对于单位犯罪来说,特殊预防重点需要考虑的是企业是否建立起有效的合规计划,当然,也包括企业是否受过行政处罚、主管人员有无犯罪记录等。预防刑裁量的另一个重要内容是刑罚执行,即在具备适用缓刑的前提条件下,是判处实刑还是宣告缓刑。对此,实质标准显然是特殊预防目的及其实现条件:如果没有再犯罪的危险,原则上就应当宣告缓刑;如果不执行刑罚就有再犯罪的危险,则不宜宣告缓刑。对于单位犯罪来说,在企业合规机制下,未来也可以尝试将缓刑适用于单位,若企业建立起有效的合规计划后,在一定期限内不再犯罪,那么可以不再向其施以罚金等处罚。

总之,在审判过程中,法官的基本理念应是,企业合规从宽应当有利于预防犯罪目的的实现。

(二)企业合规从宽应当与责任主义原则相统一

量刑中的责任主义,是指对行为人的刑罚不得超过其所应承担的责任之度,以个

---

① 参见张明楷:《论预防刑的裁量》,载《现代法学》2015 年第 1 期。

人责任大小为基准确定的刑罚被称为责任刑。通常来说，站在责任刑对立面的是预防刑，即以实现预防犯罪目的为基准应当确定的刑罚。如果企业合规案件需要从积极一般预防和特殊预防的角度来从宽量刑，那么责任主义就要求法官从责任刑的角度来考量单位犯罪量刑的基准或幅度，防止罪刑不均衡。

然而，尽管罪刑均衡的理想是刑罚既与罪行的社会危害性相适应，又与人身危险性（再犯可能性）相适应，但实际上，罪刑的社会危害性和主体的再犯可能性往往是不相同的，存在所谓的二律背反现象。因此，法官在考虑刑罚的正当性与否时，包括从宽幅度是否正当时，经常需要面对的问题是，如果以责任为基础的刑罚和预防犯罪所需要的刑罚并不相同，应当如何量刑？如今，在积极一般预防理论兴起后，有学者认为，“只有在报应主导的惩罚框架内，责任主义才可能保持绝对的有效性，在预防或威慑导向的刑法体系里，妥协成为无可规避的宿命”，[①]并以此来否定责任主义的必要性。笔者认为这种观点是错误的。责任原则具有不可替代的重要功能，即便是在企业合规从宽案件中，也应该坚定地贯彻责任原则。

首先，责任刑与预防刑是互补的，缺少任何一方都可能导致量刑的偏倚。预防刑论往往导致刑罚过重，报应刑论正好给刑罚划定了上限，使刑罚不得超出报应的范围。但从报应刑论来看，不需要判处刑罚时也必须科处刑罚，特殊预防必要性小时也可能判处严厉刑罚，目的刑论正好解决了这一问题。[②] 其次，责任刑是预防刑的先位概念，应当先确定责任刑，再确定预防刑。从责任主义的核心是保障行为人的自由与权利可以看出，法官在考虑预防必要性大小之前，必须确定责任刑这个点，责任刑的量刑点的确定，可以限制法官对预防刑的考虑，防止法官量刑的任意性，从而保障行为人的权利。最后，从功能责任论的角度来看，责任与预防具有共同的本质，它们都是由行为人是否忠诚于法规范、在何种程度上忠诚于法规范所决定的。责任和预防只是同一个事物的不同侧面。行为人曾经是否忠诚于法规范是责任问题，行为人将来是否忠诚于法规范还是责任问题，但是，行为人是否忠诚于法规范也决定了行为人将来是否犯罪，还会影响一般公众今后对法规范的态度，因此，也是预防问题。[③]

因此，在企业合规从宽案件的处理中，仍然要贯彻责任主义原则，逐项考察企业的量刑责任要素。在当今的风险社会中，企业和个人可能在推卸责任中实现自我免

---

① 参见劳东燕：《责任主义与违法性认识问题》，载《中国法学》2008 年第 3 期。

② 参见张明楷：《责任主义与量刑原理——以点的理论为中心》，载《法学研究》2010 年第 5 期。

③ 参见冯军：《刑法中的责任原则——兼与张明楷教授商榷》，载《中外法学》2012 年第 1 期。

责。但是,对刑法价值的实现来说,重要的是在承担责任中完成自我救赎。企业合规从宽的另一项意义就是企业在重视自己责任的基础上,自我“刮骨疗毒”从而实现自我突破。

三、法官处理企业合规从宽案件的基本方法

在对上述理念进行考察的基础上,法官应当将企业合规从宽问题放置于现有刑事政策及司法机制之下,考虑案件审判流程中的具体问题:一是是否已基于以审判为中心的要求对企业合规计划及相关问题进行了详细审查;二是是否符合企业合规、认罪认罚从宽制度的内在精神。

(一)以审判为中心对企业合规计划进行详细审查

推进以审判为中心的诉讼制度改革,确保侦查、审查起诉的案件事实证据经得起法律的检验,是全面推进依法治国,加快建设社会主义法治国家,坚持严格司法,确保刑事司法公正的现实需要。我国刑事诉讼包括侦查、审查起诉、审判三个环节,公检法在刑事诉讼中应当分工负责、互相配合、互相制约。以审判为中心的诉讼制度改革,目的就是要切实发挥审判程序应有的制约、把关作用,形成一种倒逼机制,促使公检法办案人员树立案件必须经得起法律检验、庭审检验的理念,严格依法规范侦查和起诉活动,既要从源头上防止案件“带病”进入审判程序,以更加有效地防范冤假错案,又要有效避免因人为失误、失职甚至渎职,导致有罪者未能受到法律的应有制裁,造成客观上放纵犯罪或者打击不力的现象发生。

对于当前正在如火如荼进行的企业合规改革,一些法官可能心存疑虑:企业合规的相关机制以检察机关的作用力为主,缺乏公安及法院的身影,是否会将诉讼制度以审判为中心转变为以检察为中心?企业合规计划的督促建立、有效性审查等均由检察机关主导,法院对企业合规不了解,以审判为中心的原则如何得到保障?笔者认为,企业合规相关制度并不会影响以审判为中心的诉讼制度;相反,企业合规需要在以审判为中心的诉讼制度下发展壮大。

首先,不能把以审判为中心简单地理解为以法院为中心。以审判为中心的诉讼制度改革,其实质是在诉讼全过程中以司法审判标准为中心,将司法审判标准作为侦查、起诉工作的同一标准,形成司法合力。企业合规完全可以建立起一套完善的司法

审查标准,并以此指导审判前的合规计划建设,之后在审判过程中由法官加以审核。以域外的企业合规暂缓起诉机制为例,英国、澳大利亚、法国的暂缓起诉协议均受到较严格的司法审查:检察机关与涉案企业达成暂缓起诉协议后,需要将协议提交法院,在经过听证程序加以确认后,该协议方具有法律效力。在考验期内,法院也会对协议的履行情况,尤其是涉案企业重建合规计划的情况进行监控。在考验期结束后,也由法院决定是否撤销案件,或恢复法庭审理。①

其次,审判阶段的企业合规需要审慎且实质化的司法审查。就我国而言,审判阶段的企业合规从宽,必须坚持以审判为中心的原则,通过法庭审理来审查企业合规计划是否有效的相关证据,以及企业合规计划是否符合预防犯罪的目的、是否符合罪责刑相一致原则,在此过程中必须力戒形式主义,通过法庭审理发现疑点、厘清事实、查明真相。

(二)以认罪认罚从宽的内在标准审查企业合规从宽

企业合规从宽与认罪认罚从宽制度之间关系,存在一定的争议。有观点认为,企业合规从宽与认罪认罚从宽两种机制的程序时间跨度和从宽原因天差地别。首先,从程序的时间跨度上讲,认罪认罚从宽制度以效率为导向,强调节省资源、降低成本、快速处理案件,通过给予认罪认罚的犯罪嫌疑人、被告人较宽大的处理,形成一种激励效应,使更多的犯罪嫌疑人、被告人选择认罪认罚程序,实现刑事案件的快速办理;而企业合规从宽则是企业自愿建立并实施有效的专项合规计划,在此过程中需要设置足够长的合规考察期,委任专业的合规监管人,督促企业实现合规目标,在此过程中需要投入大量的时间和司法资源,还要进行反复的论证和评估,②与认罪认罚从宽制度的效率性要求可谓毫无关系。其次,从对被告人从宽的原因上讲,在认罪认罚从宽制度中,由于既认罪也认罚,被告人作为实现程序性快捷的帮助人可以获得一定规格的从宽;在企业合规从宽中,被告单位在认罪的基础上同意建立有效的合规计划,从宽原因主要是有利于特殊预防目的的实现。

然而,笔者认为,这些差异只是外在程序设计和具体从宽幅度之间的差异,企业合规从宽与认罪认罚从宽依然在内在精神上具有诸多同一性。③ 可以说,认罪认罚从

---

① 参见陈瑞华:《企业合规基本理论》(第2版),法律出版社2021年版,第275页。
② 参见陈瑞华:《企业合规不起诉改革的八大争议问题》,载《中国法律评论》2021年第4期。
③ 参见李勇:《检察视角下中国刑事合规之构建》,载《国家检察官学院学报》2020年第4期。

宽制度在我国的成功实施为企业合规从宽的实施奠定了良好的思想基础和实践基础。

首先,两种制度都采用“协商性”司法的运作模式,检察机关通过与被追诉人进行协商来取得双方的“利益兼得”。企业合规从宽能够使涉案企业以相当小的代价被处罚,甚至被免于追诉,也能避免产生诸多方面的附带结果,防止因企业破产而出现员工失业、投资人血本无归等一系列后果,还能使检察机关减少在追诉过程中需要花费的大量人力、物力。进一步来讲,企业合规从宽还可以在很大程度上避免一些诸如大量人员失业、经济滑坡等负面的社会效果,可谓一举多得。在认罪认罚从宽制度实施之前,我国对这种协商性司法的接受程度并不高,在认罪认罚从宽制度的试行之初也一直存在如检察机关可能利用有利地位滥用职权等方面的质疑,但随着认罪认罚从宽制度的逐步推行,协商性司法被越来越多的人接受,这为企业合规从宽的运行奠定了良好的思想基础。

其次,两种制度的“激励—回报”机制类似。认罪认罚从宽制度适用于被追诉人会带来两个结果:一是激励,通过不起诉、刑罚减免等方式激励被追诉人自愿选择更简化的诉讼程序;二是回报,在被追诉人自愿认罪认罚给诉讼效率的提高带来了便利的同时,司法机关会给予其不起诉或者刑罚减免的回报。① 企业合规从宽制度的设计与之类似。在单位犯罪中,如果涉罪单位承认所指控的罪行,便可以由检察机关与其进行协商并达成合意。合意的内容包括按时缴纳罚款、及时建立并有效实施合规计划、及时止损、弥补制度漏洞等。如果在检察机关的持续监督之下,涉罪单位经审查被认定为已经有效履行了协议中的一系列义务,并符合合规要求,检察机关则不再对其提起公诉或会提出更低的量刑建议。虽然现在企业合规从宽是否要求被追诉人认可检察机关的量刑建议尚未明确,但法官可以认罪认罚从宽的幅度作为参照,衡量企业合规的从宽幅度。

最后,在企业合规从宽和认罪认罚从宽中,检察机关都享有比其他案件更加充分的主导性。认罪认罚从宽的制度设计已经体现了这种主导性,如对于认罪认罚从宽案件的量刑建议,法官如果没有充分的理由,就不能任意更改,如果法官认为应当更改则需要变更诉讼程序。那么,在企业合规从宽的案件中,是否也可以有类似的程序

---

① 参见上海市黄浦区人民检察院课题组:《刑事合规评价构建的现实必要与制度衔接》,载《上海公安学院学报》2021 年第 6 期。

性规定,给予检察机关更加充分的自由决定权,或者在认罪认罚从宽中单独开辟企业合规从宽制度? 由于目前仍处于试点阶段,立法尚未对企业合规作出明确规定,但是从试点的发展趋势看,未来立法会赋予检察机关在企业合规中的主导性地位。

第二节　合规从宽的基础

检察机关对于企业合规的试点和探索方兴未艾，人民法院暂未出台相应的配套制度，但是第二批企业合规试点的案件，已经摆到了刑事法官的案头，企业合规对于案件的定罪、量刑有什么影响，如何确定合规从宽的量刑幅度，成为刑事法官必须解决的问题。

一、企业合规是否可能出罪

定罪是量刑的前提。在考虑企业合规对量刑的影响之前，我们首先要考虑的是企业合规是否可能成为企业单位犯罪的出罪事由。一般来说，单位犯罪，是指公司、企业、事业单位、机关、团体为本单位谋取非法利益或者以单位名义为本单位全体成员或多数成员谋取非法利益，由单位的决策机构按照单位的决策程序来决定，直接负责人员具体实施，且刑法明文规定单位应受刑罚处罚的犯罪。[①] 可见，单位犯罪一般应具备单位意志、单位行为、单位利益三个基本要求。从我国现行法律规定来说，"企业合规计划"难以成为单位犯罪构成要件的要素，它不会促使行为主体身份的变化，不会影响具体犯罪行为的特征，更不会改变行为对象和客观结果。就目前我国的法律规定而言，企业合规是一个重要的从宽量刑情节，而非出罪情节，但企业合规在特定情况下，可以成为责任要素，即通过企业合规计划证明企业主观上没有罪过。较典型的案例就是"企业合规无罪抗辩第一案"——雀巢职工侵犯公民个人信息罪案。该案被告人郑某、杨某分别担任雀巢（中国）有限公司西北区婴儿营养部市务经理、兰州分公司婴儿营养部甘肃区域经理期间，为了抢占市场份额，推销雀巢奶粉，授意该公

① 参见张明楷：《刑法学》（第5版），法律出版社2016年版，第135页。

司兰州分公司婴儿营养部员工被告人杨某某、李某某、杜某某、孙某通过拉关系、支付“好处费”等手段，多次从多家医院医务人员手中非法获取公民个人信息。一审法院判决，郑某、杨某等6人构成侵犯公民个人信息罪。一审法院宣判后，郑某、杨某某、李某某、杜某某提起上诉，主要理由是认为自己的行为属于公司行为，获取的信息也是提供给公司，应认定为单位犯罪。二审法院认为，单位犯罪是为本单位谋取非法利益之目的，在客观上实施了由本单位集体决定或者由负责人决定的行为。雀巢公司手册、员工行为规范等证据证实，雀巢公司禁止员工从事侵犯公民个人信息的违法犯罪行为，各上诉人违反公司管理规定，为提升个人业绩而实施的犯罪为个人行为。据此，二审法院驳回上诉，维持原判。在目前的法律框架下，单位犯罪的入罪标准及法定刑升格标准往往远大于个人犯罪，所以“单位犯罪”经常成为个人犯罪寻求降低法定刑或者获得从轻处罚的抗辩事由。譬如，某挂靠在建筑公司的包工头，为了合作项目向主管部门领导行贿，辩称是单位行贿；某生产企业的车间主任，自行决定倾倒车间内的危险废物，辩称是单位污染环境等。这些行为无不都有为单位利益考虑的情况，但相关企业都有明确的禁止性规定，并明确告知过行为人不得实施相关行为，无论是主观方面的“意识因素”，还是“意志因素”，企业合规都有可能将公司责任与个人责任进行有效切割。陈瑞华教授在企业合规出罪模式问题上，提出了系统性企业犯罪和非系统性企业犯罪的区分。所谓系统性企业犯罪，是指企业作为一种具有法律人格的商业组织，经过集体决策或者经由企业负责人作出决定所实施的危害社会行为。所谓非系统性企业犯罪行为，是指在没有企业集体决策，也没有企业负责人作出授权或授意的情况下，企业内部的某一高管、董事、员工、子公司、第三方等关联人员，以企业名义并为实现企业利益而实施了犯罪行为。① 在这一概念基础上，如果企业已经建立合规管理体系，则该体系可以成为证明不存在主观罪过或失职行为的证据。按照该观点，企业建立合规计划并实际运行，在出现非系统性企业犯罪时，企业合规可以成为单位犯罪出罪的事由。这里的企业合规必须是“事先合规”，即企业合规应建立并运行在犯罪行为之前。而目前试点的相关案件，大多是企业涉嫌犯罪后才开始建立合规计划，属于“事后合规”，这类情形不能依据“企业合规”的事由来出罪。但是这个案例，能否成为普遍性的规则，尚待观察。至少在现行的法律框架下，在司法实践中，难以将企业合规作为出罪事由，更多是将其作为量刑情节。

---

① 参见陈瑞华：《企业合规出罪的三种模式》，载《比较法研究》2021年第3期。

二、企业合规属于何种量刑情节

（一）企业合规是评价人身危险性的酌定量刑情节

量刑情节，是指定罪事实以外，与犯罪人或侵害行为密切相关的，表明行为的社会危害性程度和行为人的人身危险性程度，进而决定是否适用刑罚、处刑宽严或者免除处罚的各种具体事实情况。根据合并主义原则，刑罚既是对已发罪行的一种正义报应，以满足人类“以牙还牙，以眼还眼”的朴素感情，也是维护社会秩序，实现犯罪人再社会化的重要手段，其兼具报应的正当性和预防的合理性。不难看出，企业合规是企业预防犯罪、配合调查的重要措施，并不涉及犯罪行为危害性程度，但可以很好地反映人身危险性程度。“一个合规的企业文化，其再犯可能性降低，预防必要性降低，进而导致量刑中的预防刑降低。”①所以，企业即便是在犯罪后制订有效的企业合规计划，也属“亡羊补牢”行为，“犹未为晚”，一样可以作为重要的量刑因素，在量刑时予以考量。

（二）企业合规包含部分法定量刑情节

以刑法或刑事诉讼法是否就量刑情节及其功能作出明确规定为标准，可以将量刑情节分为法定量刑情节和酌定量刑情节。目前，企业合规还在试点阶段，尚未进行刑事立法，所以目前不是独立的法定量刑情节，前文分析的其作为判断人身危险性（再犯可能性）的重要情节，属于酌定的量刑情节。但由于企业合规具有多重的功能定位和复杂的运行机制，在运行过程中，有及时发现犯罪、调查犯罪、披露犯罪以及配合办案单位的一系列机制，这些机制本身可能包含重要的法定量刑情节。李玉华教授认为，刑事合规基本标准的核心要素包括：合规制度、合规组织机构、合规文化、合规培训、合规风险识别、合规风险评估、合规风险处置、合规审计、合规调查、合规举报、合规问责与惩戒、持续改进。② 陈瑞华教授认为，有效合规计划可分为三个方面：一是强调公司是否有一个设计良好的书面合规计划；二是公司是否有独立、权威和拥有必要资源的合规阻止体系，以及是否建立了合规奖励和惩戒机制，重点在于关注企

---

① 李勇：《检察视角下中国刑事合规之构建》，载《国家检察官学院学报》2020 年第 4 期。

② 参见李玉华：《有效刑事合规的基本标准》，载《中国刑事法杂志》2021 年第 1 期。

业合规计划的有效运转;三是关注企业发生违规行为时,企业合规体系能否有效识别违规行为,并能够及时纠正和自我报告。[①] 作为企业合规全球典型案例的"西门子合规体系",不仅制订并运行合规计划,对后续发生的违规行为也进行了有效的识别和披露。这些主动自我调查、自我披露及配合侦查等行为,属于企业合规的一部分,同时也可能构成自首和立功等法定量刑情节。换言之,当企业合规与自首、立功等法定情节重合时,就成为法定量刑情节。

关于单位自首问题。近年来,对于单位是否可以构成自首,司法实践基本都持肯定的态度。2002 年 7 月 8 日,最高人民法院、最高人民检察院、海关总署在《关于办理走私刑事案件适用法律若干问题的意见》中规定:在办理单位走私犯罪案件中,对单位集体决定自首的,或者单位直接负责的主管人员自首的,应当认定单位自首。一般认为,除自动投案、如实供述两个条件外,单位自首应体现单位意志,并明确单位名义。在企业合规运转中有效发现违规行为、调查违规行为,主动移送司法机关处理,既是企业合规的内容,也是典型的单位自首行为,应作出单位自首的积极评价。

关于合规企业的单位立功问题。单位是否可以认定立功,在理论和实务界存在一定的争议。持肯定意见的认为,确认单位立功是设立单位犯罪的逻辑结果,符合刑法人人平等原则,符合宽严相济的刑事政策,所以刑法所称的立功主体"犯罪分子",既包含个人,也应包括单位。基于这一观点,企业被立案调查后,如重建或者继续运行企业合规过程中发现关联企业犯罪,基于单位意志,主动检举关联企业的犯罪行为,或者在归案后配合办案单位协助抓捕同案犯,则可以评价单位具有立功表现。

可见,企业合规有可能成为单位自首或单位立功的一部分,这样企业合规实质上就成为部分法定量刑情节。

(三)企业合规作为独立的量刑激励机制

企业是社会经济的细胞,是社会创新的重要力量,是社会就业的"蓄水池"。中国特色社会主义进入新时代,我国社会主要矛盾已经转化为人民日益增长的美好生活需要和不平衡不充分的发展之间的矛盾。无论是在物质产品的生产、流通,还是精神产品的创作、供给,企业都是重要源头。特别是在公众关心的食品、药品和环保等领域,相对于个人,企业需要承担更多的社会责任。企业合规有利于企业承担社会责

---

① 参见陈瑞华:《企业合规基本理论》(第 2 版),法律出版社 2021 年版,第 135 ~ 136 页。

任,解决新时代我国社会的主要矛盾。[①] 企业合规是一种世界性趋势,进行企业合规建设有利于我国企业更好地融入世界经济,参与全球商业竞争。从这个维度来看,企业合规的社会功能和价值是任何其他量刑情节所不具备的,企业合规有必要作为一种独立的激励机制,无论其与其他法定、酌定情节是否存在形式或内容上的少量重合,在量刑时都应予以独立的评价。

三、合规从宽如何确定从宽幅度

(一)合规从宽的总体幅度

近年来,我国各级法院在量刑规范化的建设和发展方面,都有了长足的进步,形成了较成熟的"定性与定量相结合"的基本方法,即便没有具体规定,仍可以根据这一基本方法对照最高人民法院、最高人民检察院《关于常见犯罪的量刑指导意见(试行)》进行分析,判断合规从宽应给予一个怎样的幅度。

《关于常见犯罪的量刑指导意见(试行)》确立了量刑的四项原则:(1)要以事实为依据,法律为准绳;(2)要考虑罪行轻重,也要考虑责任大小;(3)应当贯彻宽严相济的刑事政策;(4)应把握经济社会发展和治安形势的变化,并做好量刑均衡。由此,我们也能推导出合规从宽的背后有两个基本的逻辑基础:一是"罪责刑相适应"的罪过与责任统一原则;二是"功能奖励"的功能强弱对应奖励多少原则。

关于罪过问题,不仅存在之前讨论的罪过有无问题,而且存在罪过大小问题。对于事先已经建立合规计划的企业,可以通过合规的实施来分析企业的主观罪过程度。是企业抛弃合规计划,具有积极追求犯罪结果的直接故意,还是企业执行合规计划不彻底,或者是企业的合规计划培训环节不到位导致法律认识错误等。此外,在犯罪后因为企业合规计划的运行及时披露犯罪、配合调查,也能反映出单位的认罪悔罪态度。企业合规可以成为判断罪过大小的一个"风向标",并在量刑时予以体现。

"功能奖励"是确定合规从宽幅度的重要方面。刑事合规从宽,如果从宽幅度过低,往往起不到激励作用,企业制订合规计划的意愿会明显不足;如果从宽幅度过高,会使企业对于刑事惩罚不再忌惮,刑法无法起到必要的惩罚和预防作用。所以企业合规从宽幅度必须适中。如前所述,企业合规具有预防犯罪、节约司法资源、促进社

① 参见李玉华:《我国企业合规的刑事诉讼激励》,载《比较法研究》2020 年第 1 期。

会经济发展的多重功能,其综合性和效用性明显有别于常见的那些自首、立功等情节。根据《关于常见犯罪的量刑指导意见(试行)》的规定,自首可以减少基准刑40%以下,一般立功减少基准刑20%,重大立功可以减少基准刑20%~50%,刑事和解可以减少基准刑50%以下(犯罪情节较轻的,可以减少50%以上或者免除处罚)。对比这些情节,基于企业合规的综合功能和“奖励”相当性的原则,笔者认为,企业合规给予的奖励应与重大立功、刑事和解基本一致,减少基准刑20%~50%。

(二)合规从宽的具体幅度

有学者认为,在根据量刑情节调整基准刑阶段,仍然是凭“感觉”作出决策选择。① 为了避免“估堆量刑”的社会诟病,我们必须将量刑问题法律化、法律问题技术化、技术问题细节化。适用具体幅度时,企业合规与自首、立功、坦白、当庭自愿认罪、赔偿谅解、认罪认罚等量刑情节,在重复的范围内不作重复评价。例如,企业主动披露、配合调查的部分,如已经被认定为自首、坦白、认罪认罚,并已通过法定量刑情节从轻时,就应当适度减低企业合规调整量刑的幅度。但是,涉案后企业重建合规计划并有效实施,应当作为独立量刑情节予以考虑。另外,企业合规计划的完整性、有效性、可持续性是确定具体幅度的重要衡量因素。目前,我们对企业合规还在试点和探索阶段,企业合规的有效性标准还不明确,第三方监管机制还在摸索中,所以,我们需要在今后的司法实践中不断思考、总结,提炼出更细分的因素,以作为确定从宽幅度的具体标准。

(三)合规从宽对自然人量刑有何影响

对于合规从宽是否能适用于个人,目前有两种截然不同的观点。一种观点认为,企业合规机制的建立,既要达到防控企业法律风险的效果,也要避免公司高管承担刑事责任。最高人民检察院在关于印发《关于开展企业合规改革试点工作方案》的通知中也明确,为进一步充分发挥检察职能作用,做好对涉案企业负责人依法不捕、不诉、不判实刑的“后半篇文章”,依法有序推进企业合规改革试点向纵深发展。另一种观点认为,企业合规是为了避免企业自身合规风险而建立起来的治理体系,尽管它有时会使企业高管获利,但在本质上不是“保护企业高管”的管理机制,有时为了维护企业

① 参见闫平超:《量刑规范化体系下的量刑方法改革刍议》,载《法律适用》2020年第22期。

的最大利益，企业甚至还要对直接实施违法犯罪行为的高级管理人员进行调查惩戒，或将其交给司法机关处理。因此，企业合规机制的实施，不仅不会减免企业家的法律风险，反而可能带来惩戒负有责任的高管，甚至追究企业家法律责任的后果。[①] 甚至有观点认为，通过合规计划实现企业犯罪治理，其理念是，直接追诉并强化个人刑事责任，以合规计划为条件暂缓或放弃追诉企业。

合规不起诉、合规从宽如果适用于单位和个人，则企业合规很容易成为单位犯罪的“避风港”，刑法惩罚犯罪的目的很难实现；如果企业合规的从宽激励机制不能给予个人，那么涉案的企业负责人，会认为量刑激励程度不足，怠于建立或重建整个企业的合规计划。

笔者认为，首先，不能滥用合规从宽，对企业和自然人也不能无差别地给予从宽处理。合规从宽本质上是对企业的从宽，因为企业被追究刑事责任，会影响其经营资格，甚至被吊销营业执照，由此引发的“雪崩效应”会让企业及企业的所有人员承受灾难性的代价。在传统归责模式下，原本是经营者的决策，结果导致所有股东权益都受到影响；也可能是大股东的决策，结果导致中小股东利益也受到折损；或者是管理层的决策，最终导致普通员工要面临失业。对企业进行处罚时，其影响具有广泛性和连带性，会导致一些无过错的人受损，因此，企业合规要做一定的责任切割，尽量保护群体利益。其次，应当坚持罪责刑相适应原则，按宽严相济的刑事政策对自然人予以处罚。我们不能因为没有起诉单位，就将本是单位犯罪的案件，按照个人犯罪起诉。单位犯罪的入罪和法定刑升格标准要远高于个人犯罪，如果我们将本是单位犯罪的案件变为个人犯罪，则明显加重了个人的刑事责任。对于应当认定为单位犯罪的案件，检察机关对企业合规不起诉后，对自然人起诉也应当引用单位犯罪条款，这个自然人仍然是单位犯罪的责任人。如果检察机关只将其作为自然人犯罪案件起诉，则法院应及时与检察机关协商，建议检察机关予以补充。如检察机关不补充，则人民法院仍应依法审理，根据指控的犯罪事实、证据及庭审查明的事实，对被起诉的自然人依法按照单位犯罪中的直接负责的主管人员或者其他直接责任人员追究刑事责任，并引用刑法关于单位犯罪的有关条款。[②] 另外，在对相关责任人的处理中，必要时也应区分主次责任，很多犯罪都是由企业主决策，交由下面的员工实施，这就有必要区分主

---

① 参见尹云霞、庄燕君、李晓霞：《企业能动性与反腐败“辐射型执法效应”——美国 FCPA 合作机制的启示》，载《交大法学》2016 年第 2 期。

② 参见最高人民法院《全国法院审理金融犯罪案件工作座谈会纪要》。

次责任,进而区分主从犯。[①] 最后,如果自然人积极参与企业合规计划,在企业合规计划的设立、运转中起到积极作用,则企业合规的"量刑激励"应适当给予自然人。一方面,企业合规不仅提高了整个企业预防犯罪的能力,而且会降低企业的那些高管、负责人的再犯可能性,从而降低预防刑的部分;另一方面,这些自然人往往是公司的决策者,是企业合规的主导者,其积极落实企业合规,让企业回归正轨,发挥企业的社会性功能,理应予以一定的"量刑激励"。[②]

企业合规的量刑从宽问题目前还处于探索阶段,刑事法官应把握法律底线,坚持以审判为中心,贯彻宽严相济的刑事政策,积极面对问题,为中国的企业合规建设积累宝贵的审判意见。

---

① 最高人民法院《关于审理单位犯罪案件对其直接负责的主管人员和其他直接责任人员是否区分主犯、从犯问题的批复》认为,对直接负责的主管人员和其他直接责任人员,可不区分主犯、从犯;《全国法院审理金融犯罪案件工作座谈会纪要》明确,不分清主从犯,在同一法定刑档次、幅度内量刑无法做到罪刑相适应的,应当分清主从犯。

② 具体规则,可以参见本书第四章第三节。

第三节 合规从宽量刑中的难点

2021 年 12 月最高人民检察院发布第二批企业合规典型案例，其中有 1 个是企业合规整改后，检察机关对涉案企业及责任人依法提起公诉，并提出轻缓量刑建议的案件。在审判实务中如何确定合规计划的有效性，检察机关提出的轻缓量刑建议如何采纳，都是司法审判中新的难点问题。

一、企业合规是诉讼模式的进一步转变

随着时代的发展，我国刑事诉讼法进行了相应修改，在诉讼程序中大量吸收了当事人主义诉讼程序，诉讼类型从“压制型诉讼”转向“权利型诉讼”。2018 年《刑事诉讼法》的修改，正式确立了认罪认罚从宽制度，刑事诉讼类型从“权力型诉讼”转向“协商型诉讼”，促使司法工作人员与当事人从“对抗”走向“合作”。[①] 刑事合规和认罪认罚从宽具有相似性，都是刑事诉讼模式由“对抗”走向“合作”的表现。将合规计划刑事司法化，从程序法视角来看，意味着司法活动不再是司法机关单方面的努力，而是通过协议实现刑事司法中的社会参与。[②]

这种诉讼模式的转变，让很多刑事法官一时难以适应。一方面，在控辩对抗模式下，法官是诉讼的“指挥官”，主要负责控制庭审、引导对抗，并居中裁判。然而在合作模式下，控辩双方不再进行对抗，起诉前控辩双方已经达成了“合作协议”，法官则主要负责对该协议的单方面审查和确认。另一方面，虽然诉讼的模式发生了变化，但是司法责任制的归责方式没有改变，法官仍然要对案件终身负责，这就使法官要在合作

① 参见樊崇义：《我国刑事诉讼制度建构的定力和前瞻》，载《人民检察》2022 年第 1 期。

② 参见崔玮：《刑事司法中的社会参与：主体、模式及完善进路》，载《中国刑事法杂志》2018 年第 6 期。

模式的一片“祥和”之下,发现和排查案件的漏洞、隐患,需要与控辩双方“斗智斗勇”。

我们必须承认这种协商的合作模式,具备公开性、平等性、包容性、互利性,有利于裁判结果的可接受性,在提高办案效率、缓和社会矛盾、重建社会关系等方面发挥了巨大作用。但合作的模式也有其固有缺陷,协商的方式决定了协议的“软弱”,协商主体身份差异性导致协商可能存在胁迫或欺骗,协商意见的综合性也决定了结果可能存在扭曲性。这些缺陷在认罪认罚制度中已经部分显现,将来企业合规也同样存在这些问题,法官必须充分认识到这一转变带来的矛盾和问题,并利用审判智慧审查这些协议的自愿性、合法性、有效性。

二、合规计划的有效性判断

(一)有效性审查的实体内容

从法官的角度,对于合规计划的有效性可以从 3 个维度去整体考量:一是形式上的完整性;二是实质上的有效性;三是运行上的可持续性。

1. 形式上的完整性。虽然学界对于企业合规的形式要素表述并不一致,但核心内容其实基本相同。有学者认为,一个完整的合规计划通常包含五大体系:一是商业行为准则;二是合规组织体系;三是防范体系;四是监控体系;五是应对体系。[①] 合规计划是否完整,第一,要看企业是否有完整的商业行为准则,商业行为准则是企业与员工在生产经营活动中需要共同遵守的行为指引、规范和规定,是企业合规管理的核心内容。商业行为准则属于企业内部的“实体法”。第二,要看企业是否有从事企业合规工作的专门人员。第三,要看企业在商业计划和聘用人员的评估、调查、培训、指导中,是否加入了企业合规的基本内容,这是形成企业合规文化的关键。第四,要看企业是否建立合规监控体系,主要包含主动报告、检举奖励、常规审查等机制。第五,要看事后的补救措施是否完善,发生违规后,是否有主动披露、配合调查的规定。

2. 实质上的有效性。在具备合规计划形式上的完整性后,还要审查该计划是否有效实施。有学者认为,企业合规有效性的核心在于企业合规文化,这论断固然不

---

① 参见周振杰、赖祎婧:《合规计划有效性的具体判断:以英国 SG 案例为例》,载《法律适用(司法案例)》2018 年第 14 期。

错,但文化的内涵和外延不太好定义,也很难在短时间内显现出来。还是需要确立一个更细化和量化的标准,我们认为主要包含两个方面:(1)常态化工作是否有效开展。首先,看合规人员是否独立,企业合规部门应该保持最大限度的独立性。合规负责人尽量由专职人员担任,尽量避免利益冲突,相关人员不得担任公司内部与合规相冲突的工作,如企业生产或销售等核心工作,必要时还可以由第三方监管机构选任。其次,看合规投入是否到位,企业应拨出专项资金,保障合规人员薪水发放、员工合规培训、违规举报奖励等。最后,看合规是否有阶段成效,这一阶段成效可以从建立合规之后一段时间内,是否发现违规隐患或违规行为,是否能防微杜渐、抓早抓小等方面进行判断,这些都是“看得见”“摸得着”的内容,具有客观的真实性。(2)企业合规能力是否实际具备。这需要重点考察合规人员的分析判断能力、识别发现能力、独立纠错能力。企业合规计划虽然是企业及全部员工都应关注和遵守的内容,但关键是负责合规的人员是否具备相应的实际操作能力。审判人员可以通过通知合规人员到庭的方式,重点考察合规人员的分析判断能力、识别发现能力、独立纠错能力。譬如,合规人员对于企业自身的合规薄弱环节是否清楚,对于同类企业的常发、易发问题是否了解,对于合规漏洞是否有明确思路,出现合规问题是否知道如何处置等。

3. 运行上的可持续性。合规是有成本的,不同规模的企业经济承受能力不同,对于大型企业,完全可以也有必要建立独立的部门、聘用专业的人员从事合规工作;而对于中小型企业,很难负担大额的合规成本,可能更多的是兼职人员在负责合规工作。如果合规计划与经济承受能力不匹配,则必然难以持续。另外,合规对于不同的行业也会有不同的要求,如对于生产型企业,其合规重点可能是质量把控、废物处置等方面;对于销售型企业,其合规重点可能是知识产权、商业贿赂等方面。所以,合规计划的有效性还依赖于它的针对性和可持续性,不能对于不同规模、不同行业的企业按照一个固定标准予以评判。

(二)有效性审查的程序设置

在企业合规改革试点的第一阶段,企业合规主要是检察机关直接作不起诉处理,基本没有进入审判程序,由于司法审判具有“被动性”,一般处于“不告不理”状态,所以之前法院很少关注企业合规。试点的第二阶段,部分企业制订了合规计划,但又不符合不起诉条件,就被移送到法院处理,法院必须对企业合规的有效性问题作出评判,从而决定是否合规从宽。目前,我们还没具体的企业合规审查程序,只能在现有的审判程序中寻找空间。结合审判程序的常规设置,合规有效性的审查主要存在庭前会议、庭上审理、庭后调查三种模式。

1. 庭前会议模式。庭前会议模式就是将企业合规有效性的审查放在庭前会议中予以解决。企业合规的有效性审查是一个新事物,对于法院法官来说是一个崭新的领域,涉及的材料、人员众多,如果把这个问题直接交给庭审,很可能导致庭审中断。休庭期间,法官又可能需要审理其他案件,案件交叉审判容易引起审理混淆,影响审判质量。这时通过专门召开庭前会议这种较简便、灵活的方式,可将检察机关、被告单位、单位责任人、合规计划制订人、企业合规负责人、行政监管人员、第三方监管机关人员一次性通知到场,全面了解合规的制订、执行、监管情况,有利于法官在开庭前充分了解企业合规的实际情况,从而在正式庭审时及时作出准确判断。但是,采用庭前会议模式也存在一定的弊端,庭前会议一般解决的是程序性事项,[①]而企业合规是重要的量刑情节,合规计划是否有效属于量刑事实,相关证据一般要经过庭审的举证、质证,方可作为定案依据,将企业合规有效性的审查全部放在庭前解决缺乏依据。

2. 庭上审理模式。庭上审理模式即庭审模式,就是将企业合规有效性审查放在庭审中进行审查认定。企业合规是重要的量刑情节,将该问题纳入庭审中处理具有必要性。庭审一般都是公开进行的,这也有利于司法公开,打消公众疑问。对于企业合规计划有效性的举证责任分配是首先要解决的问题,一般认为,刑事案件的举证责任在控方,而且无论是有罪证据还是无罪证据,是罪重证据还是罪轻证据,控方都有全面收集、出示的责任,企业合规有效性审查也不例外。但由于被告单位是企业合规的主体,也是刑事激励的对象,被告单位有义务全面展现企业合规的实际情况。法官在庭审中要坚持直接言词原则,尽可能地通知合规计划制订人、企业合规负责人、行政监管人员、第三方监管机关人员到庭,通过询问了解企业合规的细节内容,通过出庭人员的语言组织、表情神态等对其真实的心理状态和证言的可靠性加以判断,通过不同人员、不同角度的表述分析判断该合规计划的有效性。以直接言词方式作证包含的信息内容,远比一份类型化、格式化的书面证言要丰富得多。企业合规有效性审查放在庭审中,并通知所有相关人员出庭的方式,是一个比较理想的方法,但这必将耗费大量的司法资源。

---

① 《刑事诉讼法》第 187 条第 2 款规定,在开庭以前,审判人员可以召集公诉人、当事人和辩护人、诉讼代理人,对回避、出庭证人名单、非法证据排除等与审判相关的问题,了解情况,听取意见。

3. 庭后调查模式。庭后调查模式就是在庭后对合规计划有效性组织调查，可以是召开多方参加的听证会议，也可以是进入企业现场调查合规计划的执行情况。现场调查是庭审调查的一种重要补充，其直观程度甚至高于庭审中的直接询问，对于企业合规有效性的审查来说，是一个十分重要的补充。但是，庭后调查也存在一定的问题：一是调查结果一般无法直接在判决中使用；二是现场调查将花费法官大量的工作时间。

综上所述，三种模式各有利弊，可以综合三种模式的优势，在具体案件中加以权衡后具体决策。如遇到较重大疑难的企业合规问题，可以在庭前会议中明确无争议的程序、事实、证据，相关证据在庭审时简要出示即可，庭审中重点调查有争议的内容。法官内心对于庭审调查的事项仍存疑虑的，可以在庭后实地调查，强化内心判断。

三、合规从宽量刑建议的采纳

（一）量刑建议的规范性审查

企业合规从宽量刑建议的生成与认罪认罚从宽量刑建议的生成具有相似性，其中一个重要特征是量刑问题具有可协商性，即在被追诉人自愿承认其实施的犯罪行为、被指控的犯罪事实、行为性质、罪数的基础上，控辩双方可以就量刑的具体刑种、刑期、行刑方式进行协商。[①] 然而在这种协商性之下，可能存在对部分事实认定的相对“模糊化”，对某些定案证据的取证不够翔实。单位犯罪的事实更加隐蔽、复杂，犯罪行为更加多元，在被追诉单位已经认罪认罚且愿意建立企业合规机制的情况下，如何解决职权主义与协商司法之间的冲突，是检察机关面临的问题，也是法院需要解决的问题。在此种情况下，法院面临二元抉择：同意量刑建议定罪结案，但可能存在定案事实不清的问题；不同意量刑建议，可能既损害检察机关与被追诉单位协商一致意见的有效性，也损害检察机关权威性。同时，在量刑建议中还存在检察机关主导有余、协商不足的问题。因此，在量刑建议的生成过程中，要确保量刑建议的规范性。一方面，应当制订法检统一适用的企业合规从宽量刑指南，并将其纳入现行的量刑指导意见。通过量刑指南明确并细化量刑标准，为检察机关提出规范、精准的量刑方案

---

① 参见卞建林、钱程：《认罪认罚从宽制度下量刑建议生成机制研究》，载《云南社会科学》2022 年第 1 期。

提供参考,使法检在量刑问题上更容易达成一致。另一方面,应该坚持并深化以审判为中心的诉讼制度改革,在双方存在不一致意见时,最终仍应该以审判机关的量刑意见为准,完善案件事实的查证,调整量刑幅度。同时,还应当辅以加强法检沟通交流、案件研判、业务培训和座谈、大数据应用等机制,推动企业合规从宽量刑建议向标准化、规范化方向发展。

(二)量刑建议的相当性审查

罪责刑相均衡原则是我国刑法的基本原则,在单位犯罪中自然也要遵循,但相较自然人犯罪,单位犯罪的罪责刑均衡存在更多的困难,主要体现在两个方面:一是单位犯罪中主管人员、直接责任人的责任与单位的责任的区分;二是相较自由刑有较明确的规定来说,罚金刑普遍缺乏规范参考,可以在相当范围内处罚,但如何考察罚金刑的相当性缺乏明确标准。

首先,要明确的是,单位犯罪中主管人员或直接责任人的责任与单位的责任是两个不同的概念,两者应该分别考虑,不能相互替代。不能理所当然地认为"为单位"的主观恶性就轻于"为私","为单位"和"为私"其实很难区分。[①] 在量刑建议中,应当分别列明单位的量刑要素和主管人员或直接责任人的量刑要素。

其次,单位犯罪中责任人的自由刑往往轻于自然人犯罪中个人的自由刑。在区分单位责任与个人责任的基础上,应该比照自然人犯罪的量刑进行调整,在符合法律规定的范围内不使罪责刑明显不符。

再次,关于单位犯罪中责任人的自由刑量刑建议,人民法院应当进行实质审查,要对拟宣告刑与量刑建议的刑期进行比较。既要考虑二者相差的绝对值,又要考虑差值所占的比例。对于较长的刑期来说,虽然所占比例不高但差值的绝对值较大的,属于明显不当;反之,对于刑期较短的案件来说,虽然差值的绝对值不大但所占比例较高的,仍然属于量刑建议明显不当。[②] 同时,应当注重类案检索,确保类案量刑平衡。

最后,单位犯罪中对单位的罚金往往没有明确规定,但自然人的罚金往往有比较明确的规定,可以相互借鉴。我国单位犯罪的罚金刑和相对应自然人犯罪的罚金刑

---

① 参见文姬:《单位犯罪中罚金刑罪刑均衡立法实证研究》,载《中国刑事法杂志》2018 年第 1 期。

② 参见臧德胜:《论认罪认罚案件中量刑建议的效力及在司法裁判中的运用——从两起认罪认罚抗诉案件的二审裁判展开》,载《中国法律评论》2020 年第 2 期。

（有明确规定的）的主要情况如表3所示。

表3　我国单位犯罪与自然人犯罪的罚金刑

分类	刑法罪名	单位犯罪罚金刑		自然人犯罪罚金刑
		单位	责任人	
第一种情况	第153条走私普通货物、物品罪	无限额罚金	无罚金	应纳税额1～5倍倍比罚金
	第158条虚报注册资本罪	无限额罚金	无罚金	虚报注册资本金额1%～5%倍比罚金
	第159条虚假出资、抽逃出资罪	无限额罚金	无罚金	虚假出资金额2%～10%倍比罚金
	第175条高利转贷罪	无限额罚金	无罚金	违法所得1～5倍倍比罚金
	第179条擅自发行股票或债券罪	无限额罚金	无罚金	非法募集资金金额1%～5%倍比罚金
	第180条内幕交易、泄露内幕信息罪	无限额罚金	无罚金	违法所得1～5倍倍比罚金
	第181条第1款编造并传播证券、期货交易虚假信息罪	无限额罚金	无罚金	1万～10万元有限额罚金
	第181条第2款诱骗投资者买卖证券、期货合约罪	无限额罚金	无罚金	1万～10万元或2万～20万元（情节特别恶劣）有限额罚金
	第198条保险诈骗罪	无限额罚金	无罚金	1万～10万元或2万～20万元（数额特别巨大或有其他特别严重情节）有限额罚金
	第205条虚开增值税专用发票、用于骗取出口退税、抵扣税款发票罪	无限额罚金	无罚金	2万～20万元或5万～50万元（数额较大或有其他特别严重情节）有限额罚金
	第206条伪造、出售伪造的增值税专用发票罪	无限额罚金	无罚金	2万～20万元或5万～50万元（数额较大或有其他特别严重情节）有限额罚金

续表

分类	刑法罪名	单位犯罪罚金刑		自然人犯罪罚金刑
		单位	责任人	
第二种情况	第160条欺诈发行证券罪	与控股股东、实际控制人组织、指使实施的犯罪一致	与一般自然人犯罪一致	一般自然人无限额罚金;控股股东、实际控制人组织、指使他人实施,判处非法募集资金金额20%以上1倍以下倍比罚金
	第387条单位受贿罪	与自然人犯罪一致	无罚金	无限额罚金
	第190条　骗购外汇罪①	与自然人犯罪一致	无罚金	骗汇数额5%～30%倍比罚金
第三种情况	第194条第1款票据诈骗罪	无限额罚金	无限额罚金	2万～20万元或5万～50万元(数额巨大或有其他严重情节)有限额罚金
	第194条第2款金融凭证诈骗罪	无限额罚金	无限额罚金	2万～20万元或5万～50万元(数额巨大或有其他严重情节)有限额罚金
	第195条信用证诈骗罪	无限额罚金	无限额罚金	2万～20万元或5万～50万元(数额巨大或有其他严重情节)有限额罚金

对于此三种情况应当运用不同的方法确定罚金刑。第一种情况:以《刑法》第153条走私普通货物、物品罪为例,该法条规定的刑罚如表4所示。

① 具体罚金刑规定于单行刑法全国人民代表大会常务委员会《关于惩治骗购外汇、逃汇和非法买卖外汇犯罪的决定》中。

表4　《刑法》第153条规定的刑罚

情节	自然人犯罪			单位犯罪		
	对应的偷逃应缴税额	自由刑	罚金刑	对应的偷逃应缴税额	责任人自由刑	单位罚金刑
一般	10万～50万元	3年以下或拘役	并处偷逃应缴税额1倍以上5倍以下罚金	20万～100万元	3年以下或拘役	无限额罚金刑
严重	50万～250万元	3年以上10年以下		100万～500万元	3年以上10年以下	
特别严重	250万元以上	10年以上有期徒刑		500万元以上	10年以上有期徒刑	

第一种情况，相当于是在自然人犯罪下由自然人承担的罚金刑转移到单位犯罪中由单位承担罚金刑。立法者之所以未明确规定单位的罚金刑，可能是考虑到单位拥有的资金远多于个人，按照自然人的罚金标准来裁判可能无法达到威慑或预防的目的。此时，可以在罪责刑相适应原则的基础上结合公司体量确定罚金的倍数，之后应当考虑刑罚预防目的的实现和从宽幅度。

第二种情况，对单位犯罪中单位和自然人犯罪中自然人所处的罚金规格一致，应当按照法律规定计算，不再详述。

第三种情况，对单位犯罪中的单位和责任人都规定了无限额罚金。此时，责任人的罚金额度应当参照自然人犯罪中主犯的额度来进行量刑，单位犯罪中单位的罚金应当单独根据单位的责任大小，参考第一种情况进行量刑。

关于企业合规从宽应当从轻的比例，应当在审查企业合规计划完整性、实质有效性和可持续性的基础上，主要考虑之后仍然发生类似犯罪或其他犯罪的可能性。结合企业合规从宽的法律价值、社会价值，建议对企业合规从宽授予比认罪认罚从宽更加灵活和大幅度的范围。

（三）合规从宽量刑建议的证明责任

时至今日，在认罪认罚从宽制度中，精准量刑建议已经转变为检察机关的主流做法甚至考核指标,[①]在企业合规从宽案件中,检察机关很可能也会采取精准量刑建议的做法。量刑建议精准化是检察机关在协商主义司法过程中承担主导责任的具体表现,但是很多检察机关并没有承担精准化量刑建议的规范性证明责任,只是将量刑建议简单地摆在法院面前,至于量刑建议如何得出、是否符合规范性要求均不予说明。有些检察机关,如江苏省南京市建邺区人民检察院为了增加精准量刑建议的精准度和透明度,专门设计了精准量刑建议计算表,按照量刑规范的步骤和幅度进行填写,并将表格随案卷移送,值得推广。有些检察机关工作人员认为,既然是检察机关与被追诉人协商的结果,那么这个过程可以存在不透明性,而法院应当尊重协商量刑的结果,这种观点显然是错误的。

根据《刑事诉讼法》第 52 条的规定,检察机关必须依照法定程序收集能够证实被告人犯罪情节轻重的各种证据。由此可见,检察机关应当承担量刑的证明责任,虽然在企业合规案件中尚无明确规定,但检察机关作为企业合规从宽机制的主导机关,应当承担更大的责任,应当采取有效措施对其出具的精准量刑建议进行证明。如果举证不能或不足,那么检察机关要承担其主张不被支持的风险。特别是在从宽量刑中,对于有利于被告人的罪轻量刑事实,如果不能达到优势证据标准,法院可以不予认定,并不必然是存疑从轻。[②]

在此,笔者建议,在企业合规从宽案件的精准化量刑建议中,检察机关可以分两个部分列明量刑的事实依据、法律依据及幅度:一是在不考虑企业合规从宽的情况下,被追诉人应当被确定的刑罚;二是在企业合规从宽情况下,双方协商后,检察机关认为应当从宽的幅度。在精准化量刑建议普遍存在并具有增强效力的今天,检察机关应当将主导作用延伸到量刑建议的具体化证明上来。

总之,企业合规纳入刑事诉讼程序不仅是一次司法革新,也是企业改进治理方式的重要契机。检察官、律师、法官等,各自的角色和立场可能不一致,但依法治国的法治理念,以及通过法律保障我们国家经济持续、健康、稳定发展的愿景,肯定是完全一致的。企业合规目前尚处试点和起步阶段,国家也未正式立法,需要法律职业共同体,共同尝试、共同推动,贡献各自的宝贵力量。

---

① 参见赵恒:《量刑建议精准化的理论透视》,载《法制与社会发展》2020 年第 2 期。

② 参见余茂玉:《论量刑事实的证明责任和证明标准》,载《人民司法》2011 年第 7 期。

后　记

本书是企业合规的司法人员通俗读本，我们在编写过程中坚持实用性和可操作性两大原则，目的就是让司法实务人员通过学习本书，能够对照开展企业合规工作。

本书有以下特点：一是撰写人员以企业合规第一批、第二批试点地区的检察官和法官为主，部分理论性较强的章节由高校老师撰写。二是突出企业合规第一批、第二批部分试点地区的经验介绍。由于目前企业合规尚处于试点阶段，立法上还处于空白状态，试点地区的经验弥足珍贵，可以为其他地区提供借鉴。三是书中穿插案例和文书模板。在撰写过程中，我们结合各试点地区的案例进行阐述，并将试点地区创制的部分文书作为附件。

本书由主编李勇进行统稿，各章节撰写人员如下：

第一章：李勇；

第二章：钱丽；

第三章：李倩雯；

第四章：钱小平、李勇；

第五章：谈倩、潘春伟、胡炽、侯艳琼、孙宋龙；

第六章：邓根保；

第七章：李勇、孙国栋、李婷；

第八章：周绪平；

第九章：黄美华、王德明；

第十章：杨浩、曹琼琼。

目前,企业合规处于试点改革阶段,没有绝对整齐划一的模式,本书作为第一批和第二批部分试点地区经验的呈现,不当之处在所难免,请读者批评指正。

李　勇

2022 年 11 月 22 日于金陵